FRIEDRICH BENESCH

CHRISTLICHE FESTE

VORTRÄGE UND KURSE

BAND III

HERAUSGEGEBEN
VON
WERNER PERREY †
UND
JOHANNES KLOIBER

FRIEDRICH BENESCH

CHRISTLICHE FESTE

Johanni und Michaeli

URACHHAUS

Die Deutsche Bibliothek – CIP-Einheitsaufnahme

Benesch, Friedrich
Vorträge und Kurse / Friedrich Benesch.
Hrsg. von Werner Perrey. – Stuttgart: Urachhaus.
NE: Perrey, Werner [Hrsg.]; Benesch, Friedrich: [Sammlung]
Bd. 3. Christliche Feste: Johanni und Michaeli. – 1994
ISBN 3-87838-973-6

ISBN 3 87838 973 6

Umschlaggestaltung: Bruno Schachtner, Dachau
Herstellung: Wilhelm Röck, Weinsberg

Inhalt

Vorwort des Herausgebers

Mit diesem zweiten Band der Jahresfest- und Jahreszeit-Betrachtungen von Dr. Friedrich Benesch begegnen wir einem innersten Anliegen des Autors. Für ihn als zelebrierenden Priester in der Christengemeinschaft wurde ein umfassendes Wahrnehmen und Vorbereiten jener Tatsachen möglich, die auf die Bedeutung eines zeitgemäßen Ergreifens von christlichem Johannifest und Michaelsfest hinweisen. Im Aufzeigen von Wirkenskräften, die durch die Tat auf Golgatha ihr Entstehen und ihre Erfüllung haben und die mit den Wesenheiten Johannes des Täufers und des Erzengels Michael verbunden sind, wird der Weg der Christusnachfolge in der zweiten Jahreshälfte sichtbar.

Der Umfang und die Tiefe, mit der die Bilder aus dem Leben des Christus, der Menschen und der Erde vorgebracht werden, können die Begeisterung und den Mut wecken, in der heutigen Zeit eine ganz neue und bewußte Beziehung zum Göttlichen zu entwickeln.

Dem Leser kann die chronologische Abfolge innerhalb dieses Bandes Einblick geben in das stufenweise Schaffen des Redners, der damit Antworten gibt auf die mitgebrachten Fragen und Bedürfnisse einer wechselnden Zuhörerschaft aus verschiedenen Städten, meistens im Rahmen einer Öffentlichkeitsarbeit in der Christengemeinschaft.

Möge der suchende Zeitgenosse von dem Zentralen dieser Vorträge innerlich sich berühren lassen und bei sich selbst erfahren, wie damit gesundende Kräfte in menschliches Zusammenleben auf unserer Erde einströmen können.

Es ist mir ein Bedürfnis, all denjenigen Menschen herzlich zu danken, die von der ersten Tonbandaufnahme an bis zum vorliegenden gedruckten Wort das Zustandekommen dieses Bandes mitermöglicht haben.

Esslingen/Neckar, Michaeli 1993 *Johannes Georg Kloiber*

JOHANNI

Das Leben Christi mit der Erde[1]

Wir machen immer wieder die Erfahrung, daß die Bilder und Bildworte der Evangelien scheinbar einander widersprechen. Da haben wir auf der einen Seite so etwas wie das Himmelfahrtsbild: Die Jünger, die durch vierzig Tage hindurch mit dem Auferstandenen gelebt haben, machen nun die Erfahrung, daß dieses Wesen sich irgendwie zurückzieht. Es heißt da: Eine Wolke nimmt Ihn auf, und: Er entschwindet ihren Blicken. Auf der anderen Seite stehen solche Worte wie: »Wenn zwei oder drei versammelt sind in meinem Namen, dann bin Ich mitten unter ihnen«. Das ist ein Widerspruch: Dort die Wolkenhöhe und hier »mitten unter ihnen«. Oder das noch Umfassendere: »Siehe, Ich bin bei euch bis an das Ende der Erdenzeit.«

Nun könnte man sagen: Die Bedeutung dieses Fortgehens des Auferstandenen in eine durch die Wolkenwelt bildhaft ausgedrückte Sphäre ist in der Tat nicht so leicht zu verstehen. Wir holen in das Leben der Erde im Jahreslauf irgendwie die Erinnerung an das Christuswesen fortwährend herein, weil unsere christlichen Feste mit dem Jahreslauf verwoben sind: Weihnachten erinnern wir uns an die Ankunft des Jesus auf Erden und an die Ankunft des Christus in dem Jesus. Wenn wir die Zeit nach der Weihnachts- und Epiphaniaszeit christlich feiern, dann erinnern wir uns an den Erdenwandel des Jesus Christus, der dann so ganz unbemerkt übergeht in die Erdenpassion. Wenn wir dann – verflochten mit dem Jahreslauf, mit der Konstellation von Sonne, Mond und Erde – das Osterfest feiern, erinnern wir uns an das Ereignis der Auferstehung. Und indem wir die vierzig Tage nach Ostern als Christen durchleben, gedenken wir jener Zeit des Erdenwandels des Auferstandenen. Dann feiern wir Himmelfahrt: Da schauen wir in Gedanken, in Erinnerung, hinauf in die Sphäre des Wolkenwesens, wo der Auferstandene tatsächlich in einem gewissen Sinne hinein verschwunden ist, und von wo aus Er dann die weckende Kraft des Geistes sendet, die eigentlich erst im Pfingstfest das volle Verständnis für den ungeheuren Gang seiner Erdentaten aufleuchten läßt. Und man hat den Eindruck: Das sind eigentlich alles Inhalte der intensiven lebendigen Erinnerung an das, was vor zweitausend Jahren war. Und diese Erinnerung kommt uns in den Bildern und Bildworten des Evangeliums in diesen christlichen Festen entgegen.

Nun kann man bemerken, daß in diese Art von Gedächtnis sich doch noch fortwährend hineinwebt, was nicht einfach nur Erinnerung ist, sondern was in einer merkwürdigen inneren Aktivität des Menschen-Bewußtseins das in den Erinnerungsbildern auftretende Reale vergegenwärtigt. In der Erinnerung lebt eigentlich auch die Vergegenwärtigung und darin für das christliche Empfinden und das christliche Bewußtsein die Gegenwart selbst, die Anwesenheit. Wenn die christlichen Feste reine Gedächtnisfeste wären, so wie sie das auf der einen Seite auch sind, sie würden doch sinnlos, wenn nicht mitten in diesem Anschauen der alten Bilder die Vergegenwärtigung aufträte, so daß wir fortwährend aus diesen Bildern der Evangelien selber eine Art Aktualisierung vollziehen. Dieser Vorgang der inneren Vergegenwärtigung, der erinnerten Aktualisierung und dadurch des immer wieder möglichen Gegenwärtigseins des Christus unter uns Menschen innerhalb einer Feier der christlichen Gemeinde erhebt gerade ganz neu die Frage: Stehen die christlichen Feste im Jahreslauf nur darum so darin, weil damals die Geburt irgendwie tatsächlich zu Weihnachten stattgefunden hat, weil das Epiphanias-Ereignis tatsächlich am 6. Januar stattgefunden hat, weil die Passion in die Frühlingszeit fiel, weil Ostern das jüdische Passahfest des Frühlings war usw., – davon ausgehend auch Himmelfahrt und Pfingsten –, oder hat auch das Darinstehen der christlichen Feste in den Jahreszeiten, das heißt also im Leben der Erde, eine Aktualität? Das würde bedeuten, daß das Christuswesen tatsächlich auch mit den Jahreszeiten der Erde mitgeht, so wie die Erde selber ihre Jahreszeiten darlebt und so wie auch der Mensch mit diesen Jahreszeiten mitlebt.

Das Leben Christi mit der Erde ist eine Frage. Aber wie soll man eigentlich diese Frage näher anschauen? Man sieht, die Erde hat ihr eigenes Leben, und man kann versuchen, wenigstens in einem bestimmten Bereich, nämlich in dem des Pflanzengeschehens, dieses Erdenleben des Jahreslaufes von zwei Seiten her anzuschauen – von der Außenseite und von der Innenseite her. Dafür helfen uns die Bilder, die wir wahrnehmen können. Ich sage Bilder, denn wir haben heute Bilder, die wir so aufbauen, daß wir auf der einen Seite in diesen Bildern tatsächlich das haben, was äußerlich das Bild der Welt ist, was wir mit äußeren Augen anschauen und als Bild der Welt in unserer Seele tragen. Aber wir wissen auch: das ist doch wirklich immer nur das halbe Bild. Die andere Hälfte ist unsichtbar, doch können wir diese unsichtbare Hälfte wiederum zum Bild machen und mit dem sichtbaren Bild verbinden. Haben wir ein solches Bild in der Seele, daß wir mit vollem Recht davon sprechen können, daß das Christuswesen eben nicht nur in unserer Mitte lebt, unsere Gebete empfängt, unsere kultischen Feiern und Feste mitmacht, in unseren christlichen Gedanken anwesend ist, sondern daß dieses Bild auch transparent wird, um wirklich recht aufzufassen: Das Christuswesen lebt mit der Erde im Jahreslauf? Die Bilder der Evangelien, die uns zunächst das Bild Christi vermitteln – wir haben eigentlich zunächst nur das Bild Christi, das wir in den Evangelien finden –, diese Bilder der Evangelien sind doch sehr merkwürdig, wenn wir aufmerksam werden auf gewisse Stellen. Von diesen möchte ich jetzt einige hier hereinholen, weil daran vielleicht deutlich wird, daß wir auch das Bild von dem Christuswesen etwas erweitern müssen.

Wir lesen gleich am Anfang des Markus-Evangeliums im 1. Kapitel diese Sätze: »Es war ein Mensch besessen von einem unsauberen Geist, der schrie: ›Halt, was haben wir mit dir zu schaffen, Jesus von Nazareth? Du bist gekommen, uns zu verderben; ich weiß, du bist der Heilige Gottes!‹ Jesus bedrohte ihn und sprach: ›Verstumme und fahre aus ihm!‹ Der unsaubere Geist riß ihn und schrie laut und fuhr von ihm. Und es entsetzten sich alle.« Dieses »Was haben wir mit dir zu schaffen?« heißt eigentlich: »Was geht vor zwischen dir und uns?«

Oder nehmen Sie eine andere, ich möchte beinahe sagen eine groteske Stelle, wo Er diesen armen Mann bei den Gräbern von Gadara findet: »Der war alle Zeit, Tag und Nacht, auf dem Berg und in den Gräbern und schrie und schlug sich selbst mit Steinen. Da er aber Jesus sah, kniete er vor ihm nieder und sprach: ›Was habe ich mit dir zu tun, oh Jesus, oh Sohn des Gottes des Allerhöchsten? Ich beschwöre dich bei Gott, daß du mich nicht quälst!‹ Jesus nämlich sprach: ›Fahre aus, du unsauberer Geist, aus dem Menschen!‹ Und Jesus fragte weiter: ›Wie heißt du?‹ Und der Geist anwortete: ›Legion heiße ich, denn wir sind viele.‹ Und er bat ihn sehr, daß er sie nicht aus der Gegend vertriebe.« – Dieses Geistwesen, das da in diesem Menschen ist, der verrückt ist, das wird nun gelöst von dem Menschen und verbunden mit Tieren, und diese Tiere stürzen sich dann in das Wasser.

Oder nehmen Sie z. B. die gleich darauf folgende Geschichte im 5. Kapitel des Markus-Evangeliums, diese eigenartige Begegnung: Wie Er so geht, und es kommt die Frau von hinten an Ihn heran, berührt sein Gewand, sie wird gesund, der Blutfuß stillt sich augenblicklich, und dann kommt das kurze Wechselgespräch zwischen der Frau und Jesus. Er kommt in das Haus des Jairus, wo das zwölfjährige Mädchen scheinbar tot liegt, und Er faßt dieses Kind bei der Hand, und es steht auf. Und nachher heißt es, es war zwölf Jahre alt, genau so alt wie die Frau krank war. Wenn man dieses kurze Gespräch zwischen Ihm und der Frau anschaut, dann sieht man, wie eine Kraft von Ihm fortgeht, auf die Frau übergeht, sie in einen anderen Zustand versetzt, man hat den Eindruck – bei der besonderen Betonung, daß beides zwölf Jahre lang dauerte –, daß irgend etwas in der Enwicklung der Frau passiert ist: eine geheimnisvolle Kraftübertragung, und daß das alles eigentlich außerhalb des engen Bereiches seines Menschwesens geschieht. Oder nehmen sie z. B. so etwas wie das Gespräch mit Nathanael, wo es heißt: »Jesus sprach zu ihm: Du glaubst, weil ich dir gesagt habe, daß ich dich gesehen habe unter dem Feigenbaum? Du wirst noch größeres als das sehen. Wahrlich ich sage euch: Von nun an werdet ihr den Himmel offen sehen und die Engel Gottes hinauf- und herabfahren auf den Sohn des Menschen.«

Was bekommt man eigentlich für einen Eindruck, wenn man das Bild, das man durch die Evangelien von dem Christus Jesus erhält, um die Dimensionen erweitert, die in solchen Geschichten aus dem Hintergrund plötzlich auftreten? Die Christenheit hat zunächst, wenn sie auf die Evangelien hingeschaut hat, eigentlich dieses wunderbar Menschliche darin erlebt: Der Hunger bei der Versuchung des Christus Jesus – oder im letzten Augenblick vor seinem Tod: »Mich dürstet!« Oder: Er kommt über den Jordan, sieht die Stadt Jerusalem und fängt an zu weinen. Oder am Grabe des Lazarus: Die Erschütterung geht durch den ganzen Menschen Jesus hindurch und dann fließen die Tränen. Oder wie es im Lukas-Evangelium steht, wenn Er den Jüngern, bevor das Abendmahl stattfindet, sagt: »Ich habe mich heiß danach gesehnt, mit euch das Passah zu feiern!« – Die »Sehnsucht« ist zweimal im griechischen Text ausgedrückt. Und dann wieder diese menschlichen Züge beim Leidenden!

Die Christenheit hat auf das Wesen Christi hingeschaut durch das Bild des Menschen, in dem das Göttliche wohnte. Sie hat wirklich dieses Wesen auf das allertiefste empfunden als ein liebefähiges Wesen, dessen tiefste Göttlichkeit irgendwo identisch ist mit seiner tiefsten Menschlichkeit in der Sphäre seiner unausdenklichen Liebe. Jedoch, bei solchen Geschichten wie den vorigen – nehmen wir noch einmal die letzte: »Ihr werdet schauen den Himmel offen und die Engel Gottes auf- und absteigen auf den Sohn des Menschen« – haben wir ein völlig anderes Bild. Ich meine nicht, daß dies dem Menschlichen, was die Christenheit wahrgenommen hat, widerspricht. Im Gegenteil! Ich versuche, das ein wenig zu formulieren.

Man hat bei den anderen Evangelien-Bildern den Eindruck: Da sieht man das Wesen selber, wie es in sich ist. Schaut man dagegen ein solches wie »Die Engel Gottes werden auf- und niedersteigen ...«, da hat man nicht mehr das Wesen, sondern die Wirkenssphäre, die mit diesem Wesen verbunden ist. Das Wesen ist verbunden mit einem Bereich. Wie sollen wir den nun fassen? Man kann verstehen, daß die Christenheit sich zunächst an das Wesen gehalten hat, das geheimnisvolle göttlich-menschliche Liebewesen, den Heiland, den Erretter, ja, im gewissen Sinne auch den Verwandler des Menschen erleben konnte, daß aber die Aura, die Sphäre dieses Wesens als sein Wirkensbereich in den Evangelien wie im Hintergrund kraftet. Man sieht: Der Bereich dieses Wesens ist so, daß die Frau plötzlich in diesem Bereich darinnen ist, und daß die Kräfte, die da wirken, sogar übertragbar sind auf ein gestorbenes Kind, das dann auferweckt wird, – oder daß dieses Wesen dahingeht, umgeben von einem sphärisch-aurischen Kraftfeld, das z. B. die übersinnlichen Wesen, die Dämonen, sofort bemerken, und daß von dem besessenen Menschen losgelöst wird eine Dämonenschar, die in tierisches Seelenhaftes dirigiert wird und schließlich sogar in Elementarisches, als sie dann in das Wasser untertaucht. Wenn man die Heilungen anschaut, hat man immer wieder den Eindruck: Im Zentrum ist dieses wunderbare gottmenschliche Wesen da mit seiner Liebefähigkeit und seiner unendlichen Opferfähigkeit. Das ist aber umkraftet von leuchtenden Gewalten, auf die dieses Wesen immerfort verzichtet, die es nicht ohne weiteres einsetzt. Doch sie sind da. Und man stellt die Frage: Wo sind denn Mittel, durch die man als moderner Mensch ein wenig Zugang finden kann nicht nur zu dem Christus Jesus als Wesen, sondern auch zur göttlich-kosmischen Aura? Auf der einen Seite die intimste und zurückhaltendste Nähe, auf der anderen Seite: Was für Dimensionen sind denn das?

Wenn wir nach Bildern suchen, um da heranzukommen, gibt es im ganzen Kosmos im Grunde doch nur ein einziges Bild, nämlich das Bild der Sonne. Ich möchte einen kleinen Augenblick das Bild der Sonne hereinholen so, wie wir es anschauen können. Man kann ruhig so vorgehen, daß man etwas von der astronomischen Forschung, die mit der Sonne zu tun hat, miteinbezieht.

Wir haben eine merkwürdige Dreiheit vor uns. Das eine ist das Sonneninnere. Da können wir nicht hineinschauen. Wir haben aber den Eindruck, da müssen ganz ungeheuere Kräfte und Gewalten vorhanden sein, nicht nur größenmäßig, sondern auch intensitätsmäßig. Man beobachtet, wie fortwährend aus dem Sonneninneren flammenartige Gebilde von unbeschreiblicher Größe und Schönheit herausgeworfen werden. Auf der anderen Seite wird wiederum in das Sonneninnere etwas hereingesogen, von dem man heute physikalisch weiß: Das ist an der Grenze, wo Stoff in Kraft und Kraft in Stoff übergeht. Die Sonne ist ein riesenhaftes Gebilde, das imstande ist, Kraftartiges in Materielles und Materielles in Kraftartiges umzuwandeln. Man braucht geistig nur einen Schritt weiter zu gehen, dann hat man das Wesen der Sache vor sich. Dann sieht man nämlich, daß diese Kraftgewalten, die da im Inneren leben, die Fähigkeit haben, Materielles zu vergeistigen und Geistiges zu verstofflichen. Die eigentliche göttlich-geistige Souveränität des Weltalls kraftet dort. Eine höhere Souveränität als die, aus Geistigem Stoffliches zu verdichten und Materielles umzuwandeln in rein Geistiges, Gestaltartiges oder was es auch sei, gibt es nicht. Es ist da die höchste göttliche Vollmacht, nämlich die Vollmacht über die Materie. In dem Sonnen-Inneren leben solche Kräfte, die sich äußerlich physikalisch doch nur soweit zeigen können, als man ihre Umwandlung von Stoff in Kraft und Kraft in Stoff sich denken kann.

Dann hat man den zweiten Sonnenbereich. Das ist die eigentliche Sonnenoberfläche. Und diese Sonnenoberfläche ist ein Flammenmeer und in gewissem Sinne auch materiell. Es sind Flammen, die da brennen, deren ganzer unterer Durchmesser so groß ist wie die iberische Halbinsel und die Höhe so groß wie die Entfernung von Ceylon bis Kamtschatka, also Flammen von einem kosmischen

Ausmaß, die fortwährend zehn bis fünfzehn Minuten brennen, dann erlöschen sie, und es sind zwei, drei neue da. Die Physiker meinen, daß der Flammendonner dieser Gase unbeschreiblich sei; also nicht nur, daß da etwas flammt und leuchtet, sondern es donnert fortwährend in mächtigen Tönen. Wir haben also auf der einen Seite das Kraftfeld des Sonnen-Inneren mit den höchsten Kräften, die fähig sind, Geistiges in Materielles und Materielles in Geistiges zu verwandeln, umschlossen von einem Bereich, der flammt und tönt.

Daran schließt sich das Dritte an. Das sieht man bei Sonnenfinsternissen: um die Sonne herum die sogenannte Korona, die mehrere Sonnendurchmesser hat, die weit in den Weltraum herausgeht und eigentlich das ganze Planetensystem mit ihren Auswirkungen und Ausstrahlungen umfaßt. Also ein Glanz von Herrlichkeit um diese Sonne herum!

Wir haben damit die drei Worte aus dem Nachsatz des Vaterunsers vor uns: Das Reich und die Kraft und die Herrlichkeit! Äußerlich sichtbar für unsere Augen sind sie da. Dies sollte man sich immer einmal vor die Seele rücken und sich dann sagen: Die Sonne ist eigentlich der Leib Christi im Weltall, und so sieht sie aus mit ihrer äußerlichen Erscheinung als die Kraft, das Reich und die Herrlichkeit. Muß nicht in dem Augenblick und in dem Zustand, wo dieses Christuswesen auf die Erde kommt und sich so ganz in den Menschen hineinopfert, dieser Bereich doch auch da sein? Wenn der Christus diesen Bereich als seinen Leib gewissermaßen zurückgelassen hat, nach der Auferstehung hat Er ihn wiedergefunden! Was lebt also eigentlich auf der Erde seit 2000 Jahren? Nicht nur das Wesen – dieses geheimnisvolle, wunderbare Wesen, das Mensch geworden ist und durch die Auferstehung den Menschen ganz in seine Göttlichkeit hereingenommen hat mitsamt der Menschenleiblichkeit – dieses webende Wesen, das hier und dort auch den Menschen wirklich erscheinen kann in Menschengestalt, sondern es lebt mit der Erde auch diese ganze Sphäre, diese Christus-Aura.

Wann ist für uns im Jahreslauf eigentlich der Zeitpunkt gekommen, wo wir diese Seite der Sache bedenken sollen, die zunächst nicht so deutlich im Vordergrund steht, die aber doch lebendig vorhanden ist? Wann ist im Jahreslauf der Punkt gekommen, wo wir dessen gedenken müssen? Dann, wenn das, was in den christlichen Festen noch Erinnerung sein kann, aufhört. Mit Pfingsten ist eben Schluß mit der Erinnerung. Wenn aber Johanni und dann Michaeli kommen, steht die Frage vor uns: Was ist denn jetzt der Inhalt der christlichen Feste?

Und von dieser Frage her kann man jetzt zurückgehen und sich weiterfragen: Was ist eigentlich Weihnachten für den Christus und für sein Reich? Wo ist Er mit seinem Reich zu finden, wenn der Zustand erreicht ist, der jetzt folgendermaßen aussieht: Im Herbst sind die Samenkörner, diese kleinen Materiepunkte, heruntergefallen. Jedes Samenkorn ist umleuchtet und umkraftet von dem Bild der grünen Pflanze mit Stengel und Blättern und von dem Blütenbild. Indem mit den Samenkörnern dieses eine Bild in die Erde heruntersinkt, sehen wir, wie das andere Bild der Pflanze, das Blütenbild, sich löst und von der Erde zur Sonne aufsteigt. Wir haben im Herbst und Frühwinter den Kreuzweg der Bilder vor uns. Dieses Bild der grünen Pflanze dringt danach in die Tiefen, wo die Kristalle sind, ein. Es heißt jetzt: Weihnachten, das heißt auch: das Fest der Einwohnung, der Eingeburt. Wenn es aber so ist, daß die Erde in den Weihnachtsnächten in der Tiefe unter der Schneedecke helles Licht hat, ein Licht, das aus den Pflanzensamen hervorgegangen ist, und es dann heißt: Das Sonnenwesen ist auf die Erde gekommen und hat sich in die Erdenfinsternis hineinbegeben, dann ist mit einem Male das ganze Bild da. Wir schauen das Bild und sehen vor uns die Erde: Sie ist dunkel und darinnen leuchten die Gestalten der Pflanzen und in diesem goldgrünen Licht kommt der Christus an. Er dringt in die Erde ein und lebt in diesen winterlichen Tagen und Nächten in diesem Erdenlicht und durchdringt es mit seinem göttlich-sonnenhaften Bewußtsein, so daß in den Mondenstimmungen der Erdentiefen Sonnenhaftes aufleuchtet: Weihnachten!

Dieses weihnachtliche Christuswesen lebt in den dunklen Gründen der Erde. Es lebt da mit den leuchtenden Pflanzenbildern, ebenso mit den Kristallbildern. Die Anwesenheit des Christus bedeutet aber gleichzeitig auch, daß in dem Licht der zwölf heiligen Nächte dieses Erdenbewußtsein durch Ihn mit dem Menschen verbunden wird. Wir wissen aus der anthroposophischen Geisteswissenschaft, daß tatsächlich in den weihnachtlichen Nächten jeder einzelne Mensch mit seinem eigenen höheren Wesen im Schlaf eine Art gnadenvolle Berührung mit der Christussphäre hat. Wenn es auf Weihnachten zugeht, spüren die Menschen, daß da etwas Reales bevorsteht, aber sie wissen nicht, um was es geht.

Wenn wir jetzt den Jahreslauf weiterverfolgen aus dem Februar heraus in den März hinein, fangen die Pflanzenbilder an aufzusteigen. Indem sie aus dem Unterirdischen heraufkommen, verbinden sie sich zugleich mit der Materie, sie verdichten sich, sie erscheinen und werden grün. Der Eindruck entsteht: die Pflanze selbst beginnt einen Erdenwandel, indem sie die Materie in sich aufnimmt und das geistige Bild sich verkörpert. Die Sphäre, die in den Weihnachtstiefen in den Untergründen geleuchtet und sich auch mit dem Menschen verbunden hat, bewegt sich mit herauf und beginnt, diesen Erdenwandel des Pflanzenwesens mitzumachen, und führt sich selber heran an den Menschen, aber jetzt an den tagwachenden Menschen, der in der materiellen Welt seinen Erdenweg geht. Man kann empfinden, wie die Christuswesenheit sich jetzt mehr und mehr mit dem auf Erden dahinwandelnden Menschen verbindet, in ihn gewissermaßen hineingeht, nachdem sie in den Weihnachtsnächten sich so gnadenvoll ihm genähert hat. Gerade in den Frühlingstagen kann, wenn man an den Christus denkt, diese eigenartige Empfindung erlebt werden. Wenn dann die Pflanzenwelt die Materie voll ergriffen hat, dann wird das Christuswesen an diese Materialisation herangeführt und erlebt die Fesselung des Geistigen an den Stoff – wie eine Passion! Es ist eine Beschwerung dessen in der Pflanzenwelt, was aus den Tiefen aufsteigen möchte. Die Pflanzenbilder werden jetzt materiebeladen. So ist das bei den Pflanzen. Wie ist das nun bei dem Menschen?

Das Christuswesen kommt selber an das, was im Menschen das Erlebnis seiner materiellen Erdenbehausung ist, heran, nämlich auf der einen Seite an seine Subjektivität als Selbstsüchtigkeit, und auf der anderen Seite an seine Diesseitigkeit in der Materie. Das ist die Quelle der Passion. Und es ist grandios richtig, daß man in diesen Passionswochen vom Altar das Wort von dem Menschen hört, der abgeschnürt lebt in seinem kalten Erdenhause und die lebendige Geistigkeit verloren hat. Sowohl die Erdenankunft, das Die-Tiefe-Bewohnen, wie der Erdenwandel, wie schließlich das Leiden an den schweren Aufgaben und Angelegenheiten der Erde, sind eben jedes Jahr neu aktuell: Das Christuswesen lebt sie mit. Man möchte sagen: Das Erlebnis eines jeden Jahres wird von Ihm mitgetan, indem Er das mit jedem einzelnen Menschen zusammen empfindet, ebenso mit der Gesamtmenschheit und der Situation der ganzen Erde. Wenn wir heute als Menschen jeden Tag die Zeitung lesen und dann so ungefähr wissen, was auf der Erde vorgeht und davor vielleicht Angst oder Sorge fühlen oder die schwere Last der Zeit mitempfinden, was heißt das schon gegenüber der Passion Christi, die Er Jahr für Jahr durchmacht, indem Er die ganze irdische Misere mitlebt und mit ihr ringt, und zwar so, daß Er fortwährend fragt, was Er dem entwinden kann?

Er hält sich in diesen Tiefen und in diesen Belastungen, bis der Moment gekommen ist, wo Er diesem Erdendunkel entreißen kann, was bereits sich so weit verwandelt hat, daß es der Auferstehung teilhaftig werden kann. Man hat den Eindruck, das Christuswesen wartet gewissermaßen die kosmisch-irdische Konstellation ab, bis da draußen die Sonne ihren Frühlingspunkt hinter sich hat, der Frühlingsvollmond erreicht ist. Jetzt steigt dieses Wesen durch diese dunklen Schichten der Materie und der menschlichen Sündhaftigkeit und entringt, was davon frei und licht auferstehen kann. Die Auferstehung ist jedes Jahr eine Realität, und zwar am Ostermorgen! Sie wird gewissermaßen stellvertretend vollzogen von dem aufsteigenden göttlichen Wesen: Dieses Mitleben mit der Menschheit von jener Seite her, wo nicht das Mitleiden, das Mittragen und das Den-Menschen-Durchdringen ist, sondern das Den-Menschen-Durchleuchten mit den Zukunftskräften, mit der Auferstehung als Potenz. Wir leben in der Sphäre des Auferstandenen jedes Jahr verstärkt von Ostern bis Himmelfahrt.

Gegen Himmelfahrt zu, wenn die Bilder der Blüten durch das Sonnenlicht herangetragen werden an die Pflanzen, dann weben sich diese Blütenbilder in die grünen Pflanzen herein und die Pflanzen blühen dann tatsächlich. Der Kreuzweg der Bilder vollzieht sich im Physischen, weil das grüne Pflanzenbild sich von unten her verkörpert und die Pflanze nun von oben herab blüht. Aber nicht nur die Pflanzen blühen, auch die Atmosphäre blüht. Betrachten wir das Zusammenspiel von durchsonnter Luft und Pflanzenblütenstaub – dieses Ineinanderweben der Bilder: Jetzt sind wir angekommen bei der Himmelfahrt. In dem, was in Luft und Licht und Wasser und Wolke aufblüht, breitet sich jetzt gewissermaßen ein Segen in wunderbaren Lebensprozessen aus, und wir sehen, wie der Christus jetzt in der blühenden Erde, in den Wolken, die da weben zwischen dem Hell und dem Dunkel, dem Oben und dem Unten, anwesend ist. Und von da aus sendet Er die erweckenden Geisteskräfte in den Menschen hinein.

Aber wieder muß man fragen: Steht man nach Pfingsten nicht an einem Wendepunkt? Was ist denn jetzt Johanni? Von Advent durch Weihnachten, Epiphanias, Passion, Ostern, Himmelfahrt und Pfingsten lebt der Christus sich jedes Jahr neu in die Erde ein, lebt sich in dieses wunderbare Jahreszeitengeschehen hinein, bis der Sommer kommt. Nun steht merkwürdigerweise an dieser Stelle nicht mehr ein Christus-Inhalt, sondern zunächst steht Johannes der Täufer für das Fest, das wir feiern. Wir wissen, daß Johannes der Täufer zwei Fundamentalsätze ausspricht: »Der Christus ist es, auf den ich gewartet habe« und: »Er muß wachsen, ich aber muß abnehmen.«

Durch das Christusgeschehen im Jahreslauf von Advent bis Pfingsten ist der Christus da. Er ist mit dem Erdenleben und dem Menschenleben mitgegangen. Er macht dessen ganze Schwierigkeiten durch, während Er fortwährend aus den Zukunftssphären auf ihn leuchtet. Aber was tut Er jetzt? Zu Johanni zeigt sich, daß Er in der Erde und ihren Lebensprozessen angekommen ist und Er selber der Keim für eine neue Erde und einen neuen Himmel mit seiner Sphäre ist. Diese müssen wachsen und die alte Erde muß abnehmen.

Das zweite Wort Johannes des Täufers ist nicht nur so zu verstehen, daß es sich auf den Menschen allein bezieht, sondern gerade auch auf die Erde. Dieser Johannes der Täufer hat nämlich ein tellurisches Bewußtsein, nicht nur ein menschliches. Mit einem Male steht diese Gestalt da und weist uns darauf hin: Die Erde ist fertig und der Christus ist auf ihr angekommen. Aber damit weist er zugleich auf den Abstieg der Erde. Von jetzt an kann es nur so weitergehen, daß das, was der Sommer erreicht hat, geistig über sich hinauswachsen muß, damit darin der Keim entsteht für das, was dann die neue Erde und der neue Himmel sein werden, nämlich die Sonne in der Erde. In den sommerlichen Höhen reift diese Erdenzukunftssonne heran.

Wir haben mit einem Male nicht mehr einen christologischen Inhalt, der auf das zurückweist, was damals geschehen ist, sondern einen Inhalt von höchster Aktualität. Wenn wir in den Sommermonaten die wunderbare Sommerlandschaft anschauen, wenn wir sehen, wie die Sommererde auf ihrem Höhepunkt angekommen ist, wie die Bestäubung sich vollzieht, wie mit dem Sonnenlicht des Sommers – nicht des Frühlings – die grünen Pflanzenbilder herunterfluten und sich mit den vorhandenen Blüten vereinigen, um in die Sameneinlage hineinzugehen, die das Pflanzenleben des nächsten Jahres garantiert, so wachsen wir mit den blühenden Pflanzen und dem reifenden Licht hinaus. Und in den geistigen Sphären – wo die Blütenbilder der Pflanzen wieder hinaufgeschwebt sind, die sich unten von den Pflanzen gelöst haben – da lebt jetzt das Christuswesen und bildet den Sonnenkeim für die neue Erde. Johanni ist ein heidnisch-christliches Fest.

Und nun das andere merkwürdige Rätsel, daß in der Michaelizeit wiederum kein christologisch-biblischer Inhalt da ist, sondern daß mit einem Male der Erzengel Michael auftritt. Wenn vor uns der Kreuzweg der Bilder steht – wo aus den verwelkenden und verwesenden Pflanzen die grünen Pflanzenbilder des vergangenen Jahres zur Sonne aufsteigen, wo umgekehrt mit den Samenkörnern die grünen Pflanzenbilder des nächsten Frühjahrs heruntersteigen in die Erde hinein, wo dieses Geistgewebe entsteht, das noch durchwoben ist von einer reifenden Herbstsonne, wenn dann die Erde, die zu verwesen beginnt, vor uns steht und die Todeskräfte sich auf ihr ausbreiten – dann tritt jetzt jemand auf, der nun nicht wie im Sommer den Sonnenkeim legt für eine zukünftige Erde, sondern den Kampf aufnimmt mit den Gewalten, die das Ersterben fixieren wollen und damit verhindern wollen, daß der neugebildete Keim die Tiefen der weihnachtlichen Erde wieder durchdringen wird. Dieser Sonnenkeim kann das aber nur, wenn das Bett bereitet wird, in das er hineinversenkt werden soll. Wenn die Verwesung für die absterbende Erde nicht fruchtbar gemacht wird, dann entstehen Kräfte, die der Zukunft widerstreben.

Im Hochsommer fällt der Blick Christi auf die Menschheit so, daß jeder einzelne Mensch wie ein Samenkorn erscheint – das Samenkorn, das heilbedürftig ist. Es gibt in der Menschenweihehandlung das Wort von der »heilbedürftigen Menschensaat«, die ausgesät ist auf dieser Erde, eine Menschensaat, die Erkraftung braucht.

Der Herbst ist eigentlich weder das Fest Christi noch das Fest des Erzengels Michael, sondern das Fest des Menschen. Jetzt, nachdem der Mensch die Gaben der ganzen ersten Jahreshälfte empfangen hat, und nachdem er zu Johanni selber als Keim für die Zukunft angeschaut worden ist, ist er nun ganz und gar selber aufgerufen. Jetzt wird mit dem Menschen gerechnet: Bitte, fang doch an mitzumachen! Steh auf, richte dich auf, du bist nämlich dazu bestimmt! Der Blick des Erzengels, der da an der Pforte des Herbstes steht, ist der vermittelnde Blick dafür, wie nun das Christuswesen auf uns und zugleich auf diese herbstlich gewordene Erde mit der Frage hinschaut: Wird der Mensch sich an die Haltung Michaels anschließen, die ihn aufruft, die Samen der Zukunft aus sich selber hervorzubringen und mitzumachen bei dem, was nun tatsächlich der Kampf des Lichtes gegen die Finsternis ist? Denn damit bereitet der Mensch zugleich dem Christuswesen den Weg, mit den leuchtenden Samen, die in den Sommerhöhen entstanden sind, sich wieder zu verbinden. Jetzt in den herbstlichen Tagen und Wochen empfindet der Christus, welche Art von Idealismus in uns ist, welche Art von Geistesstreben in uns aufwacht, welche Sorte von innerlichem Bemühen um die Zukunft in uns lebt. Wir haben in der Michaelizeit auch eine Christusoffenbarung, aber sie ist vollständig anders als vorher. Man möchte sagen: das Michaelsfest hat einen anthropologischen Inhalt. Das Herbsterleben des Christus ist *in* uns: der Mensch in seinem aktiven, mitschaffenden Wesen.

Man kann zusammenfassend so ganz tastend sagen: Jetzt erst kann der Blick auf das Christuswesen fallen; nicht nur insofern Er eine Wesenheit ist, sondern insofern dieses Wesen ein Reich göttlich-kosmischer Größe hat, eine sonnenhafte Sphäre, die Er fortwährend neu mit der ganzen Menschheit und mit der ganzen Erde auf dem Weg durch den Jahreslauf verbindet. So kann die Menschheit diese christlichen Feste auch kosmisch zu feiern beginnen. Wir bekommen durch die Episteln in dem Kultus der Christengemeinschaft immer neu die Möglichkeit, diese kosmischen Dimensionen zu erleben, denn sie stellen tatsächlich dieses Leben der Christus-Aura mit der Erdenaura dar. Die Christenheit wird lernen können, inwiefern das Jahr der Erde langsam das Jahr des Christus wird.

Erdenleben – Weltenliebe[2]

Die Sommernatur fordert das menschliche Bewußtsein auf, etwas ganz anderes zu vollziehen als das, wozu der Winter anregt. Der Herbst und der Winter sind so etwas wie Analytiker, sie trennen das Leben von dem Tode, das Licht von der Finsternis, die Erde von ihrem Zusammenhang mit Sonne und Sternen. Der Frühling und der Sommer sind Synthetiker. Sie vereinigen die Höhen mit den Tiefen, das Schwere mit dem Leichten, das Dunkle mit dem Hellen, das Leben mit dem Sterben. Es ist deshalb die Sommernatur für das menschliche Bewußtsein eine Art Aufforderung, nicht so sehr die Gegensätze, die es in der Welt gibt, anzuschauen, sondern die höhere Einheit dieser Gegensätze.

Wenn man die Gegensätze von Licht und Finsternis anschaut, lernt man Hell und Dunkel in einer höheren Einheit zu verstehen, in der das Licht in sich Finsternis enthalten kann, in der die Finsternis in sich Licht enthalten kann. Das willensartig Dunkle kann übergehen in lichtartig, gedankenartig Helles in jeder Dämmerung, wie ebenso gedankenartig Helles übergehen kann in Dunkles, Willensartiges.

Die Sommernatur ist aber auch der große Verkündiger dessen, daß das Lebendige in sich selber ein Verlangen nach dem Sterben hat, weil es nur durch das Sterben sich über sich hinaus entwickeln kann. Umgekehrt will das Sterben übergehen in Leben. Indem ein Höheres in ein Tieferes hineinstirbt, gesundet und erhebt es dieses Tiefere. Ein Beispiel dafür ist das Sonnenlicht. Wir haben in ihm etwas vor uns, in das wir leicht und deutlich mit unserem fragenden Bewußtsein in die Sommernatur eindringen können. Wir werden gewahr, daß das, was wir als Sonnenlicht erleben, zum einen eine sinnliche Außenseite hat. Zum anderen verhält es sich so mit diesem Sonnenlicht, wie es Goethe ausgesprochen hat:

> Wär' nicht das Auge sonnenhaft,
> wie könnt' die Sonne es erblicken?

Wir können diesen Spruch auch auf die Erde übertragen: Wär' nicht die Erde sonnenhaft, wie könnte sie ein solches Verhältnis zur Sonne begründen, wie sie es in der Sommernatur tut? Das heißt: So wie wir auf der einen Seite suchen müssen, die Geheimnisse des Sonnenlichtes zunächst zu enträtseln, so werden wir das tun müssen im Zusammenhang mit der Erde und suchen, wo in der Erde für die Eigenschaften des Sonnenlichtes das entsprechende Wahrnehmungsorgan ist? Erst dann können wir versuchen, weiterzugehen und aufzusteigen zu der Sonne selber.

Lassen Sie uns zunächst die sinnliche Außenseite des Sonnenlichtes in Betracht ziehen. Das ist sehr schwierig, und zwar deshalb, weil wir normalerweise gar nicht bemerken, daß wir eigentlich das Licht nicht sehen. Das Licht, das zwischen den Leuchtkörpern und den beschienenen Gegenständen im Raume vollkommen frei flutet, sehen wir nicht. Was wir mit dem Auge wirklich sehen, sind die entweder selbst leuchtenden oder die beschienenen, beleuchteten Gegenstände der Welt. Wir nehmen die Lichtquelle wahr, aber auch nur als beleuchtetes Etwas, und wir sehen den Spiegel, die Reflexion des Lichtes von den Gegenständen, und dadurch wird uns die Wahrnehmung der Dinge vermittelt. Dieses erste Phänomen kann den Betrachter erregen und zu der Frage führen: Was ist das für eine Wesenheit, dieses Licht, das selber nicht sichtbar ist und dennoch wahrnehmbar ist und alle Gegenstände sichtbar macht? Für das unbefangene Anschauen ergibt sich dabei: da muß doch das Licht selber im Grunde übersinnlich sein. Das Licht ist selber übersinnlich und dennoch wahrnehmbar: Es ist übersinnlich-sinnlich.

Das, was wir mit Hilfe des Lichtes sehen, die Farben der Lichtquellen, die Formen der Lichtquellen, die Farben und Formen der beschienenen Gegenstände, das ist sinnlich, und wir erleben, ohne es uns richtig bewußt zu machen, fortwährend den Übergang von einem Übersinnlich-Sinnlichen, dem Hell-Dunkel, zu dem eigentlich Sinnlichen, den sichtbaren Gegenständen mit ihren Farben und Formen. Goethe hat sich jahrzehntelang mit diesen Fragen beschäftigt. Seine Farbenlehre war für ihn etwas Entscheidendes in seinem ganzen geistigen Schaffen.

Wenn man noch einen Schritt weitergeht, schaut man, wie das ist, wenn Farben auftreten ohne einen Gegenstand: diese merkwürdig geisterhaft, gespensterhaft durch den Raum flutenden Farberscheinungen wie z. B. ein Regenbogen. Oder die herrlichen Farberscheinungen eines Sonnenaufgangs und Sonnenuntergangs, oder ein Halo, der sich oben am Himmel um die Sonne herum in den Kristallwolken zeigt. Wir staunen über dieses eigenartig Schwebend-Freiwebende der Farberscheinung, die immer dann kommt, wenn das Helle und das Dunkle in einem bestimmten magischen Verhältnis zueinander geraten durch ein Medium, indem sie aufeinanderwirken. Das war die große Entdeckung Goethes, daß er sagen mußte: Die Farbe erscheint an diesem übersinnlich-sinnlichen Hell-Dunkel in der sinnlichen Materie im Raum, aber ohne an den Stoff gebunden zu sein. Man hat dieser Farbe gegenüber den Eindruck: Das ist etwas durchaus Sinnliches auf der einen Seite, auf der anderen Seite aber doch übersinnlich erscheinend. Das unsichtbare Licht in seinen Tätigkeiten, in seinen Erscheinungen zeigt drei Seiten: erstens das Übersinnlich-Sinnliche des Hell-Dunkel dessen, was wir Licht nennen; zweitens das eigentlich Sinnliche der an Körper gebundenen Farben und Formen, also die Materie, der Stoff; und drittens die freischwebende Farbe, dieses Sinnlich-Übersinnliche der freien Farbqualität.

Das eigentliche Organ des Erdorganismus für die Aufnahme dieses dreifältigen Sonnenlichtes ist die Atmosphäre. Die freie Atmosphäre zeigt dieses Sonnengeheimnis in der Bläue des Himmelszeltes, in den Farbendämmerungserscheinungen des Farbenbogens, in den zarten, duftig-luftigen Gebilden von Regenbogen oder Halo. Schon das Wasser, schon die Hydrosphäre der Erde vermag das Licht nicht mehr so selbstlos in sich aufzunehmen, in sich leben zu lassen, durch sich hindurchwirken zu lassen, wie die Luft. Das Wasser beginnt zu spiegeln. Selten gibt es in der Atmosphäre Spiegelungseffekte, die Fata Morgana. In dem Augenblick aber, wo das Wasser mit dem Licht zusammenkommt, wird immer schon ein Teil dieses Lichtes zurückgeworfen, und wir haben die grandiosen Spiegelungserscheinungen auf der Wasseroberfläche. Nur ein Teil von dem Licht mit seinen sinnlich-übersinnlichen Charakteren dringt dann in das Wasser ein; so daß wirklich die Luft, die Atmosphäre der Erde das sonnenhafte Organ ist, völlig offen für die Lichterfahrung, für die Farberfahrung, die von der Sonne und den Sternen herkommt.

Das Mineralreich nimmt nur in seinen höchsten Erscheinungsformen das Licht auf in den durchsichtigen Kristallen. Alle anderen Minerale werfen das Licht zurück. Am großartigsten kann man diese Rückwurfkraft des Mineralischen erleben in den Wüstengebieten der Erde, wo direkt Licht auf Stein fällt.

Aber das Sonnenlicht birgt zum zweiten auch noch das in sich, daß ununterbrochen von der Sonne Lebenskräfte auf die Erde herunterkommen. Das Sonnenlicht hat eine Innenseite. In dieser Innenseite, in dieser Erscheinung der Lebenskräfte, haben wir eine Sonnentätigkeit vor uns, die sehr deutlich mit den Elementen zusammenhängt.

Sieh, du mein Auge,
Der Sonne reine Strahlen
Aus der Erde Formenwesen;

Sieh, du mein Herz,
Der Sonne Geistgewalten
Aus des Wassers Wellenschlägen.

Sieh, du meine Seele,
Der Sonne Weltenwillen
Aus der Lüfte Glanzgeflimmer.

Sieh, du mein Geist,
Der Sonne Götterwesen
Aus des Feuers Liebesströmen.

Das Sonnenlicht mit seinen Lebenskräften, das diese Elemente Erde, Wasser, Luft und Feuer in Bewegung bringt und durchdringt, bewegt damit auch die Pflanzenwelt. Die Lebenskräfte, die das Sonnenlicht in die Pflanzenwelt hereinbringt, sind die Innenseite des Sonnenlichtes, und zwar die Seite von Bildern und Tönen, die übersinnlich, d. h., für gewöhnlich unsichtbar und unhörbar mit dem Sonnenlicht herunterströmen, die vier Elemente in Bewegung bringen und beleben, den ganzen Erdorganismus beleben und dann ihren Höhepunkt finden:

Der Sonnenstrahl,
Der lichterfunkelnde,
Er schwebt heran.

Die Blütenbraut,
Die farberregende,
Sie grüßt ihn froh.

Vertrauensvoll
Der Erdentochter
Erzählt der Strahl,

Wie Sonnenkräfte,
Die geistentsprossenen,
Im Götterheim
Dem Weltentone lauschen;

Die Blütenbraut,
Die farberglitzernde,
Sie höret sinnend
Des Lichtes Feuerton.

Was ist also auf der Erde das Organ, das nun die Hereinwirkung des Sonnenlichtes nach seiner Innenseite zu sofort aufnimmt? Das ist als erstes die Pflanzenwelt. In der Pflanzenwelt, in ihren Blütenprozessen, in ihren Wachstumsprozessen, in ihrem Ergrünen am Sonnenlicht erleben wir, wie die Innenseite des Sonnenlichtes von der Erde wahrgenommen und aufgenommen wird. Aber nicht nur die Pflanzenwelt ist das Organ für die Aufnahme der Innenseite des Sonnenlichtes. Auch die Keime der tierischen und menschlichen Welt bilden solche Organe. Mit dieser Innenseite des Sonnenlichtes kommen die Bilder herunter auf die Erde. Die Geistesforschung sagt: Die Sonne träumt, in der Sonne ist ein Traumleben, und dieses Traumleben der Sonnenwesen erzeugt Bilder, Gestalten; das sind aber jene Bilder und jene Gestalten, die nachher als sichtbare Pflanzen, Tiere und Menschen auf der Erde wandeln. Zum Beispiel während der ganzen Embryonalzeit, in der eine Mutter das Kind unter dem Herzen trägt, wirken die Bilder des übersinnlichen Sonnenlichtes auf den Menschenkeim und gestalten das Menschenbild eines jeden einzelnen Menschen aus.

Nun hat aber das Sonnenlicht auch noch eine dritte Seite. Das ist diejenige Seite, die sich im Sonnenlicht dort offenbart, wo das Sonnenlicht auch eine Art urteilenden Charakter hat. Das zeigt sich dort, wo alles, was im Sonnenlicht auflebt, durch die geistige Wirkung des Sonnenlichtes selber von einem bestimmten Moment an zum Stillstand kommt. Es sind zarte Sterbeprozesse, in denen das Niedere in einen höheren Zustand hineinstirbt. Dieses Sterben, dieses Sterbenmachen des Lebens, ist genauso eine Tätigkeit der geistigen Seite des Sonnenlichtes, nämlich eine richtende, urteilende Seite. Die Sonne selber bewirkt das Absterben in der Natur, nicht nur das Aufleben in der Natur. Man begreift, daß man damit eigentlich die geistige Seite des Sonnenlichtes vor sich hat, und diese geistige Seite hat auch eine moralische Seite. In alten Zeiten gab es den Volksspruch: Die Sonne bringt es an den Tag!

Welches Organ hat die Erde, um das wahrzunehmen? Wo ist die Erde so sonnenhaft, daß sie nicht nur in der sonnenhaften Atmosphäre die äußeren Erscheinungen des Lichtes wahrnimmt und beherbergt, daß sie nicht nur in der Pflanzenwelt und in den Keimen von Mensch und Tier die Lebens- und Seelenseite des Sonnenlichtes aufnimmt, sondern wo ist auf der Erde dasjenige Organ, das nun die Geistseite des Sonnenlichtes erfährt? Das ist das menschliche Herz. In dem menschlichen Herzen ist der Ort, wo die Geistseite, die Innenseite, des Sonnenlichtes erfahrbar wird:

Im Herzen
Lebt ein Menschenglied,
Das von allen
Stoff enthält,
Der am meisten geistig ist;
Das von allen
Geistig lebt
In der Art, die am meisten
Stofflich sich offenbart.
Daher ist Sonne
Im Menschen-Weltall
Das Herz;
Daher ist im Herzen
Der Mensch
Am meisten
In seines Wesens
Tiefstem Quell.

Damit haben wir den Punkt, an dem wir nun das Sonnenlicht in seiner dreifältigen Totalität vor uns haben: in seiner äußeren sinnenfälligen Erscheinung, in seiner inneren Lebens- und Seelenerscheinung als Traumbilder und Lebenskräfte, und schließlich ganz innen in dem Sonnenlicht als Bewußtseinswesen, als eingreifendes Geistwesen, das Leben in Tod und Tod in Leben überführt.

Die Sonne, diese Quelle von Licht und Wärme, von Leben und Seele, von Geist und Kraft, wer ist das? Wie soll man adäquate Begriffe und Bilder schaffen, die das Sonnenwesen verständlich machen? Lassen Sie mich dafür ein ungewöhnliches Bild verwenden, nämlich die 9. Sinfonie von Beethoven. Als er wirklich auf der höchsten Reife seines Schaffens angekommen war und 8 Sinfonien für Orchester geschrieben hatte, hat er merkwürdigerweise bei der letzten großen Sinfonie nach den menschlichen Stimmen gegriffen. In diesem Werk hat man nicht nur das Ensemble der Instrumente: von der Baßgeige bis zur Viola, bis zur Geige, bis zum Cello, auf der anderen Seite die Holzbläser, auf der dritten Seite die Metallbläser, sondern mit einemmal über hundert Menschen, die in Alt und Sopran, in Bariton und Baß miteinander singen. Indem dieses Singen aufsteigt aus dem Instrumentarium des Orchesters, wird das ganze rein musikalisch-orchestrale Geschehen verbunden mit dem singenden Menschenwort. Das ist ein absoluter Höhepunkt des Musikalischen überhaupt in der Menschheit. Was bedeutet das? Es bedeutet, daß da Melodie und Rhythmus, Harmonie und Disharmonie von einzelnen Instrumenten, von einzelnen Menschenstimmen, zu dem großen Zusammenspiel vereinigt sind.

Wenn man ein solches Bild voll ernst nimmt, beginnt man von ferne zu ahnen, was der Geistesforscher erlebt, wenn er den Sonnenkörper ins Auge faßt und mit einemmal die innere, geistig-seelische Erfahrung macht: Dieser Sonnenkörper *ist* gar nicht, sondern er entsteht ununterbrochen, und das eigentlich Imponierende an diesem Wesen ist gerade das, daß es sich bildet und in dem Sich-Erbilden sich konfiguriert und im Sich-Konfigurieren ausstrahlt. Für den Geistesforscher ist die Sonne nicht ein Atomofen, sie ist auch nicht etwas, was äußerlich gesehen eine sogenannte Art von Dauerbestand hat, sondern sie ist der sinfonische Zusammenklang von einer Fülle und Überfülle von übersinnlichen Wesen. Wenn man das

Licht, das von der Sonne ausgeht, nicht nur nach seiner Außenseite, sondern auch nach seiner Innenseite, nach seiner geistigen Majestät hin, allmählich zu erfassen beginnt, dann fängt man an zu bemerken, wie tatsächlich die Sonne nicht ein Himmelskörper ist, der da steht und sich statisch gewissermaßen durch die Welt bewegt, sondern daß diese Sonne fortwährend sich bildet. Wenn man den Geistesforscher selber zu Rate zieht, erfährt man, daß es zunächst die höchsten göttlichen Wesen sind, die das machen, die Seraphim. Diese Seraphim erleben die Welt als sich selbst, und sich selbst als die Welt. Sie wissen von sich durch ein Erleben, von dem der Mensch einen schwachen Nachglanz hat, wenn er glühende Begeisterung erlebt.

Wo ist die Urquelle für die Sonne, woraus entsteht fortwährend dieser Sonnenkörper, den wir äußerlich sehen, der uns das Licht zusendet? Wir müssen sagen: aus der flammenden Begeisterung der Seraphim. Und zu diesen Wesen gesellen sich die beiden anderen höchsten Hierarchien, indem nämlich das völlig abgeklärte Element lichtvoll wird, so daß das Sonnengebilde unmittelbar licht wird durch das Bewußtsein der Cherubim und indem das Ganze dann zusammengetragen und hinausgetragen wird durch die Throne. Dann greifen sogar die Geister der Weisheit ein, die dem ganzen Sonnenbildeprozeß den Sinn geben, die Geister der Bewegung, die diesen Sinn durch das Weltall führen, indem die Sonne sich bewegt, und die Geister der Form, die dieses Ganze dann in die sinnliche Erscheinung hereintreten lassen. Die Sonne *ist* nicht, die Sonne *wird* fortwährend, sie wird herausgebildet aus dem Walten der beiden höheren Hierarchiengruppen: Seraphim, Cherubim, Throne; Kyriotetes, Dynameis, Exusiai. Dies ist die Sonne in Wirklichkeit. Wenn man das erfährt, dann begreift man noch einmal ganz neu, wenn man in den »Lehrlingen zu Sais« bei Novalis folgende Worte findet: »Es ist wohl viel gewagter, sagte ein anderer, so aus den äußerlichen Kräften und Erscheinungen der Natur sie zusammensetzen zu wollen, und sie einmal für ein ungeheures Feuer, ein andermal für einen wunderbar gestalteten Zufall, bald für eine Zweiheit oder Dreiheit oder für irgendeine andere seltsame Kraft anzusehen. Es wäre denkbarer, daß die Natur das Erzeugnis eines unbegreiflichen Einverständnisses unendlich verschiedener Wesen wäre, das wunderbare Band der Geisterwelt, der Vereinigungs- und Berührungspunkt unzähliger Welten.«

Exakt das ist die Sonne. Von daher begreift man, warum diese Sonne auf den Menschen einen so ungeheuren Eindruck macht: Sie ist die unendlich wirkende Quelle für Licht, für Leben, für Wärme, für Bewußtsein – und letztendlich ist sie es, die das menschliche Seelenleben anregt. Welch großartige Anregung für das menschliche Seelenleben geschieht dadurch, daß die Sonne mit der Erde zusammen die Jahreszeiten hervorbringt! Man braucht nur einen Moment an die seelischen Nuancierungsmöglichkeiten des Seelenkalenders von Rudolf Steiner zu denken.

Wenn wir jetzt erkannt haben, daß die Sonne tatsächlich nicht ist, sondern fortwährend gebildet wird aus der mächtigen Übereinstimmung und Zusammenstimmung des chorus mysticus, so, wie aus zahllosen Menschenstimmen und Instrumenten die 9. Sinfonie von Beethoven ertönt, dann begreifen wir auch, daß dieses Zusammenstimmen und Zusammenklingen ein inneres, äußerlich nicht hörbares Tönen ist, und daß dabei die einzelnen Musikanten, wenn ich so sagen darf, nicht nur das gemeinsame Ganze erleben, sondern auch sich selber, und infolgedessen das, was von der Sonne ausgeht, ein Dreifaches hat:

> Des Lichtes webend Wesen,
> Es erstrahlet durch Raumesweiten
> Zu füllen die Welt mit Sein.

So sagt es Rudolf Steiner. Novalis spricht von Übereinstimmung, von gemeinsamem Produkt.

Nun gehen wir noch einen Schritt weiter. Diese hierarchischen Wesen würden nicht so harmonisch zusammenwirken, wenn unter ihnen nur ein Bewußtseinsverständnis, eine Stimmungsgemeinsamkeit und eine Willensgemeinsamkeit da wären. Um das Zusammenklingen und Zusammenstimmen dieser drei zu ermöglichen, bedarf es auch ganz einfach der Kraft der Liebe. Man bekommt einen reinen kosmischen Begriff von Liebe, wenn man diesem Bilde nachgeht, wenn man sich vorstellt, wie aus dem gesamten Weltenumkreis bis in die Weltenmitte der Sonne hinein diese Hierarchien zusammenwirken. Diese tiefe Moralität des Zusammenwirkens ist nur dadurch möglich, daß zwischen diesen Wesen Liebe waltet und daß wir infolgedessen so etwas wie das höchste Geheimnis vor uns haben, nämlich das Geheimnis, daß der Logos, das Weltenwort die Gemeinsamkeit und das Zusammenstimmen und das Zusammenlieben der Hierarchien ist.

Rudolf Steiner hat diesen Ausdruck geprägt: Weltenliebe, Weltenlicht, Weltenwille, Weltgedanken. Die Sonne ist das fortwährende In-Erscheinung-Kommen eines tiefsten, umfassendsten und höchsten Zusammenstimmens der Hierarchien, und zwar der höchsten Hierarchien; die niederen sind ja nachher nur ihre ausführenden Organe: Angeloi, Archangeloi, Archai. Dieses Schaffen ist durchzogen von dem schaffenden Weltenwort, von dem Logosgeheimnis, das als Weltenliebe diese Wesen in völliger Reinheit miteinander verbindet. Die Weltenliebe der Hierarchien ist Sonne. Indem wir die Sonne anschauen, sehen wir mit äußeren Augen die Offenbarung dieser Weltenliebe. Die Sonne zeigt uns die im Logos zusammenwirkenden Hierarchien.

Sonne, du strahlentragende,
Deines Lichtes Stoffgewalt
Zaubert Leben aus der Erde
Unermeßlich reichen Tiefen.

Herz, du seelentragendes,
Deines Lichtes Geistgewalt
Zaubert Leben aus der Menschen
Unermeßlich tiefem Innern.

Schau' ich in die Sonne,
Spricht ihr Licht mir strahlend
Von dem Geiste,
Der gnadevoll
Durch Weltenwesen waltet.

Fühl' ich in mein Herz,
Spricht der Geist sein Eigenwort
Von dem Menschen, den er liebt
Durch alle Zeit und Ewigkeit.

Sehen kann ich aufwärts blickend
In der Sonne hellem Rund
Das gewalt'ge Weltenherz.

Fühlen kann ich einwärtsschauend
In des Herzens warmem Schlag
Die beseelte Menschensonne.

Darin haben wir das höchste Geheimnis des Sonnenwesens vor uns und begreifen jetzt, daß das Licht, das von der Sonne ausgeht, die Offenbarungen dieses Geheimnisses fortwährend enthält.

Nun führt uns die Sommernatur noch einen Schritt weiter. Indem wir anfangen zu begreifen, daß die Sonne als äußere Erscheinung so etwas wie eine Weltensinfonie ist, kommen wir zu dem Weltenwort selber, zu dem Logos, zu der Weltenliebe selber. Damit nähern wir uns nicht dem höchsten, sondern dem tiefsten Sonnengeheimnis der Welt.

So wie das höchste Sonnengeheimnis waltet zwischen den schaffenden Hierarchien und dem Weltenwort und der Weltenliebe, die dieses Schaffen vereinigt und verbindet, so kommen wir, wenn wir nun in die Tiefe dringen, zu diesem schaffenden Weltenwort selber. Wie verhält sich das zu dem Sonnencharakter des Logoswesens?

In dem Kultus der Christengemeinschaft, in der Epistel der Johannizeit, haben wir eine ungeahnte Offenbarung vor uns. Diese Offenbarung besteht darin, daß gesprochen wird von dem Vatergott und von dessen Sonne-schaffendem Walten. Diese Sonne aber, die der Vatergott fortwährend erzeugt, ist nun nicht die äußerlich sichtbare Sonne, die Sonne der Hierarchien, sondern das ist der Sohn, der in Ewigkeit geborene Sohn. Es wirkt wie eine Aufforderung, in das Sonnengeheimnis der Welt einzudringen: in das Verhältnis zwischen dem Vater und dem Sohn. In dieser Epistel wird gesprochen von der allwaltenden Kraft des Vatergottes, von jener allwaltenden Kraft, die unter allen Wesen waltet, und die, indem sie unter allen Wesen das Weltall trägt als der Weltengrund, diesen Weltengrund fortwährend erhebt zu einem mütterlichen, empfänglichen Dasein. Es wird auf der anderen Seite gesprochen von der Macht des segnenden Vatergottes, von jener Macht, die aus den Höhen herunterströmend alles Lebendige segnet mit dem, was von der väterlichen Weltengrundtätigkeit hinzukommt. Es wird davon gesprochen, wie diese doppelte Vaterkraft, die aus den Tiefen als allwaltende Kraft, die aus den Höhen als allsegnende Macht wirkt und schafft und lebt innerhalb der Weltwesen, der Hierarchien, fortwährend heranreift aus sich selber zu jener neuen Sonne, die jetzt die Christussonne heißt. Es ist der Sohn, der in Ewigkeit aus dem Vatergott hervor geborenwerdende Sohn, der selber die Verwirklichung, die Offenbarung jener Liebe ist, die nun nicht die Hierarchien untereinander haben, weil sie das liebende Wesen unter sich haben, nämlich den Logos, sondern wie es diejenige Liebe ist, die aus dem Welten-Urgrund hervorgeht, aus dem Vatergott selber hervorgeht, und den Sohn ununterbrochen zur Sonne reifen läßt in – wie es da heißt – der Weltenmitte.

Wenn man versucht, die Bilder der Geistesforschung so anzuschauen, daß man sieht, wie die sichtbare Sonne nicht etwas ist, sondern fortwährend entsteht, erscheint, weil sie das sinfonische Zusammenspiel der Hierarchien ist, und wenn man da vielleicht selber in eine flammende Begeisterung kommen kann darüber, daß das da ist, daß es so etwas gibt wie diese Sonne, so wird man jetzt, wenn man das tiefste Geheimnis des Sonnenmysteriums anschaut, das Geheimnis der Liebe zwischen dem Vater und dem Sohn, einfach fromm. Man bekommt durch diese Frömmigkeit selber Anteil an dieser Liebessehnsucht.

Damit wird in der Menschenseele die Frage laut nach dem Gegensatz von Liebe und Freiheit. Was heißt das? Vor uns steht Johannes der Täufer. Er verkündet, daß der Träger der Liebe, jenes Christus-Logos-Ich, diese Sonne, die unmittelbar aus dem Walten und Wirken und Weben des Vatergottes selber fortwährend hervorgeht und dann doch auch wieder immer da ist, daß diese Sonne kommt. Wohin kommt sie? Im Markus-Evangelium heißt es ganz am Anfang: Höret, wie es ruft in der Einsamkeit der Menschenseele. Die wenigsten Menschen wagen es, die Polarität Liebe und Einsamkeit zusammen zu denken, weil die Menschen nämlich immer noch nicht entdeckt haben, daß es ohne die Einsamkeit, die Vereinzelung, die Ichhaftigkeit des einzelnen Menschen nur ganz andere Arten von Liebe gibt als diejenige ist, die durch den Christus entsteht. Natürlich ist der Mensch von Natur aus liebefähig, jedes kleine Kind ist liebefähig, aber diese Liebe kommt noch aus der menschlichen Natur. Indem aber die menschliche Natur sich auf Erden entfaltet, individualisiert sie sich, und der Mensch kommt durch sich selber in das, wovon Johannes spricht: die Einsamkeit der einzelnen Menschenseele. Die meisten Menschen haben eine unbezwingbare Angst vor dem vollen Hineinsteigen in die Einsamkeit, in das Alleinseinkönnen und -wollen, in das Selbstseinkönnen und -wollen. Bloß das nicht, irgendwo brauche ich doch Anlehnung! Wer aber nicht hindurchgeht durch diesen Pol, der wird auch den anderen nicht ergreifen, nämlich diejenige Liebe, die aus der Freiheit, aus der Individualität, aus der Souveränität, d. h. aber aus der Einsamkeit des einzelnen Menschen frei entsteht; und zwar frei entsteht nur dann, wenn sie angeregt wird durch jene Einsamkeit, in die auch der Sohn, indem Er Mensch geworden ist, eingetreten ist. So wie es den Gegensatz gibt von Licht und Finsternis, der eine höhere

Einheit ist, so wie es den Gegensatz von Leben und Sterben gibt, der eine höhere Einheit ist, so gibt es den Gegensatz von Einsamkeit und Liebe als höhere Einheit. Einsamkeit heißt Freiheit, und zwar reale Freiheit, wirkliche Freiheit. Die innere Unabhängigkeit des einzelnen Menschen-Ich, das aus der Freiheit heraus jene Liebe entfalten kann, die eben tatsächlich eine Liebe ist, die – und wieder müssen wir uns auf den Geistesforscher berufen – kein positives Ergebnis für den betreffenden Menschen bringt, der diese Liebe ausübt. Dadurch, daß wir zunächst überhaupt Menschen sind, sind wir Gruppenmenschen. Wir werden dann immer mehr und mehr individuelle Menschen, d. h., einsame Menschen, weil wir Schuldner werden. Das ist das zweite, was der Mensch nicht begreifen will. Genauso wenig, wie er die Einsamkeit, das wirklich Auf-sich-selbst-gestellt-Sein, das Alleinsein verwirklichen will, genauso wenig will er verwirklichen und bejahen, daß er gerade dieses sein Einsam-sein-Können, sein Selbständig-sein-Können dem Weltall schuldet. Davon hat aber Johannes der Täufer ein ganz klares Bewußtsein, denn er spricht es aus: »das schuldbewußte Flammenwort«.

Erst wenn der Mensch diese beiden Dinge vollständig in sich verwirklichen kann: die Einsamkeit und das Sich-schuldig-Fühlen – ich meine nicht schuldig für irgendeine Tat, sondern schuldig dafür, daß wir überhaupt Iche sind, daß die Welt uns das gestattet und die Voraussetzungen dafür hergeopfert hat –, dann erst ist der Mensch bereit, jene Liebe zu entdecken und zu entfalten, die bei der kleinsten und bei der größten Tat weiß: Davon habe ich selber nichts, sondern das ist in gewissem Sinne ein Schulden-Abtragen. Ich schulde meine Existenz der Welt, meine Liebe schulde ich ihr nicht. Aber indem ich aus Freiheit die Liebe entwickle, die Liebe zum Menschen, die Liebe zur Welt, die Liebe zu einer durchzuführenden Tat, die Liebe zu einer Pflicht, die Liebe zu eigenem Streben, entsteht ein Abbild der fortwährenden Sonnenbildung, aber jetzt in mir selbst. Die sichtbare Sonne da draußen, sie wird fortwährend hergestellt durch die Fülle der Hierarchien und leuchtet.

Die Christussonne, die innere Weltensonne wird fortwährend hergestellt durch die waltende und segnende Kraft des Vaters. Die einzelne Menschensonne wird hergestellt in jedem einzelnen Menschen in dem Maße, wie der Mensch selber lernt, sonnenhaft, d. h., schenkend, hingebend zu werden. Das bedeutet nicht, daß man das gleich auch kann, sondern es bedeutet nur, daß in dem alten Adam, den wir an uns tragen, dieses eigentliche Liebeselement langsam keimt und langsam in eine ferne Menschheitszukunft hinein sich entwickelt. Dieses ist die Sommerverkündigung der Zukunft, daß nämlich nicht nur die Erde, sondern auch wir Menschen dazu bestimmt sind, Sonnen zu werden.

So lassen Sie mich schließen mit einem Gedicht von Christian Morgenstern, bei dem ich in der letzten Zeile zwei kleine Worte hinzufügen darf im Sinne unserer Betrachtung:

Licht ist Liebe ... Sonnen-Weben
Liebes-Strahlung einer Welt
schöpferischer Wesenheiten –

die durch unerhörte Zeiten
uns an ihrem Herzen hält,
und die uns zuletzt gegeben

ihren höchsten Geist in eines
Menschen Hülle während dreier
Jahre: da Er kam in Seines

Vaters Erbteil – nun der Erde
innerlichstes Himmelsfeuer:
daß auch sie – UND WIR – einst Sonne werden.

Johannes der Täufer und Jesus Christus – Heroldtum und Trägerschaft[3]

Die Menschenweihehandlung, das neugewordene christliche Altarsakrament, ist in sich ein immer wieder in der gleichen Weise auftretendes und wirkendes Wesen. Um diese Menschenweihehandlung herum treten in den einzelnen Festeszeiten des christlichen Jahres gewisse Motive auf, die dieses Sakramentum umrahmen und durchdringen, was ihm dann Aktualitätscharakter gibt. In dieser Weise wird die Menschenweihehandlung im Jahreslauf jeweils eine andere, und zwar dadurch, daß sie in einer ganz bestimmten Weise das aufgreift und den Menschen vermittelt, was auf der einen Seite draußen in dem Kosmos vor sich geht, also in den Naturprozessen des Jahreslaufes: Winternatur, Frühlingsnatur, Sommernatur. Auf der anderen Seite hängt sie zusammen mit der Tatsache, daß das Christuswesen seit seiner Erdenankunft den Entschluß gefaßt hat, sein eigenes Leben mit diesem Leben und Weben der Natur zu verbinden, mit besonderen Taten und Zuständen den Jahreslauf zu durchdringen.

Die Wortgebilde der Festeszeiten im Jahreslauf werden Epistel genannt. In der Johanniepistel wird ein vierfaches Lichtgeschehen angesprochen. Es ist zunächst die Rede von dem Weltenlicht, von einem Lichtgeschehen draußen in der Sommernatur, das eben zusammenhängt mit dem Weltenvater. Die zweite Lichtqualität, von der die Rede ist, ist das Sonnenlicht. Dieses Sonnenlichtgeschehen wird in Verbindung gebracht mit dem Christus-Jesus selber, mit dem Sohn. Das dritte Licht, von dem da die Rede ist, ist das Bewußtseinslicht eines ganz bestimmten Wesens, das in dieser Epistel »Ioannes« genannt wird. Von ihm wird gesagt, daß sein Bewußtsein eine Art Licht ist, das weit über das gewöhnliche Bewußtseinslicht von uns normalen Menschen hinausreicht. Viertens ist die Rede davon, daß wir Menschen, die wir nun an diesen Ereignissen der Natur auf der einen Seite und des Christus-Geschehens, der Christus-Taten auf der anderen Seite teilnehmen können, im Sommer eine besondere Art von innerem geistig-seelischem Licht entzünden können. Eine vierfache Lichtwesenheit wird mit diesem Wort »Licht« immer wieder angesprochen. Man sieht daraus, daß dieses Wort »Licht« in sehr verschiedener Weise interpretiert werden kann und sich auf ganz verschiedene Realitäten in der Welt bezieht. Das ist das eine.

Das zweite, was mit der Menschenweihehandlung in der Johanni-Zeit zusammenhängt, ist das Evangelium. In dieser Zeit kommen am Altar ganz bestimmte Stellen aus dem Evangelium zur Lesung, um von den Christenherzen gehört und wahrgenommen zu werden. Es handelt sich um die Stellen in den Evangelien, wo von diesem »Ioannes«, von Johannes dem Täufer, gesprochen wird. In der ersten Woche dieser Johanni-Zeit, die mit dem ersten Sonntag nach dem 24. Juni beginnt, kommt ein Ereignis zum Vorlesen, was gerade nicht in der Sommerzeit stattgefunden hat, sondern im Tiefwinter. Es ist das Ereignis, daß damals am Jordanfluß, in der Tiefe des Jordangrabens, knapp vor dem Toten Meer, zwei Gestalten einander gegenüberstehen. Die eine von diesen beiden Gestalten ist Johannes der Täufer, die andere aber Jesus von Nazareth. Das Ereignis, das sich da abspielt, ist ein kurzes Gespräch zwischen diesen beiden Wesen. In diesem kurzen Gespräch fällt eine Entscheidung. Und das Ergebnis dieser Entscheidung ist dann der Taufakt, den Johannes der Täufer an dem Menschen Jesus von Nazareth vollzieht. Es ist merkwürdig, daß gerade dieses Tiefwintergeschehen – denn die Taufe am Jordan war am 6. Januar des Jahres 30 – hineingestellt ist in der Menschenweihehandlung in unsere Hochsommerzeit. Eine Art geheimnisvolle, unser eigenes Bewußtsein herausfordernde Rune, eine Art kosmisches Schriftzeichen erscheint so für das menschliche Bewußtsein. Der Inhalt dieser Betrachtung soll die Frage sein: Wer sind eigentlich diese beiden Wesen, die sich da gegenüberstehen, die dieses kurze entscheidungsvolle Gespräch miteinander führen, und die dann gemeinsam, der eine so, der andere so, diesen Akt der Taufe miteinander vollziehen?

Vielleicht ist ein vertieftes Verständnis der Sommernatur eine Art Schlüssel, um tatsächlich ein inneres Bild davon zu entfalten, was da eigentlich geschieht und wer die beiden Wesen sind, die sich da gegenübertreten. Es gibt da zwei Mißverständnisse, die das gewöhnliche, etwas kurzgriffige Bewußtsein herstellt, nämlich: die Sommernatur müßte unbedingt etwas mit der Wärme zu tun haben, so nach dem intellektuellen Schema: Winter kalt, Sommer warm; oder diese Sommernatur hätte etwas zu tun mit dem, was auch ein bißchen ein intellektuelles Schema ist: 21. Juni – Sommeranfang. Davon kann keine Rede sein; denn die Sommernatur ist ein Zustand, der aus der Frühlingsnatur heraus entsteht und zahllose Elemente umfaßt; dann wiederum faßt er diese zahllosen Elemente zu einer Art höherer Einheit zusammen, so daß man sagen kann, die Erde selber ist bei uns auf der nördlichen Halbkugel im Sommerzustand. Wie kann man aber versuchen, dieses Geheimnis etwas deutlicher zu enträtseln?

Der naheliegendste Schlüssel zum Verständnis der Sommernatur besteht darin, daß man eines dieser Elemente herausgreift und nun versucht, an diesem einen Element zu sehen: Was tut dieses Element im Übergang vom Frühling zum Sommer? Dieses Element sind die Pflanzen. Dabei muß man das zweite Mißverständnis ausräumen, das dadurch entsteht, daß man meint, Frühling heißt: Blühen. Natürlich blüht es auch im Frühling. Doch was da im Frühling blüht, das ist ein Blühen, das sich im vergangenen Jahr schon fertig vorbereitet hat und eine Art Vorgriff darstellt auf das eigentliche sommerliche Geschehen; denn es blüht keine einzige Blüte im Frühling, die nicht schon im vergangenen Herbst entweder in der Knospe oder in der Zwiebel unter der Erde fertig vorbereitet wäre. Das gilt für jede Apfelblüte, für jede Haselkätzchenblüte und so weiter. Das eigentliche Geschehen des Frühlings ist das nicht, sondern das eigentliche Frühlingsgeschehen ist schlicht und einfach das Wachsen und Grünen.

Schaut man auf die einjährige Pflanze hin, die das rein zeigt, dann sieht man: Der Keim und das Samenkorn liegen im Winter in der Erde; im Frühling sproßt das auf; jetzt wächst das Pflanzengebilde vor sich her. Immer so, daß es eine Art Urbewegung vollzieht, nämlich ein Stückchen Stengel bildet, einen Knoten bildet, ein Blatt heraussetzt, an der Blattachsel ein Auge vorbereitet, dann wieder ein Stück Stengel macht, wieder ein Blatt bildet, wieder ein Auge vorbereitet, wieder einen Knoten macht, und so weiter. Es ist das reine, vegetative, Schritt für Schritt in Wiederholung desselben sich abspielende Wachstum, das Sprießen und Sprossen. Das Ergebnis dieses Vorganges bei der Pflanze ist das äußerlich erscheinende Sproßbild der grünen Pflanze. Da haben wir es auf der einen Seite mit der verborgenen Wurzel zu tun und auf der anderen Seite mit dem, was als Sproß in diesem wunderbaren, ewig sich wiederholenden Rhythmus heranwächst. Das Eigenartige ist, daß dieser Prozeß im Prinzip endlos weitergehen könnte, wenn er nicht verwandelt würde durch den Ansatz der Blüten. In dem Moment, wo die Blüte anfängt, an der Pflanze zu erscheinen, ist es mit dem Wachstum vorbei. Der vegetative, ergrünende, sprießende, sprossende Wachstumsprozeß wird abgestoppt dadurch, daß schon während dieses Wachstumsprozesses eine Verfeinerung, eine Sublimation der Blattformen, der Säftekonzentrationen und so weiter, stattfindet. Man kann das am schönsten an den Getreidearten beobachten, wie sie vom Frühjahr an so ungeheuer schnell ins Grüne schießen und dann mit einem Mal stehenbleiben. Indem sich die Blüte ansetzt, geschieht etwas geradezu Ungeheuerliches, das wir nur nicht so erleben, weil wir tagtäglich daran gewöhnt sind; statt daß nun Stengelstück und Knoten und Stengelstück und Knoten immer weitergehen, werden diese Knoten alle an einem Punkt versammelt. Sie bilden den Blütenboden, und die sämtlichen Blätter, die aus diesen Knoten herauswachsen könnten, die sitzen nun alle an einem Punkt. Das heißt, das Wachstum wird vollständig in sich selber eingestaucht und eingestaut. Dann öffnet sich der Blütenkelch und zeigt eine ganze Reihe von fundamentalen Verwandlungen: in der Gestalt, in der Farbe, im Duft, im Nektar, und schließlich in dem Blütenstaub in den Staubgefäßen. Was geschieht da?

Es tritt jetzt das Blütenbild der Pflanze in Erscheinung. In diesem Blütenbild bleibt die Pflanze vegetativ stehen. Sie entwickelt jetzt Zeichen, Erscheinungen, durch die sie gewissermaßen über sich selber hinausgeht und nicht mehr nur grüne Pflanze bleibt: zuerst dieses, daß die Farbe kommt. Das heißt also, daß etwas Beseeltes, etwas Seelisches, Stimmunghaftes da erscheint aus dem Grünenden des Sproßbildes. Dann dieses, daß die Pflanze duftet, daß da also auch ganz feine Duftstoffe sich aus der Blüte lösen und in die Atmosphäre übergehen, daß die Pflanze etwas erzeugt, was sie nicht mehr für sich selber braucht, sondern was sie bereit ist, den Insekten, besonders den Bienen und Schmetterlingen, abzugeben, nämlich den Nektar. Schließlich dieses, daß sie den Blütenstaub erzeugt, der von vornherein dafür bestimmt ist, nicht bei ihr zu bleiben, sondern sich von ihr abzulösen und überzugehen in die durchwärmte Luft und in das intensiv durchseelte Tier. Wir haben die Bilder vor uns, wie eine Biene eine Blüte bestäubt. Das kann sogar in den Tropen übergehen auf Vögel. Die Kolibris aus dem tropischen Urwald kommen genauso angeschwirrt an diese großen herrlichen Tropenblüten wie die Bienen oder die Schmetterlinge bei uns, und dann übernimmt das Tier etwas von diesem Pflanzenwesen in seinen eigenen Bereich. Indem es nun die nächste Blüte berührt, gibt es das wieder an die Blüte ab. Was hat dies Stückchen Pflanze, dieses feine, tief lebendige Blütenstaubkörnchen durchgemacht auf dem Wege über das Tier, auf dem Wege über die astralisierte und erwärmte Luft bei einem Kornfeld? Ich erinnere mich an wunderbare Begebenheiten in meiner siebenbürgischen Heimat, wo große Kornfelder waren, und wo man dann manchmal an einem solchen Frühsommermorgen, nachdem der Tau gerade eben aufgetrocknet war, erleben konnte, wie mit einem Mal aus diesen geöffneten Blüten des Getreidewesens die Staubwolke aufgeht und über das Kornfeld dahinweht, einer Menschengestalt ähnlich, und darum bei den Bauern die »Kornmuhme« heißt. Also ein ganz durchseeltes, durchwärmtes, durchlichtetes Wirbelgebilde findet da statt.

Für Goethe war das in seiner ganzen Botanik vollkommen klar, daß hier nicht eine Befruchtung stattfindet, sondern daß hier etwas geschieht, wodurch die Pflanze über sich hinauswächst und in einen Bereich hineinwächst, in dem ihr nun etwas entgegenkommt von der anderen Seite. Rudolf Steiner geht noch weiter. Zu diesem für Goethe äußerlich Sprechenden, zu diesem Physiognomischwerden der Erscheinungen der Bilder des Sproßbildes, des Blütenbildes, konnte er dazu übergehen, die ganze Angelegenheit übersinnlich zu beobachten und zu sehen, was nun das Aurische der Pflanze, ihr Lebensleib, tut, wenn sie blüht. Der Geistesforscher kann beobachten, wie diese Wirbelbildung, diese Wirtelbildung um den Blütenboden herum sich lebendig fortsetzt über die Blüte hinaus wie eine ätherisch-astralische Spirale, die sich ausbreitet und ausbreitet und zur Sonne hin sich fortsetzt in die Sternenwelt hinaus. In dieses Übersinnliche, was da aus der Pflanze nun hervorblüht, über sie hinausblüht, kommt etwas herein von der anderen Seite, nämlich von der Sonne. Die Tiere und der durchwärmte Sommerwind sind die Träger, die Vermittler, für das neue Bild der Pflanze im Übersinnlichen, das im nächsten Jahr aus dem Samenkorn wieder im Sichtbaren hervorgehen soll. Dieses neue Bild der Pflanze kommt aus der Sonne und strömt in dieses astralisch-ätherische Spiralgewebe herein, und das Tier muß das vermitteln. Mit dem Staubkörnchen fällt der Same dieses Bildes auf die Narbe. Darin besteht eigentlich die Bestäubung unserer Pflanzenwelt. Dieses ist das Schlüsselbild für die Sommernatur. In der Verwirklichung des Blütenbildes gibt die Pflanze einen Opferduft, Opferrauch, ab. Sie gibt ihn hin den Geistern der Welt, den Geistern der Sterne und der Sonne, die ihr dann dafür ihr Urbild schenken, so daß dieses Urbild mit dem Blütenstaub in die Blüte einzieht und dadurch den Samen tatsächlich möglich macht.

Wenn man diesen Schlüssel benützt, der einem gewissermaßen durch die Pflanzenwelt vermittelt wird, wenn man sie vollständig betrachtet – nicht nur physisch-äußerlich, auch nicht nur physiognomisch wie Goethe, sondern aurisch, wie das durch die Geistesforschung möglich ist –, wird einem die Pflanze zum Schlüssel für die ganze Sommernatur. Und dasselbe, was mit der Pflanze geschieht, geschieht mit dem Wasser. Denn die charakteristische Wasserbildung der Sommernatur ist das Wärmegewitter. Wenn man sieht, wie das Wasser durch den Prozeß des Wärmegewitters herausgeholt wird aus seinem flüssigen Zustand, übergeht in den Gaszustand, aufsteigt in die Höhen, dann dort den Anfang des Kumulus-Turmes bildet, des Gewitterwolkenturmes, der dann in Etagen ausfließt, sich wieder sammelt, hochsteigt, wieder ausfließt, wieder sammelt, hochsteigt, hat man deutlich das Bild einer wachsenden Pflanze vor sich. Dieser Prozeß wird in einer bestimmten Höhe, bei uns in etwa achttausend, neuntausend Meter Höhe, plötzlich gestoppt, obwohl da weiter noch Luft genug ist und Wasser genug nachgezogen werden könnte. Dann mit einem Mal bläst oben aus dem Gipfel einer solchen Gewitterwolke die Zirrus-Kappe heraus, ein Hauch von feinsten Eiskriställchen. Wenn diese Eiskriställchen wieder zurückfallen in die unterkühlten Tröpfchen der Gewitterwolke da oben in der Höhe, in neuntausend, zehntausend Metern Höhe, dann dauert es noch zehn bis fünfzehn Minuten, und es kommt von der anderen Seite der Blitz hereingefahren. Es kommt in diesen Blütenzustand des erblühenden Wassers, des Wasserelementes, das Licht hereingefahren. Es fährt die Elektrizität herein. Man hat in dem, was die Gewitterwolke zeigt, im Grunde genommen genau denselben Vorgang eines Abstoppens, eines sich fortsetzenden Evolutionsprozesses, der sich öffnet für etwas Höheres, und das Höhere kommt von der anderen Seite heran und befruchtet gewissermaßen das Wasser. Darum haben das Wasser und der Hagel und die Körner, die aus der Gewitterwolke fallen, diese große Fruchtbarkeit. Hinterher ist alles ganz klar und hell geworden, weil mit diesen Gewitterprozessen auch eine Art Licht in die Natur hereinkommt.

Dasselbe kann man auf die Prozesse übertragen, die mit der Luft zusammenhängen. Das Licht hat auch solche Erscheinungen. Dasselbe findet man bei den Insekten. Man kann zum Beispiel genau verfolgen, was ein Bienenvolk macht, vom Frühling zum Sommer, bis zu dem Moment, wo die jungen Königinnen reif geworden sind, die alte Königin mit den alten Bienen das Volk verläßt, und die junge Königin aufsteigt in lemniskatischen Flügen, 800, 900, 1000 Meter hoch, um da oben von der einzigen Drohne, die sie erreicht, befruchtet zu werden, um dann als der befruchtete Weisel wieder herunterzukommen in den Stock. Auch da sieht man wieder: das geht hinauf, bis es stoppt. Und dann kommt von der anderen Seite her die Kraft der Fortzeugung gewissermaßen. Dasselbe kann man von den Schmetterlingen sagen. Denn man muß nicht etwa denken, daß der Schmetterling einfach nur deshalb durch die Luft fliegt, weil ihm das Spaß macht. Wenn er hindurchgegangen ist durch das Ei und die Raupe, die frißt und frißt und dann eines Tages doch aufhört und sich verpuppt in diesen merkwürdigen Kelchzustand, und wenn dann der Falter aufblüht aus diesem Kelchzustand und hinausfliegt und fortwährend die Luft atmet, kann man beobachten, wie er sich dann hinsetzt und die Flügel zusammenlegt, dann wieder ausbreitet und das Licht ganz tief hineinnimmt in sein ganzes Wesen, dann die Flügel wieder zusammenfaltet, wieder ausbreitet, und dann schließlich durch die Luft zieht und die Luft erfüllt mit dem, was er als Licht aufgenommen hat in sich. Dasselbe kann man von der Vogelwelt sagen. Denn auch die Vogelwelt macht dieses durch, daß sie vom Frühling zum Sommer hin das Nest baut; daß dann die Eier hereingelegt werden; aber dann singen sie. Und mit dem Vogelgesang strömt eine gewaltige Seelenhaftigkeit hinaus in den Kosmos. Man beobachte doch, wie das ist, wenn die Lerche wiederum mit diesen lemniskatischen Bewegungen singend steigt, und mit einem Mal ist Stille, und wie ein Stein fällt sie herunter, aber sie bringt etwas mit! Sie bringt etwas mit von dem, was sie durch ihren Gesang übersinnlich mit ihrer eigenen höheren Tierseele wahrgenommen hat, und das kommt herein, und dadurch entsteht die eigentliche Möglichkeit, die jungen Vögelchen zu füttern. Das ist die Sommernatur.

Ich habe die Bilder ein bißchen zusammengezogen, weil sie uns allen geläufig sind. Wenn man diese verschiedenen Elemente anschaut, wenn der Frühling in den Sommer übergegangen ist, dann haben sie etwas wunderbar Gemeinsames, nämlich dies, daß da etwas verfeinert wird, geopfert wird, durch das Opfer über sich hinauswachsen kann, geistig wird, und daß in das Geistige aus dem Kosmos, von der Sonne, von den Sternen, von den Gruppenseelen der Tiere, etwas von der anderen Seite her hereinkommt und sich damit verbindet. Wenn man diese verschiedenen Elemente zusammenschaut, dann entsteht ein Bild. Dieses Bild ist die Erde, das Wasser, die Luft, das Licht, die Pflanzen, die Tiere, alle kommen in den Sommerzustand, sie werden über sich hinausgehoben. Sie leben nicht einfach vegetativ weiter, sondern sie werden über sich hinausgehoben, und es kommt ihnen aus dem Weltall, aus dem Kosmos, etwas entgegen, was sie brauchen, was ihnen aus der Sternenwelt, aus der Sonnenwelt zuströmt, und womit sich dann das irdische Wesen verbindet. Die ganze Erde blüht im Sommer auf, sie ist eine Art Blütenwesen, das eine ungeheure Aura um sich herum hat von übersinnlichen Kräften seelischer, ätherischer und auch geistiger Natur, und in diesen Sommerzustand stellt nun das Christentum diese beiden Gestalten mitten hinein: Johannes den Täufer, Jesus Christus.

Was ist das eigentlich für ein Schlüssel, den uns diese Sommernatur zur Verfügung stellt, wenn wir sie richtig sinnlich-übersinnlich begreifen? Für diesen Schlüssel gibt es einige wundersame Zeugnisse. Ich möchte von diesen wundersamen Zeugnissen nur zwei anführen, in denen das Sommermysterium der Menschenseele dargestellt wird. Das erste findet sich im west-östlichen Diwan von Johann Wolfgang von Goethe. Da gibt es das klassische Gedicht »Selige Sehnsucht«.

Sagt es niemand, nur den Weisen,
Weil die Menge gleich verhöhnet,
Das Lebend'ge will ich preisen,
Das nach Flammentod sich sehnet.

In der Liebesnächte Kühlung,
Die dich zeugte, wo du zeugtest,
Überfällt dich fremde Fühlung,
Wenn die stille Kerze leuchtet.

Nicht mehr bleibest du umfangen
In der Finsternis Beschattung,
Und dich reißet neu Verlangen
Auf zu höherer Begattung.

Keine Ferne macht dich schwierig,
Kommst geflogen und gebannt,
Und zuletzt, des Lichts begierig,
Bist du, Schmetterling, verbrannt.

Und so lang du das nicht hast,
Dieses: Stirb und werde!
Bist du nur ein trüber Gast
Auf der dunklen Erde.

Was ich vorhin versucht habe anzudeuten, es ist hier mit der typischen Goetheschen Genialität rein ausgedrückt, am Bilde des Falters entwickelt, an dem er nun erlebt, daß dieser nicht nur die natürliche Lichtsehnsucht hat, sondern daß er gebannt ist von dem Licht, das der Mensch da anzündet, in das er sich hineinstürzt. Wer das erlebt, der sieht, wie sie immer in Lemniskaten herumfliegen um diese Flamme, geführt durch ihre glitzernden Augen, bis sie verbrennen. Tief seltsam! Das ist ein Zeugnis, wo man sieht, daß es Goethe vollständig klar war, was eigentlich der wahre Sommerzustand der Menschenseele ist: nämlich die Sehnsucht nach dem

Höheren, die Sehnsucht danach, in sich etwas anzufachen, zu entzünden, was über den gewöhnlichen Menschen, die gewöhnlichen Seelenverhältnisse, hinausführt, was den Menschen erhebt über sich hinaus, damit ihm von der anderen Seite etwas entgegenkommen kann, was er braucht.

So wie Goethe dieses Sommergeheimnis an den Falter anschließt, so Novalis an die Blüte. Es ist mir in der menschheitlichen Literatur weit und breit kein weiteres Zeugnis bekannt, wo dieses Geheimnis so rein und gleichzeitig so einfach ausgesprochen wäre wie eben an folgender Stelle. Interessanterweise ist sie in dem Roman »Heinrich von Ofterdingen« zwischen dem ersten und zweiten Teil dazwischen geschaltet. Das Gedicht ist überschrieben mit dem Wort »Astralis«.

An einem Sommermorgen ward ich jung;
Da fühlt' ich meines eignen Lebens Puls
Zum erstenmal – und wie die Liebe sich
In tiefere Entzückungen verlor,
Erwacht' ich immer mehr, und das Verlangen
Nach innigerer, gänzlicher Vermischung
Ward dringender mit jedem Augenblick.
Wollust ist meines Daseins Zeugungskraft.
Ich bin der Mittelpunkt, der heilge Quell,
Aus welchem jede Sehnsucht stürmisch fließt,
Wohin sich jede Sehnsucht, mannigfach
Gebrochen, wieder still zusammenzieht.
Ihr kennt mich nicht und saht mich werden –
Wart ihr nicht Zeugen, wie ich noch
Nachtwandler mich zum ersten Male traf
An jenem frohen Abend? Flog euch nicht
Ein süßer Schauer der Entzündung an? –
Versunken lag ich ganz in Honigkelchen;
Ich duftete, die Blume schwankte still
In goldner Morgenluft. Ein innres Quellen

War ich, ein sanftes Ringen, alles floß
Durch mich und über mich und hob mich leise.
Da sank das erste Stäubchen in die Narbe,
Denkt an den Kuß nach aufgehobnem Tisch.
Ich quoll in meine eigne Flut zurück –
Es war ein Blitz – nun konnt' ich schon mich regen,
Die zarten Fäden und den Kelch bewegen,
Schnell schossen, wie ich selber mich begann,
Zu irdschen Sinnen die Gedanken an.
Noch war ich blind, doch schwankten lichte Sterne
Durch meines Wesens wunderbare Ferne,
Nichts war noch nah, ich fand mich nur von weiten,
Ein Anklang alter, so wie künftger Zeiten.
Aus Wehmut, Lieb' und Ahndungen entsprungen
War der Besinnung Wachstum nur ein Flug,
Und wie die Wollust Flammen in mir schlug,
Ward ich zugleich von höchstem Weh durchdrungen.
Die Welt lag blühend um den hellen Hügel,
Die Worte des Propheten wurden Flügel,
Nicht einzeln mehr: nur Heinrich und Mathilde
Vereinten beide sich zu *einem* Bilde. –
Ich hob mich nun gen Himmel neugeboren,
Vollendet war das irdische Geschick
Im seligen Verklärungsaugenblick,
Es hatte nun die Zeit ihr Recht verloren,
Und forderte, was sie geliehn, zurück.

Wiederum: der menschliche Zustand im Sommerzustand, die Sehnsucht der Menschenseele, über sich hinauszuwachsen und innerlich ein Opfer zu bringen, um sich bereit und frei zu machen für das, was von der anderen Seite kommt: »Da fiel das erste Stäubchen auf die Narbe.« Novalis bringt das, was er geistig erlebt hat, in das Bild der bestäubenden Pflanzenblüte. Ist das nicht herzbewegend? Man fängt an zu begreifen, daß die Erde nicht nur das rein äußerlich Materielle ist, sondern auch etwas, was mit diesem Materiellen an seelischen Kräften und Lebenskräften verbunden ist und eine Aura um diese Erde herum bildet. Im Sommerzustand hebt diese Aura die Erde über sich hinaus und macht sie offen für den Kosmos da draußen. Dasselbe gilt auch für den Menschen. Auch der Mensch kann angeregt werden, bei sich selber diese seelischen Geheimnisse zu finden, den Ort in sich zu suchen und zu finden, wo er das, was er zunächst von Natur aus ist und was immer weiter und weiter wachsen will, gewissermaßen zu einem Stillstand bringt, sei es im Gefühl, sei es im Willen, sei es im Bewußtsein, in den Gedanken. Dadurch kann im Menschen eine höhere Blüte sich öffnen. Ahndung, sagt Novalis. Eine Ahndung von dem, daß wir Menschen nicht vollständig sind, wenn wir uns nicht für ein Höheres öffnen können, das uns dann von der anderen Seite her zukommt, weil es darauf wartet.

Von hier aus begreift man nun diese beiden Gestalten, die am 6. Januar des Jahres 30 am Jordan einander gegenübertreten. Wenn man auf den einen hinschaut, Johannes den Täufer, dann kann man sich fragen: Was hat dieser Mensch für ein Bewußtsein gehabt? Die ungeheure Sicherheit, mit der er auftritt, diese fordernde, konsequente Sicherheit mit der er auftritt gegenüber allen Menschen, die um ihn herum sind, zeigt, daß dieser Mensch ein Bewußtsein davon hatte, daß das Menschenwesen einer Hilfe bedürftig ist. Warum? Einmal in der Menschheitsgeschichte hat es ein Ereignis gegeben, durch das das Menschenwesen auf eine Bahn gekommen ist, die dieses Menschenwesen dazu geführt hat, daß es die Verbindung mit der göttlichen Welt, aus der es stammt, allmählich vollständig verloren hat. Das Verhältnis des Menschenwesens zur geistigen Welt ist verdunkelt worden, so daß der Mensch ohnmächtig geworden ist, sich an seine geistige Herkunft, an seine geistige Heimat, zu erinnern, überhaupt ohnmächtig, sich zum Geiste wirklich zu erheben, außer zu intellektuellen Gedanken.

Johannes der Täufer war von dem Bewußtsein des Sündenfalles vollständig durchdrungen. Er hatte eine ganz genaue Erfahrung und Vorstellung davon, was geschehen muß, um den Menschen aus diesem immer weiter in den rein materiellen irdischen Daseinsabgrund führenden Weg wieder freizubekommen. Darum tritt er so auf, daß er die Menschen aufmerksam macht auf diesen Tatbestand, den sie zwar alle in sich haben, der ihnen aber nicht bewußt ist. Man nennt das einen Bußprediger, aber das ist ein schreckliches Wort. Es handelt sich da nicht um eine Bußpredigt, sondern darum, daß aus diesem Menschen etwas herausflammt im Anblick seiner Mitmenschen, das zeigen will: Seht einmal, wo sind wir heute? Was ist mit dem Menschen geschehen, daß er diesen ganzen Weg in den Abgrund des irdischen Daseins heruntergeht und sein Verhältnis zur göttlichen Welt vollständig verloren hat? Er ist ein selbständiges freies Wesen geworden! Anders wäre das nämlich nicht möglich gewesen. Jetzt ist diese Freiheit da, jetzt ist der Mensch ganz auf der Erde angekommen. Aber es kommt jetzt darauf an, daß er sich innerlich umdreht, daß er, nachdem er die irdische materielle Welt voll ergriffen und durchdrungen hat, sich jetzt mit seinem Bewußtsein umwendet und die Bewegung auf die geistige Welt hin wieder vollzieht.

Wenn er das nicht aus eigener Kraft kann, – und er kann es nicht – muß ihm geholfen werden. »Kommt, laßt euch taufen!« Und sie kommen, und er tauft die Menschen. Er tauft sie aber erstens mit diesem Bewußtsein, mit diesem tiefen Sünden- und Schuldbewußtsein der Menschheit im ganzen und des einzelnen. Indem er die Menschen eintaucht in das Wasser, bewirkt er eine gewisse Lokkerung, er führt sie bis zu einer Art Ertrinkungsnot bei seinem Taufvorgang. Das war etwas sehr Drastisches und Reales, so daß die Menschen erstens erleben: Ich bin verdunkelt im normalen Bewußtsein. Durch diesen Taufakt werde ich wach und hell, und ich erlebe: Es gibt eine göttliche Welt. Indem ich erlebe, daß es eine geistige Welt gibt, erlebe ich auch das zweite: daß ich nämlich mit meinem tiefsten Wesen Angehöriger dieser geistigen Welt bin und daß gerade das letzten Endes meine Menschenwürde und meine Menschenrealität ausmacht.

Einige von diesen Menschen, die er getauft hat, hatten zu diesen beiden Erlebnissen: ich bin verdunkelt, es gibt eine göttliche Welt, ich gehöre ihr an, noch ein weiteres. Sie erlebten nämlich, daß in dieser geistigen Welt etwas sich verändert; daß da ein besonderes Licht nahe herankommt an die Menschenseele; daß die Menschenseele, wenn sie sich erhebt in ihrem Bewußtsein, in ihrem Gefühl und in ihrem Willen dem entgegengeht, was ihr da begegnen will, dann die Möglichkeit hat, dieses Geistig-Göttliche in sich aufzunehmen und dadurch den inneren Anschluß an das wahre Menschentum im Menschen wieder zu finden. »Metanoeite, engys hä basileia ton ouranon.« So steht es im Neuen Testament. Wendet euch innerlich um! Denkt um! Denn: »hä basileia ton ouranon«, das Reich der Himmel, ist ganz nahe an die Menschenseele herangekommen. Von hier aus verkündet Johannes der Täufer, daß das Reich der Himmel in Gestalt eines Menschen an die Menschheit herankommen wird. Von Anfang an spricht er davon. »Ich bin ein Vorläufer, ich bereite einen Bewußtseinsweg für die Menschen; ich bereite den vor, der kommen wird, und von Ihm spreche ich, nicht von mir selber! Ich spreche von dem, der nach mir kommt, dem ich nicht würdig bin, die Riemen an seinen Schuhen aufzulösen. Ich taufe euch mit dem Wasser, indem ich euch eintauche in diese Welt. Er wird euch taufen mit etwas, was in euch, in euer Blut, in euer inneres Wärmefeuer, in eure Liebe- und Ichfähigkeit hineinziehen wird. Er wird euch mit Feuer und mit Geist taufen.« In einer dieser beiden Gestalten, in Johannes dem Täufer, steht da eine Art Weltgewissen, eine Art historisches Menschheitsgewissen, ein scharfes, durchdringendes Bewußtsein davon, was der Sündenfall für die Menschheit bedeutet hat: daß die Menschheit verdunkelt ist, und daß aus dieser Verdunkelung heraus alles das kommt, was dem Menschen Schwierigkeiten macht in seinem irdischen Dasein, daß aber gleichzeitig etwas unmittelbar bevorsteht, was die Heilung, die Rettung, dafür bringt.

Nun kommt Jesus zu ihm an den Jordan. Und wenn man im Johannes-Evangelium nachschlägt, dann ist der, der die Rede anfängt, nicht der Jesus, sondern der Johannes. Das Wort, das er spricht im Anblicke dieses Jesus, ist eigentlich gar nicht zu verstehen. Wie kommt er dazu, so etwas zu sagen? Er sagt nämlich: »Seht, der da kommt, der trägt die Sünde der Welt als das Lamm Gottes!« Was hat Johannes der Täufer für ein Bild, für eine Imagination, von diesem an ihn herankommenden Jesus gehabt? Wie dann Jesus vor ihm steht und ihm sagt: »Taufe mich!«, da sagt Johannes, daß es nicht geht, denn er sieht in Jesus das höhere Wesen, das ihn eigentlich taufen müßte. Jetzt kommt die Antwort: »Lasse es geschehen, denn es ziemt uns, die Gerechtigkeit zu erfüllen.« Man muß dieses Wort »Gerechtigkeit« nur mit vorsichtigen Ohren hören. Es hat mit irgend einem juristischen Akt oder mit einem Gerechtigkeitsverhältnis gar nichts zu tun! Sondern »dikaiosýnä« im Griechischen, auch bei Plato schon, bedeutet, daß ein Wesen richtig in der Welt darin steht. Wenn ein Wesen so in der Welt steht, wie es diesem Wesen selber entspricht, dann ist es gerecht. Dann erfüllt dieses Wesen die dikaiosynä. Da aber der Mensch herausgefallen ist aus seinem wahren richtigen Darinstehen in der Welt, erfüllt er eben die dikaiosynä nicht, wenn er sich nicht hineinstellt. Jesus stellt sich herein. Was hat er für ein Bewußtsein?

Kommen wir zuerst noch einmal zu Johannes dem Täufer zurück. Er weiß noch etwas anderes. Der schwach und dunkel gewordene Mensch lebt in einer gestörten Weltposition, weil die luziferische Verführung ihn verändert hat. Aber dieser Weg in seine irdische Autonomie und Selbständigkeit ist eine Gabe, eine Gnade des Vaters. Der Vater hat den Menschen nicht nur aus sich hervorgehen lassen – durch den Sohn schaffen lassen –, sondern er hat auch dem Menschen die Möglichkeit gegeben, ein freies Wesen zu werden. Das heißt in gewissem Sinne: zurückzutreten vor dem Menschen, nicht alles selber mit ihm zu machen, sondern dem Menschen den Adel zuzusprechen, daß er ein selbstverantwortliches Wesen sein kann. Dieses Bewußtsein hat Johannes der Täufer. Er weiß nicht nur, daß wir schuldig werden, sondern er weiß auch, daß wir Schuldner sind dem Vater-Gott gegenüber, insofern wir diese freien, selbständigen, irdischen, wenn auch verdunkelten

Wesen überhaupt sein können und dürfen. So trägt er im Umkreis seines Leibes dieses Vaterbewußtsein, in seinem Herzen, in seiner Seele, dieses Sündenbewußtsein. Johannes der Täufer ist der Bewußtseinsmensch.

Und was steht in Jesus von Nazareth vor uns? Wenn man die Jesus-Gestalt in den Evangelien verfolgt, merkt man, wie sie eigentlich ein schweigendes Wesen ist. Man muß immer wieder den Eindruck korrigieren, den man dadurch hat, daß er im Evangelium fortwährend redet. Man verteile einmal die wenigen Reden, die in den vier Evangelien stehen, wobei die allerletzten bei Johannes alle an einem Abend gehalten worden sind, auf drei Jahre! Man hat keinen Redenden vor sich, man hat den Schweigenden vor sich. Warum schweigt er? Warum spricht er eigentlich nur, wenn er herausgefordert wird, durch eine Frage, durch einen Kranken, durch einen Angriff von seiten der Juden? Da, mit einem Mal, bricht aus dieser Seele etwas heraus und leuchtet auf und steht im Evangelium; dann schweigt er wieder. Man kann als gewöhnlicher Mensch gar nicht fassen, was das eigentliche Charakteristikum der Jesus-Wesenheit ist. Es ist nicht das Bewußtsein, sondern es ist das Mitgefühl. Das allertiefste Mitleiden mit jedem einzelnen Menschen, aber auch vor allem mit der ganzen Menschheit, an dem, wovon Johannes der Täufer weiß. In Jesus begegnet uns eine Seele, eine Liebe, eine Hingabe, ein Mitgefühl, ein Leiden unter der Sündhaftigkeit der Menschheit, aber nicht seiner eigenen, sondern der seiner Brüder, seiner Schwestern.

Es gibt in großartiger Weise von Rudolf Steiner die Beschreibungen in dem, was er »das fünfte Evangelium« nennt, von den Jugendjahren dieses Menschen Jesus von Nazareth. Da wird Stufe für Stufe gezeigt, wie dieser Mensch Jesus in Nazareth aufgewachsen ist als Knabe und ein Zimmermann war, weil sein Vater einer war; wie er unter seine Mitmenschen geht und sieht, wie sie nicht mehr in der Lage sind, die alten geistigen Weisheiten zu erfassen, wie sie nicht mehr in der Lage sind, wirklich zu verstehen, was in den Heiligen Schriften steht, wie sie nicht mehr in der Lage sind, sich mit dem Göttlich-Geistigen innerlich zu verbinden und die wahre Menschenwürde zu haben, und wie die Menschen darunter still existentiell leiden. Und er leidet mit. Und er leidet so abgrundtief mit, daß man, ich möchte sagen, erinnert wird an ein Wort, das wiederum bei Goethe vorkommt, aber natürlich in etwas anderen Zusammenhängen: wo Faust vor der Katastrophe steht, die er angerichtet hat mit dem Mädchen, das er ins Unglück gebracht hat, und wo er keine Hilfe weiß, weil der andere kommt und sagt: komm, laß sie! Und wo er dann sagt: »Der Menschheit ganzer Jammer faßt mich an.« Wiederum so ein großartiges Bild. Aber es reicht nicht hin, um auch nur ein wenig zu empfinden, was in der Seele dieses Menschen Jesus von Nazareth vorgeht, wie diese Seele immer wieder sehnsüchtig ruft um Hilfe aus der göttlichen Welt, weil sie das Leid der Menschheit vollständig mitleidet. Man muß nicht etwa denken, daß die Götter nicht mit uns mitleiden, wenn wir Menschen dunkel sind, daß sie nicht mit uns mitleiden, wenn wir Menschen Fehler begehen, Sünden begehen, und so weiter. Wir sind nicht von Gott verlassen, auch dort nicht, wo es scheinbar so aussieht, weil die Gottheit in der Lage ist, mitzumachen, was wir Menschen durchleben und durchleiden hier auf dieser Erde. Die Menschen haben davon immer ein wenig ein Gefühl gehabt. Und dieses Gefühl wurde ihnen dadurch ermöglicht, daß Jesus für sie die brüderliche Empfindung hervorgebracht hat: »Ihr seid meine Brüder, meine Schwestern, mit euch leide ich das mit, was ihr leidet.«

Das ist Jesus von Nazareth. So kommt er an den Jordan. So trifft er auf Johannes, der dieses Bewußtsein von den menschlichen Schwierigkeiten in sich hat. Es begegnet diesem Bewußtsein auf der anderen Seite das Mitgefühl, das Verständnis, das Mitleiden mit allem, was Mensch ist und Menschenantlitz trägt. Man muß sagen, das Zusammenwirken dieser beiden Wesen hat eine Aura. So, wie wir vorhin sagen konnten: Schauen wir die Sommernatur an mit ihrer gewaltigen Aura, in die einbezogen sind das Wasser, das Licht, die Luft, die Pflanzen und die Tiere; wie diese Aura darin besteht, daß da etwas an ein Ende kommt, daß etwas Neues angelegt wird, das über sich hinausgeht, um von der anderen Seite her begnadet, gesegnet, befruchtet zu werden, höhere Begattung nun zu erfahren, so können wir jetzt sehen: In diesen beiden Gestalten steht das tatsächlich vor uns. Denn für Johannes den Täufer ist gerade dieses charakteristisch, daß er wirklich etwas ist wie eine Mensch gewordene Sommernatur. In dem Bewußtsein dieses Wesens lebt die ganze Menschheitsvergangenheit mit all ihren Inhalten. Rudolf Steiner hat einmal davon gesprochen, daß man sagen kann: In Johannes dem Täufer lebt das historische Gewissen, nicht das persönliche individuell menschliche, sondern das weltgeschichtliche Bewußtsein. Das wirkt aber so, daß er sagt: Bis hierher kann ich. Ich kann dies alles bewußt machen, ich kann dies aufleuchten lassen, ich habe das Licht dafür, das zu sehen. Aber – mehr kann ich nicht. Und ich kann nur dem den Weg bereiten, vor dem ich zurücktreten muß, demgegenüber ich ein Opfer bringen muß, damit von der anderen Seite her dann wirklich die Gnade kommt, die der Mensch braucht. Die Gnade aber kann nur von der anderen Seite kommen.

Und er erlebt diese Gnade. Denn es wird in den Evangelien in großartiger Weise so beschrieben, daß sich für das übersinnliche Schauen des Johannes zeigt, wie die Himmel aufgehen: »aneochtäsan hoi ouranoi ... schizomenous tous ouranous.« Er sieht: jetzt kommt da etwas aus dem rein Geistigen herein. Er erlebt die Aura des Jesus, die umgeben ist vom Geist-Gott. Der Jesus trägt im Umkreis seines Leibes den Geist-Gott so, wie der Johannes den Vater-Gott im Umkreis seines Leibes trägt. ER trägt den Heiligen Geist. Aus diesem Heiligen Geist heraus kommt dieser Trost, dieses Christus-Wesen, dieses Christus-Ich, das sich dann mit diesem Menschen Jesus während der Jordan-Taufe so verbindet, daß aus den höchsten Himmeln der Vater-Geist spricht. Es ist kein Zufall, daß wir nur an ganz wenigen Stellen in den Evangelien so etwas haben, wo die höchste Stimme des Vater-Gottes redet. »houtos estin ho hüos mou ho agapätos ...«. »Dieser ist mein Sohn, der geliebte. In ihm bringe ich mein Wesen zur Offenbarung.« Das erlebt Johannes der Täufer. Er sieht, wie der Sproß, der er ist, zurücktritt, wie die Blüte der Menschheitsseele erscheint, Jesus, und wie von der anderen Seite her aus der höchsten Gottheit die Sonne, das Ich, in den Menschen Jesus, in diese Leibeshülle, einzieht. Damit ist das Mysterium von Golgatha begründet.

Wir können sagen: Dieses Ereignis in der Tiefe des Mittwinters, 6. Januar 30, trägt in sich Sommernatur; so, wie in den Sommervorgängen für die Menschenseele etwas von Winternatur auftreten kann dann, wenn wir diese vierte Art von Licht entwickeln. Das erste Licht ist das Vaterlicht. Das Vaterlicht, das aus sich hervorgehen läßt als zweites Licht das Weltenlicht des Sohnes. Und Johannes der Täufer ist dem Weltenlicht und dem Sonnenlicht hingegeben. Er hat die dritte Art von Licht: das Bewußtseinslicht von beiden. Aber der Sohn ist selber Licht, das Liebe ist, Menschen erlösende Liebe, die in das Menschenherz einzieht und in dem Menschenherzen die vierte Art von Licht, die Christusliebe entstehen lassen kann, wenn der Mensch diese Sehnsucht, diese Ahnung, zu einem immer wieder sich erneuernden Christusverhältnis in sich belebt, in sich erweckt.

So tritt die fortwirkende Zeugenschaft Johannes des Täufers auf. Man kann also sagen: Der Anfang der Zeugenschaft Johannes des Täufers besteht darin, daß er die Menschen aufmerksam macht auf das, was in seinem Bewußtsein lebt: »Wir sind verdunkelte Wesen. Wir haben unseren wahren göttlichen Ursprung verloren. Wir leben in einem geistverlassenen irdischen Gehäuse und wissen nicht, woher wir kommen.« Das zweite: »Nicht ich bringe das Heil; ich bringe das Bewußtsein von der Heilbedürftigkeit des Menschen und habe die Aufgabe, die Menschen darauf vorzubereiten, daß etwas zum Menschen kommen will.« Das ist die zweite Zeugenschaft. »Er muß wachsen, ich muß abnehmen.« Ein reines Sommerwort, ein Blütenwort. Die dritte Zeugenschaft Johannes des Täufers besteht darin, daß er dann auf Jesus hingewiesen hat und gesagt hat: Dieser ist es! Und der Geist, der mich vorher erzogen und eingeweiht hat – so spricht er im Johannes-Evangelium –, der hat mir gesagt: Derjenige, auf den du den Geist herunterkommen und ihm einwohnen siehst, das ist der, der der Menschheit das Heil bringt.

Wir wissen, daß Johannes der Täufer sich dann geopfert hat. Er ist getötet worden, aber er hat fortgewirkt mit dem Mysterium von Golgatha. Er ist heute noch in der geistigen Welt derjenige, der uns Menschen, wenn die Johannizeit kommt, darauf aufmerksam macht, daß wir unsere Herzen zu Blütenkelchen bilden können, um dem Christus entgegenzublühen. Wenn man solche sinnlich-übersinnlichen Bilder anschaut und die entsprechenden Empfindungen und Stimmungen in der Seele hervorruft, dann macht man sich auf den Weg. Sie wirken dann auf das eigene Wesen so, daß sie uns anregen und in uns entzünden, was als Heilessehnsucht im Menschen keimen will.

Fortwirkendes Heilslicht[4]

Man wird, wenn man die Natur physiognomisch anschaut, angeregt, ein wenig mit der echten Phantasie über das Sinnenfällige hinaufzusteigen. In einer gesunden Weise setzt man fort, was sinnenfällig in einem Bild sich selber ausspricht, und dann steigt man darüber hinauf. Ich schaue einem Menschen in das Gesicht und bleibe nicht bei den Runzeln, den Haaren, der Augenfarbe, dem Augenglanz usw. stehen, sondern ich schaue eigentlich durch das alles hindurch. Oder umgekehrt: Der Mensch schaut mich durch sein Antlitz hindurch an, und ich habe eigentlich eine übersinnliche Wahrnehmung dabei. Am allerstärksten bei den Augen: Augen schauen mich an; in ihnen strömt bereits die Seele als ein halb sinnliches, halb übersinnliches Geschehen. Wir alle kennen das, aber wir vergessen, es in unser Bewußtsein zu heben.

Das ist gemeint mit der Sommernatur als Schlüsselbild. Was seit dem Frühjahr wächst und grünt, wird abgestoppt. Es tritt eine durch sich selber sterbende und wieder auferstehende Wandlung ein: jetzt blüht es! Und in diesem Blühen ist dann eben dieses enthalten, daß es sich öffnet, über sich hinausblüht dem entgegen, was von der anderen Seite hereinkommen und empfangen werden will. Die ganze Sommererde ist eben ein eigenartig gesteigerter Blütenzustand: die Erde blüht in den Kosmos hinaus, und der Kosmos segnet die Erde, sie befruchtend mit seinem Licht.

Daraus kann man jetzt übergehen zum Menschen. Man kann sehen, wie auch in der Menschenseele immer wieder dieses stattfinden kann, daß etwas, was keimhaft veranlagt ist und was allmählich eine Veredelung durchmacht, unter Umständen auch auf schmerzlichem Wege, dann doch an einen Punkt kommt, wo es geopfert werden kann, wo es hineinstirbt, um dann in neuer Gestalt sich für das Höhere zu öffnen. In dem schon erwähnten Gedicht »Astralis« zeigt uns Novalis, wie er das eigene seelische Erleben vollständig identifizieren kann mit dem Blütenprozeß des Pflanzenwesens und natürlich auch der ganzen Erde. Und wieder können wir sehen: das spielt sich ja bereits im Aurischen, im Seelisch-Geistigen, ab. Von da aus können wir dann diese beiden geheimnisvollen Gestalten, die plötzlich vor 2000 Jahren von weither kommend am Jordan einander gegenüberstehen, verstehen lernen. Die eine mit ihrem Täuferbewußtsein, in deren Seele eine gewaltige Menschheitsaura leuchtet. Ihr Licht hat eine Dimension, von der Christus Jesus selber so gesprochen hat: »Es gibt keinen Menschen, der vom Weibe geboren ist, der so groß wäre wie Johannes der Täufer.« Also auch die allergrößten Menschen reichen nicht an die Dimension dieses Wesens heran, an sein kosmisches Bewußtsein von dem gesamten Menschheitszustand. So darf man innerlich Johannes den Täufer anschauen. Und dann haben wir Jesus von Nazareth! Diese schweigende Gestalt mit einer Tiefe des Mitgefühls, das unser normales Bewußtsein weit übersteigt, wiederum in eine kosmische Dimension hinein. Wenn es irgend jemanden gibt, der mit jedem einzelnen Menschen mitfühlt bei allem, was er durchmacht, Freude und Leid, Entbehrung und Sehnsucht, Triumph und Niederlage, Ohnmacht und Sieg, Schwäche und Gewalt, dann ist es eben diese Seele, die Jesus-Seele.

Auf dem Hintergrund des Sommerbildes haben wir den Zustand dieser beiden Wesen äußerlich gesehen als zwei Menschengestalten. In dem gewaltigen Bewußtseinsumkreis des einen Wesens, da wirkt der Vater-Gott mit; und bei dem anderen der Heilige Geist. »Jesu Geburt auf Erden ist eine Wirkung des Heiligen Geistes«, wie es im Credo der Christengemeinschaft ausgesprochen wird. Und nun der Augenblick des Zusammenwirkens dieser beiden Wesen, dessen, der das Sündenbewußtsein hat, und des Anderen, der das Sündenleid trägt als das Lamm Gottes – die kosmische Dimension muß immer hinzuempfunden werden – dieses Bild: die Himmel reißen auf, die Engel treten auseinander, die Planeten und die Sterne treten auseinander. Und es erscheint das innerste Herz der Welt, der Christus, der Sohn: »Dieser ist es, mein Sohn, der Vielgeliebte, in Ihm offenbare ich mich. Heute habe ich Ihn herauserzeugt in die Offenbarung, in die Welt.« Die Jordantaufe! Warum werden wir in dieser Sommerzeit an sie gemahnt?

Zuerst Johannes der Täufer, der vorverkündet: »Ich bin gesandt, um den Weg vorzubereiten für den, der nach mir kommt, der dann die Taufe mit Feuer und Geist vollzieht«; das heißt also dem, der der Andere ist, es ermöglicht, daß das Christuswesen in seine unendlich vertiefte Leidensseele einzieht. Und nach dem Taufakt legt Johannes Zeugnis ab: »Dieser ist es, in dem das Heil der Welt aufleuchtet, in dem die göttliche Gnade an den Menschen herankommt, ja sogar in ihn einzieht.« Das hat es noch nie gegeben! Immer mußten diejenigen Menschen, die die Begegnung mit dem Göttlichen haben wollten, aus sich herausgehen. Jetzt ist ein göttliches Wesen in einen Menschen hereingezogen und ist auf dem Wege, in jeden einzelnen Menschen einzugehen. Und Johannes setzt die Verkündigung fort; er gerät damit natürlich in Konflikt, er wird enthauptet. Was für ein merkwürdiger Schwertstreich in die Konstitution dieses Menschen! Was hat er durchgemacht während dieses Todesvorgangs? Im Evangelium steht, daß Johannes, nach seiner Enthauptung, sich mit der Jesus-Wesenheit verbindet und mit ihr geht. Denn die Leute erzählen dem Herodes, daß Jesus merkwürdige Sachen tut. Da sagt Herodes: »Das ist Johannes, den ich enthauptet habe!« Dieser verdunkelte König hat doch ein Gefühl dafür, daß es weitergeht: »Ich habe den Menschen umgebracht, aber das, was er eigentlich geistig ist, das lebt jetzt gewissermaßen mit dem Jesus verbunden weiter.«

Wie tief diese Verbundenheit ist, sagt das Evangelium indirekt. Aber auch direkt, wenn man verfolgt, wie das fortwirkende Heilswirken Johannes des Täufers mit Jesus sich darstellt. Am deutlichsten sehen wir es dort, wo das dritte christologische Grundereignis stattfindet, die Verklärung auf dem Berge. Da erscheint den Jüngern nicht nur der verklärte Jesus, der von dem Christuslicht vollkommen durchläuterte und durchleuchtete Mensch Jesus, sondern es erscheinen Moses und Elias. Daß Johannes der Täufer der wiedergeborene Elias ist, hat Christus Jesus selber gesagt. Es steht in der Heiligen Schrift. Man sieht, daß Johannes der Täufer bei diesem Ereignis der Verklärung dabei ist, und daß das Gespräch zwischen den Dreien in der geistigen Welt, zwischen dem verklärten Jesus und dem Moses auf der einen und dem Elias auf der anderen Seite stattfindet. Er ist also beteiligt.

Verborgener ist die Beteiligung der Wesenheit Johannes des Täufers an dem zweiten christologischen Hauptereignis. Das erste christologische Ereignis ist die Taufe Jesu, wo der Täufer zentral mitwirkt. Bei dem zweiten, der Speisung der Fünftausend, bestätigt Rudolf Steiner aus der Geistesforschung jenes Bild, jene Wahrnehmung, die Andreas hat, als nach den Brotkräften gesucht wird. Da sieht Andreas einen Knaben mit fünf Gerstenbroten und zwei Fischen und sagt: »Der Knabe ist da!« Das ist aber tatsächlich der Geist Johannes des Täufers, der hier imaginativ wahrgenommen wird.

Auch das vierte christologische Hauptereignis findet unter der Beteiligung Johannes des Täufers statt: die Todesstunde in Gethsemane. Rudolf Steiner macht darauf aufmerksam, daß dieses Engelwesen, das Jesus körperlich stärkt, damit er weiterleben kann auf das Kreuz hin, wiederum Johannes der Täufer ist.

Wir haben also ein fortwirkendes Mitleben des Enthaupteten, des in der geistigen Welt mit seinen gewaltigen Bewußtseinskräften wesenden und lebenden Johannes, mit den entscheidenden christologischen Ereignissen der drei Jahre: Jordantaufe, Speisung der Fünftausend, Verklärung auf dem Berge, Gethsemane. Man sieht, daß es tatsächlich ein Fortwirken ist. Johannes der Täufer bereitet also nicht nur das Mysterium von Golgatha vor, sondern – man darf das einmal so formulieren – er vollzieht es auch mit. Darum haben manche Maler ihn immer unters Kreuz gestellt. Besonders Matthias Grünewald. Es ist doch eigentlich eine Paradoxie, denn

Johannes der Täufer ist längst enthauptet! Trotzdem malt Grünewald den Kruzifixus, die Kreuzigung, und stellt Johannes den Täufer da hinein mit dem ausgestreckten Finger. Das ist richtig, denn Johannes der Täufer war dabei.

Rudolf Steiner hat gezeigt, daß die Auferweckung des Lazarus nicht nur ein Wirken des göttlichen Hierophanten Christus Jesus war mit dem Ruf: »Lazarus, komm heraus!«, sondern daß wiederum Johannes der Täufer aus der geistigen Welt mit beteiligt war, gleichsam als Helfer. Er hat sich mit diesem Jünger Lazarus, mit der Seele und dem Ich dieses Jüngers, innig verbunden. Wie ein Engel mit dem Menschen-Ich verbunden ist, so hat sich Johannes der Täufer mit dem Ich dieses Jüngers während der vier Tage, als er im Grabe lag, verbunden. Das Rufen »Lazarus, komm heraus!« bedeutet nicht nur, daß der Christus Jesus ihn auferweckt von den Toten, sondern auch, daß Johannes der Täufer sich mit ihm verbindet.

Das bewirkte nun, daß Johannes der Täufer, diese Wesenheit, die wir eben Ioannes nennen müssen, mitgeht mit den folgenden Jahrhunderten und Jahrtausenden bis in alle Zukunft hinein. Er geht immer so mit, daß von seinem Bewußtsein, von seinem Licht, fortwährend etwas ausgeht auf alle die Menschen, die noch nicht den Zugang zum Christus gefunden haben. Das ist möglich, weil er das umfassende Menschheitsbewußtsein hat und in den Menschen immer etwas anregen kann davon, was in zwei Richtungen führt: Einmal in der Anregung des Bewußtseins, daß wir Menschen Geschöpfe sind und daß wir unsere gesamte menschliche Existenz dem Schöpfer-Gott verdanken, dem Zusammenwirken zwischen dem Vater und dem Sohn. Jeder Mensch kann im Anblick des Kosmos, im Anblick der Menschheit und im Anblick seines eigenen Menschseins, wenn vielleicht auch nur ahnungsweise, dieses Gefühl bekommen: Ich schulde meine Existenz dem, der mich geschaffen hat, dem, der mich aus sich hat hervorgehen lassen! Und wenn vielleicht meine Existenz, wie sie heute geworden ist, auch noch so fragwürdig ist, ja daß sie fragwürdig sein darf – das verdanke ich dem Vater-Gott.

So kann der Mensch jetzt in freier Weise Ehrfurcht entwickeln sowohl der Natur wie der göttlichen Welt gegenüber, die ihn hervorgebracht haben. Und Johannes der Täufer kann durch Jahrhunderte und Jahrtausende immer so wirken, daß er im Menschen ein feines Gefühl wecken kann, daß er Schuldner seiner Existenz ist. Und zwar nicht nur für seine prinzipielle Existenz, sondern auch für das, was er selber aus dieser seiner Existenz heraus erworben und als Eigenlicht in seiner Seele entwickelt hat.

Das ist das eine, was eigentlich durch die Bewußtseinsstimmung der Johannes-Wesenheit in jedem Menschen angeregt werden kann. Auf der anderen Seite aber kann durch das fortwirkende Bewußtsein und Heilslicht Johannes des Täufers auch noch etwas anderes im Menschen angeregt werden, nämlich der innere Anschluß des irdisch gewordenen Menschen an die Ideale, die er in seiner Seele hat. Dieselbe Leiblichkeit, die wir Menschen haben und die man anthroposophisch den »Astralleib« nennt, hat auf der einen Seite das Dunkle in sich: Triebe, Begierden, Leidenschaften, Emotionen und so weiter. Dasselbe Gebilde hat auf der anderen Seite in sich gleichzeitig die Ideale: Wahrheit, Schönheit, Güte, Licht, Liebe, Leben, Glaube, Liebe, Hoffnung, Gerechtigkeit, Besonnenheit, Tapferkeit, Mut. Was auch immer an Idealen in der Menschheit aufgeleuchtet ist, es ist in demselben Seelenglied vorhanden, in dem gleichzeitig das Dunkelste in uns vorhanden ist. Darum heißt diese Leiblichkeit auch Astral-Leib, weil die Idealität im Menschen da vorhanden ist. Johannes der Täufer kann so auf das menschliche Bewußtsein wirken, daß er das Bewußtsein immer wieder anregt: Erinnere dich daran, daß du doch im tiefsten Grunde nach einem Höheren strebst, nach dem Bild, das du in dir trägst von dem, was du eigentlich sein möchtest, auch wenn du es gar nicht schaffst! Man möchte sagen: Er ist der fortwirkende Uridealist.

Das Fortwirkende Johannes des Täufers führt letzten Endes dazu, daß der Mensch auf der einen Seite das Dankbarkeitsgefühl gegenüber der Gottheit entwickeln kann. Es ist das Grundmotiv der Epistel der Johanni-Zeit: »Zu dem Vatergotte ströme unserer Seelen herzwarmer Dank.« Oder wie in einem Kindergebet von Rudolf Steiner:

»Der Sonne Licht durchflutet des Raumes Weiten,
Der Vögel Singen durchhallet der Luft Gefilde,
Der Pflanzen Segen entkeimet dem Erdenwesen
Und Menschenseelen erheben in Dankgefühlen
Sich zu den Geistern der Welt.«

Also das Dankbarkeitsgefühl, das Gefühl des Verschuldetseins der Gottheit gegenüber, daß man ihr tatsächlich das ganze eigene Dasein überhaupt verdankt, bewirkt Gebetsstimmung. Und auf der anderen Seite das Angeregtwerden des Menschen zu Idealität, zu Idealismus, zu dem, was als höheres Sehnen und Hoffen und Erwarten in seiner Seele lebt. Wer ist das aber?

Man hört so oft bei den Menschen die Frage: Was soll man über Engel denken? Man kann ganz einfach antworten und sagen: Bitte stellen Sie sich einen Menschen vor, der wirklich total selbstlos ist. Dann haben Sie einen Engel. Was soll man über Erzengel denken? Da stellen Sie sich ein Wesen vor, das reine Wahrhaftigkeit ist. Dann haben Sie einen Erzengel. Die Engelhierarchien sind die Wirklichkeit unserer Ideale, und indem wir Ideale suchen und anstreben, bewegen wir uns ganz von selber in Richtung auf die geistige Welt. Ein Ideal, eine Tugend, ist die Wirklichkeit eines Wesens aus der Hierarchie der Throne oder der Cherubim und Seraphim. Trotzdem gibt es auch auf Erden den cherubinischen Wandersmann. Ein solcher Mensch wie Angelus Silesius trug idealische Stimmungen in seiner Seele, die cherubinisch genannt werden können. Die Ideale sind real vorhanden in Gestalt der übersinnlichen, göttlich-geistigen hierarchischen Welt: Da sind die Ideale Wirklichkeit. Das wirkt auf den Menschen.

In Johannes dem Täufer liegt dies darin, daß er immer wieder aus der geistigen Welt heraus wie heranweht an die menschlichen Bewußtseine und sagt: Mensch, vergiß nicht, daß du nach Idealen suchst! Gib doch die Idealität in deines Herzens tiefstem Grunde nicht auf. Wenn der Mensch die Wirklichkeit dieser Ideale sucht, was tut er dann? Er betet! Das Gebet, das hingerichtet ist zur göttlichen Welt, das jetzt aber nicht das Dankbarkeitselement enthält, den Blick zurück in die Vergangenheit, sondern das das Hoffnungselement enthält, den Blick in die Zukunft. Wenn es auch noch so schwer sein wird und wir noch so viele Inkarnationen brauchen, um heranzukommen an die Ideale. Aber es liegt in unserem Wesen als Menschen, daß dies so ist.

Das Fortwirken von Johannes dem Täufer hat noch eine dritte Seite. Er ist nicht nur der, der uns zum richtigen Bewußtsein unserer Menschheit führt, so daß wir gegenüber der uns geschaffen habenden schöpferischen Welt das Gefühl der Dankbarkeit entwikkeln müssen, er ist nicht nur der, der fortwährend in den Menschen den wahren, richtigen Idealismus anregt, der aber gleichzeitig ein Realismus ist, sondern er ist auch der, der fortwährend den Menschen wie heranführt an die Berührung des Menschenherzens mit der Christuswesenheit: Der Christus-Verkündiger. Um dieses johanneische Wirken innerhalb des Menschheitsweges zu verstehen, kann man auf eine solche Gestalt wie Novalis, der eigentlich Friedrich von Hardenberg hieß, hinschauen.

Wenn man seine Dichtungen aufschlägt, ob das die »Hymnen an die Nacht« sind oder der »Heinrich von Ofterdingen« oder die »Lehrlinge zu Sais« oder die »Geistlichen Lieder«, man liest und sieht, wie Novalis immer ganz zart das zentrale Kelchgeheimnis der Menschenseele berührt und empfindet. Darum ist es so wohltätig, ab und zu einmal Novalis sich selber vorzulesen. Denn diese Nähe zu dem Christuswesen, in die solche Dichtung den Menschen führen kann, gibt es sonst so nicht.

Diese kindliche, kindlich-göttliche Selbstverständlichkeit, die in dem Moment entsteht, wenn in dem Innersten des Menschen das Unschuldige sich zu regen beginnt, das in uns allen steckt, das Schuldlose, das auf den erglänzenden Geisteswellen des Christusbewußtseins sich regen kann, bewirkt, daß in unserem Gemüt, in unserem Willenswesen, etwas an die Oberfläche kommt, herausblüht aus dem Stamm unserer Seele, was tatsächlich bei jedem von uns das Unschuldige in uns ist. Wer bewirkt das?

Es ist so, daß das, was wir Menschen als Individualitäten sind, in keiner einzigen Inkarnation so vollständig in die Verkörperung hereingeht, daß es in die Schuld verfällt. Etwas in uns bleibt Kind, bleibt unschuldig. Doch es ist heutzutage dermaßen tief verschüttet, daß Menschen da sein müssen, die uns darauf aufmerksam machen. Novalis kann dies. Eine Zeile von ihm, und man ist sofort aufmerksam gemacht darauf, daß in einem selber etwas lebt, was von der selben Natur ist wie das, was bei Novalis nun so richtig ins dichterische Wort heraufblüht. Man kann nehmen, was man will. »Wo bleibst Du Trost der ganzen Welt« – »Aus Kraut und Stein und Meer und Licht schimmert Sein kindlich Angesicht« – »Ich sag' es jedem, daß Er lebt und auferstanden ist«, usw. Auch wenn der Mensch sich noch so ohnmächtig fühlt gegenüber dem, was er eigentlich richtig machen möchte, gut machen möchte und so weiter, so kann mit dieser Dichtung doch das unbeugsame Streben in ihm wacherhalten werden. Das dritte Fortwirken Johannes des Täufers ist das, was uns durch ihn heranführt an die Christus-Nähe. Es ist tatsächlich etwas absolut Neues. Denn was heißt Christusnähe? Es heißt, daß in unserem Herzen ein Gefühl, ein Vertrauen, ein Sich-Verstanden-Fühlen, ein Sich-Bejaht-Fühlen, ein Sich-Gewollt-Fühlen, aufschimmert. Man kann dazu Liebe sagen. Man kann dazu sagen: Das ist die Liebe, die der Mensch zu dem Christus hat, haben kann oder haben möchte. Wir sehen: Unser Bewußtsein wird Licht, wird Wärme, wird Liebe. Das ist aber eine völlig andere Liebe als die, die wir normalerweise kennen und die auch schon groß sein kann: die Liebe von Mensch zu Mensch, auch die leidenschaftliche Liebe von Mann und Frau, die Liebe zu unseren Idealen, die Liebe zur Welt, die Liebe zu irgend etwas. Aber die Christusnähe, Christusliebe, ist dieses Sich-gekannt-Fühlen, zu fühlen, daß es jemanden gibt, der mich besser kennt als ich mich selber, der mich tiefer erfaßt als ich mich selber, der wirklich mit meinem eigenen, allertiefsten, vergangenen und zukünftigen und gegenwärtigen Wesen sich identifiziert. Sonst könnte nicht gesagt werden: »Das Göttliche ist wiedergegeben den Menschen.« Aber wie? Eben in Gestalt dieser Liebefähigkeit, die etwas ganz Zukünftiges, etwas ganz Neues auf der Erde ist.

Da heran führt das Fortwirken Johannes des Täufers. Und darum wird er neben dem, was er für die ganze Menschheit fortwährend ist, etwas für diejenigen Menschen, die nun in ihrem Bewußtsein sich in diesem Bereich erwecken lassen, für die Christenmenschen. Und er ist dadurch auch derjenige, der eine Wahrnehmung davon hat, was geschieht, wenn Christenmenschen das Altarsakrament miteinander feiern. Dann kann erlebt werden: IOANNES ist da, unter uns! Und unter seinem fortwirkenden Bewußtseinslicht kann in unserem tiefsten Wesen die Wärme, die Liebe langsam heranreifen.

»Ändert Euren Sinn! Das Himmelreich ist mitten unter Euch.«[5]

Diese Verkündigung ist ja ein Wort des Neuen Testamentes. Wir finden es bei Matthäus im 3. Kapitel im ersten Vers, wo es Johannes der Täufer ausspricht. Es ist die zentrale Verkündigung oder das Bekenntnis des Johannes des Täufers. Im griechischen Urtext heißt es:

> »En de tais hämerais ekeinais paraginetai Joanäs ho baptistäs käryssōn en tä erämō täs Judaias, legōn: metanoeite, ängiken gar hä basileia tōn uranōn.«

Johannes der Täufer tritt da in Erscheinung, indem er Zeugnis ablegt und in der judäischen Wüste bekennt: »metanoeite, ängiken gar hä basileia tōn uranōn.« – »Ändert euren Sinn! Das Himmelreich ist mitten unter euch!« – »Metanoeite!« Die alte Christenheit hat das mit dem Wort »Tut Buße« übersetzt. Das stimmt aber eigentlich nicht. Wir werden nachher versuchen zu sehen, welchen Sinn dieses Wort eigentlich hat.

Johannes der Täufer wird wenige Monate danach von Herodes gefangengenommen und in den Kerker gebracht. Im vierten Kapitel des Matthäus-Evangeliums heißt es dann im 12. Vers:

> »Da nun Jesus hörte, daß Johannes überantwortet war, zog er in das galiläische Land, verließt die Stadt Nazareth und wohnte in Kapernaum, das da am Meer liegt im Lande Sebulon und Naphthali.«

Jetzt greift Christus Jesus dieses Johannes-Wort voll auf, denn es heißt im 17. Vers:

»Von der Zeit an fing Jesus an zu predigen und zu sagen: Metanoeite, ängiken gar hä basileia tōn uranōn.«

Im Markus-Evangelium finden wir im 1. Kapitel eine Metamorphose, eine Abwandlung dieser Formel:

»Nachdem aber Johannes überantwortet war, kam Jesus nach Galiläa, predigte das Evangelium vom Reich Gottes und sprach: ›hoti peplärōtai ho kairos! – Die Zeit ist jetzt erfüllt!‹«

Er fügt also etwas hinzu zu dem, was Johannes gesagt hat: »Die Zeit ist jetzt erfüllt«, und »kai ängiken hä basileia tu theu« – das heißt: das Reich des Gottes ist mitten unter euch. Und dann: »Metanoeite kai pisteuete en tō euangeliō«; also »die Zeit ist erfüllt, das Reich Gottes ist nahe herbeigekommen, ändert euren Sinn und glaubet an das Evangelium!« Wir sehen, daß diese schlichte Formel, die wir bei Matthäus in der ganz einfachen Form haben, sich jetzt bei Markus etwas wandelt. Zunächst kann man sagen, der Christus Jesus greift diese Formel auf.

Wenn man jetzt mit diesen Begriffen ein wenig umzugehen versucht, dann ist also »metanoeite« zunächst eine Bewußtseinsaufforderung, auch eine Willensaufforderung, an den Menschen. Daß da hinzugefügt ist bei Markus: »und glaubet«, ist auch eine Erweiterung dieses »metanoeite«. Dieses griechische Wort »meta« steht immer dann, wenn etwas, was da war, zu etwas anderem werden soll. Was soll sich da umwandeln?

Wir haben zweitens das griechische Wort »nus«, »noein«. Das heißt »nachdenken«, und »nus« ist die Kraft, mit der der Mensch nachdenkt, nämlich die Kraft der Vernunft, des Verstandes. Es ist ein griechisches Urwort, das auch in der vorsokratischen Philosophie eine große Rolle gespielt hat. Es soll also etwas, was mit dem Denken zu tun hat, umgewandelt werden: »metanoein« = umdenken. Doch wenn man das Wort »denken« dafür verwendet, dann reicht das nicht ganz aus. Die griechische Vokabel hat sehr viel mehr Inhalt als nur »Verstand« und »Vernunft-Denken«; sie hat auch zum Beispiel diesen Inhalt, daß die Aufmerksamkeit und das Bewußtsein des Menschen, der Menschenseele, des Menschen-Ich ganz wach auf etwas Bestimmtes ausgerichtet wird. Es ist also eine Besinnung auf etwas damit verbunden in diesem »noein«.

Dieses Aufmerksam-Sein auf etwas kann hier mit dem »meta« so verbunden werden, daß die Aufmerksamkeit, die normalerweise in eine bestimmte Richtung geht, von dieser Richtung gelöst wird, freigemacht wird und in eine andere Richtung umgewendet wird. Sie wendet sich jetzt einem bestimmten neuen Inhalt zu, mit dem sie nun ganz wach, liebevoll und sorgfältig umgeht. Man hat in der Christengemeinschaft versucht, dieses Wort auch so zu übersetzen: »Ändert euren Sinn.« Mit dem Wort »sinnen«, »besinnen«, »nachsinnen«, »durchsinnen« ist die Gesinnung, mit der das geschieht, verbunden. Also ein Umwenden der Aufmerksamkeit woanders hin, ein Umwenden jener Art, wie man mit irgendeinem geistigen Inhalt denkend umgeht, jener Art, wie man über ihn denkt und was man über ihn denkt. Darüber hinaus auch das ganz meditative, gebetartige Bewegen dessen, an was man da denkt, und schließlich die ganze Gesinnung, mit der man sich dem zuwendet, was man da bedenkt. Dies alles liegt in dem »metanoeite« darin und noch einiges mehr.

Gleichzeitig ist es auch eine Umstimmung der Art, wie der Mensch das vollbringt. Denn es geht zuletzt nicht nur in eine Bewußtseinshingabe über, sondern in eine Art gläubiger Hingabe an das, was da bedacht werden soll. Was soll bedacht werden? Was soll in dieser umgewandelten Form Inhalt des menschlichen Bewußtseins, der menschlichen Besinnung, sein?

Das ist also nun der Gegenstand unserer Betrachtung. Aber von diesem Gegenstand wird nicht direkt gesagt: man solle sich mit ihm beschäftigen, sondern dieser Gegenstand selber tut etwas, ist etwas. Das ist eine »basileia«. Das griechische Wort »basileus« ist ein Wort für alle in den alten Zeiten führenden Individualitäten in den größeren und kleineren Gemeinschaften von Menschen. Es heißt »König«. Doch es ist ein feiner Unterschied zwischen dem, ob ein Mensch eine Gemeinschaft dadurch führt, daß er ein Eingeweihter ist, ein Priester ist, oder dadurch, daß er eben ein Herrscher ist, ein König, der Einfluß auf die Menschen hat, die er im besten Sinne regiert und fördert. Das war in alten Zeiten die einzige Möglichkeit, daß in den Menschengemeinschaften eine Entwicklung möglich wurde. Noch etwas Höheres hat man im Auge, wenn beide Unterschiede zusammen auftreten in einer Person, wenn man von einem Priesterkönig oder von einem Magier, von einem Eingeweihten, spricht. Dieser erfüllt einen Bereich mit seinen umfassenden Seelenkräften, mit seinem umfassenden Bewußtsein, er ist in diesem Bereich »zu Hause«. Das ist sein Königreich, seine »basileia«, sein Reich. Eine »basileia« – Reich – hat also seine Inhalte, sein Zentrum, seinen Mittelpunkt in Gestalt dieses führenden Wesens. Es hat aber auch Bewohner, die dazu gehören, Mitglieder dieses Reiches. Es ist außerdem auch dadurch charakterisiert, daß da bestimmte Kräfte wirken. In einem geistigen Reich wirken bestimmte Bewußtseinskräfte, bestimmte Seelenkräfte, die dieses Reich ausmachen. Es hat eindeutig auch Grenzen, die den Inhalt bestimmen, was innerhalb dieses Reiches da ist und was nicht zu diesem Reich gehört. Dieses besondere Königreich wird nun noch charakterisiert, indem gesagt wird, es ist die »basileia tōn uranōn«, das Königreich der Himmel, und nicht das Himmelreich, wie es oft übersetzt ist. Das ist ein Pluralis. Das heißt, in diesem Reich gibt es nicht nur einen einheitlichen Bereich, sondern mehrere Bereiche, in denen Verschiedenes enthalten ist, in denen auch verschiedenartige Wesen enthalten sind, auch verschiedenartige Kräfte wirken können. Verschiedenartige Bewußtseinsinhalte und Bewußtseinswirksamkeiten können in einem solchen Reich vorhanden sein.

Das letzte, was in diesem Satz des Johannes und Christus Jesus, den wir von Anfang an betrachteten, enthalten ist, ist dieses, daß die »metanoia«, das Aufmerksamwerden, das Bedenken, das Sichhinrichten des Bewußtseins zu diesem Wesen, zu diesem Reich, zu dieser »basileia«, verbunden ist mit »engys«: »hä basileia tōn uranōn engys«. Dieses Wort »engys« ist eigentlich genau das gleiche Wort wie im Deutschen »eng«, also ganz nahe daran. In dem Zusammengezogensein eines solchen Reiches haben wir die Annäherung an etwas, was angewiesen ist auf die, die das bedenken sollen.

Dieser Satz am Anfang des Neuen Testamentes hat in sich eine grandiose Aufforderung, einen großartigen umfassenden Inhalt, aber auch eine Kraft, eine eigene Tätigkeit. Dieses Reich ist von selber nahe herbeigekommen an die Menschen, die es bedenken sollen, die sich damit beschäftigen sollen. Es gibt im Evangelium während der dreijährigen Erdentätigkeit des Jesus Christus zahllose Versuche, dieses Reich zu charakterisieren. »Wem soll ich das Reich der Himmel, das Reich des Gottes vergleichen? Ich vergleiche es einem Sämann, der hinausging zu säen seinen Samen.« Was ist das für ein merkwürdiges Reich, das man mit einem Sämann vergleichen soll? Kann dieses seinen Samen aussäen auf verschiedene Arten von Acker, auf den Weg und auf die Steine und zwischen die Dornen und auf das gute Land? Oder »Das Reich der Himmel ist gleich einem König, einem Hausvater, der seinem Sohn das Hochzeitsfest bereitete«.

Immer wieder geht durch die ganzen vier Evangelien fortwährend dieses Motiv von einem Reich, das der Mensch bedenken soll, das der Mensch irgendwie mit seinem Bewußtsein suchen und finden soll. Dabei schwingt immer hindurch das Motiv: Wer gehört zu diesem Reich? Wie kommt man in dieses Reich? Wie hat man Anteil an diesem Reich? Es wird ganz deutlich gesagt, daß Menschen, die sich so und so verhalten, an diesem Reich keinen Anteil gewinnen können, daß aber Menschen, die sich anders verhalten, an diesem Reich Anteil gewinnen können. Es gibt auch diese extreme Formulierung: »Wenn ihr nicht werdet wie die Kinder«, – wenn in euch nicht etwas Kindliches aufsteigt, aufbricht, gewissermaßen in eurem tiefsten Inneren geboren wird, »könnt ihr keinen Anteil an dem Reich haben«. Oder das Motiv: Das Reich Gottes ist nicht hier oder da; man kann es nicht mit äußerlichen Gebärden suchen; aber wo ist es denn? Wenn es nahe da ist, ist es inwendig in euch.

Wir sehen, wie eigentlich die ganzen Evangelien durchzogen sind von diesem einen Motiv, das am Anfang sowohl durch Johannes den Täufer wie durch den Christus Jesus selber wie ein Urglokkenschlag, wie ein Urerweckungswort, für die Menschheit ausgesprochen wird, auftönt und dann das Ganze durchzieht bis dorthin, wo die Teilnahme am Abendmahl ein Hineinleben in dieses Reich bedeutet, ein Herankommen dieses Reiches in einer besonderen Weise an das irdische Dasein.

In dem 21. Lukas-Kapitel finden wir dafür eine markante Stelle. »Wenn ihr beobachtet, daß in den kosmischen Welten sich etwas verändert, auf der Erde sich etwas verändert, in dem Inneren der Menschen sich etwas verändert und aufbricht, dann ist das Reich nahe. In diesen Zeichen könnt ihr das Herannahen des Reiches erleben.« Daraus ersehen wir, daß das Herannahen dieses Reiches nicht nur so zu interpretieren ist, daß es damals herangekommen ist und daß die Menschen von damals aufgefordert worden sind, diese »metanoia«, diese Sinneswandlung, diese Umwendung des Bewußtseins, zu vollziehen und auf dieses herankommende Reich auszurichten, sondern daß dieses Reich die merkwürdige Eigenschaft hat, daß es eigentlich fortwährend kommt. Es ist nicht so, daß es kommt und dann da ist, sondern es kommt fortwährend und kommt durch die Jahrhunderte und Jahrtausende immer. Es ist wie ein ewiger Advent, wie ein ewiges Ankommen, wie ein ewiges »engys«-Werden dieses Reiches an immer neue Menschheitsverhältnisse. Und damit hat man eigentlich eine erste Empfindung in der Seele, was mit diesem merkwürdigen »basileia tōn uranōn«, mit dieser merkwürdigen »basileia tu theu«, gemeint ist.

Und dann merkt man: »tōn uranōn«, das ist der Bereich, das sind die Kräfte, das sind vielleicht auch die geistigen Substanzen dieses Reiches. Wenn das gemeint ist, dann heißt es »tōn uranōn«: die Reiche der Himmel. Wenn es heißt »basileia tu theu«, das Reich des Gottes, dann ist das der Mittelpunkt des Reiches, das Wesen, das in diesem Reich herrscht und in diesem Reich regiert, also der eigentliche »basileus« dieses Reiches, der Herr, der König dieses Reiches.

Es ergibt sich nun für uns heutige Menschen die ganz konkrete Frage: Wohin sollen wir denn schauen? Wohin sollen wir uns denn wenden, wenn wir dieses verwirklichen wollen, was in dem »metanoeite« liegt? Wie sieht das moderne, das heutige »metanoeite« aus, also diese Sinnesumwandlung, dieses Bedenken, dieses Bewegen, dieses sich Hin-Entwickeln? Wo soll man da überhaupt ansetzen?

Man sieht sofort, dieses Reich hat auch einen ganz besonderen Namen. Das kommt am Ende des Johannes-Evangeliums heraus, wo der Christus Jesus vor Pilatus steht und Pilatus um die Frage ringt: Ist dieser jetzt der König der Juden, oder wer ist dieser merkwürdige Mensch, der mir hier entgegenkommt? Dann richtet er an ihn die Frage: »Bist du eigentlich – auch wenn die Juden selber das nicht verstehen – ihr König? Oder wer bist du?« Da kommt die Formulierung: »hä basileia mu«, das heißt, mein Reich. Da wird Pilatus gegenüber in aller Schärfe und Deutlichkeit gesagt: Dieses mein Reich ist nicht »ek tu kosmu tutu«, von dieser kosmischen Welt. Und wir sehen, daß das, was mit der »basileia tōn uranōn«, mit dem Himmelreich, oder mit der »basileia tu theu« gemeint ist, oder was mit all den Gleichnissen über das Himmelreich, mit all seinen Eigenschaften, seinem Charakter, seinen Grenzen, seinen Gesetzen ausgesagt ist, etwas anderes ist als der Kosmos.

Das Neue Testament versteht im griechischen Sinne unter Kosmos die Gesamtheit der Naturreiche. Zu den Naturreichen haben wir Zugang. Man muß sogar sagen, wir sind ja selber ein Bestandteil der Naturreiche. Wenn man diese Naturreiche anschaut, dann kann man von den Naturreichen schon lernen, was ein Reich im Prinzip ist, also zum Beispiel das Mineralreich. Das Mineralreich ist ein in sich geschlossenes Reich von Wesen sowohl kristallischer wie metallischer Natur. Diese Wesen bilden eine Gemeinsamkeit dafür, wie sie als Wesen sind, eben als mineralische Wesen, die in unendlichen Kristallformen den Leib, den massiven Leib, der Erde bilden und da ruhen, nachdem sie einmal entstanden sind, nachdem sie einmal aus dem lebendigen Erdorganismus heraus gefestigt und herauskristallisiert sind, sie bilden ein Reich.

Ganz deutlich hebt sich von diesem Reich das Pflanzenreich ab. Was für eine ungeheure Fülle von Pflanzen besiedelt die ganze Erde und wie verschieden sind sie, von den Bakterien angefangen bis zu einer Rose oder einer Eiche oder einem Mammutbaum, einer Sequoie! Wie verschieden diese Wesen auch alle sind, sie gehören doch zu einem Reich, sie haben alle einen Grundcharakter: den Pflanzencharakter, das Pflanzenwesen.

Dieses Reich ist deutlich abgetrennt vom Mineralreich und ist ebenso deutlich abgetrennt vom tierischen Reich. Es gibt zwar Übergangsformen, aber wenn man die Übergangsformen genau anschaut, sieht man, daß dies Wesen sind, die von dem einen und von dem anderen Reich etwas in sich haben, aber die Reiche selber sind doch für sich, das Pflanzenreich und das Tierreich, das die ganze Erde bevölkert.

Wenn man auch den Menschen, den irdischen Menschen, als ein Reich für sich betrachtet – schon rein leiblich ist der Mensch gegenüber dem Tierreich und dem Pflanzenreich und dem Mineralreich ein Reich für sich –, dann findet man das Leibliche, das Seelische und das Lebensmäßige im Menschenreich auf der Erde.

Schaut man auf das Reich der Elemente hin, dann haben wir alles das, was nun im Jahreslauf sowohl im mineralischen Leben wie im pflanzlichen Leben wie im tierischen Leben wie im menschlichen Leben durch den Jahreslauf hindurch geschieht. Es ist das Reich der elementarischen Prozesse im Frühling, Sommer, Herbst und Winter in den Vorgängen in der Atmosphäre, wo Erde, Wasser, Luft, Licht und Wärme sich gegenseitig durchdringen und betätigen in einem grandiosen Reich der Elemente, der elementarischen Prozesse.

Wir haben außerhalb der Erde draußen im Kosmos auch noch die Naturreiche der Planeten – das Reich der Planeten; und die Sonne mit ihrem Reich – das Sonnenreich; und schließlich das Reich der Fixsterne einschließlich der Milchstraße.

Der ganze gewaltige Kosmos besteht tatsächlich aus solchen Reichen der Natur! Die allwaltende, allgewaltige Natur hat ihre Reiche, die ganz charakteristisch sind, in denen ganz bestimmte Wesen leben, ganz bestimmte Gesetze herrschen, ganz bestimmte Lebensverhältnisse vorhanden sind, die äußerst charakteristisch sind. Die alten Inder wußten genau, daß jedes Elementarreich einen König hat: Der König der Gnomen oder die Königin der Sylphen usw.

Wie ist das mit den irdischen Naturreichen? Wer ist in diesen Naturreichen der ungekrönte König? Vielleicht der Mensch? Ist vielleicht der Mensch irgendwo der Mittelpunkt, der König des Mineralreiches, des Pflanzenreiches, des Tierreiches? Und wie ist das mit dem Menschenreich selber, wo ist da eigentlich der Mittelpunkt, der Herrscher? Und wie ist das draußen in den Planetenwelten, in den Fixsternwelten? Da sind es die Götter, da sind es die Hierarchien, die die Herren, die Könige, sind. Also wir haben Reiche.

Die zweite Frage ist: Wohin müssen wir schauen, um einen Zugang zu finden zu dem, was eben ganz spezifisch im Neuen Testament »basileia tōn uranōn«, »basileia tu theu« und »mein Reich« genannt wird? Was bedeutet eigentlich dieses »metanoeite«? Es ist deutlich, daß dieses Reich nicht sinnlich sichtbar ist. »Es kommt nicht mit äußeren Gebärden.« Man kann auch nicht sagen: »Siehe, hier ist es, oder siehe, da ist es.« Beim Mineralreich kann man deutlich sagen: da ist es; man kann es sehen, da sind äußere Gebärden. Man kann auch das Pflanzenreich mit äußeren Gebärden sehen. Dieses Reich, von dem der Christus Jesus und Johannes der Täufer sprechen, wo ist das zu finden? Es ist verborgen! Es ist nicht der sinnlichen Wahrnehmung zugänglich. Wo soll man dann aber hinschauen? Wo soll man ansetzen bei sich selber, um nicht nur den Gedanken zu haben, den Begriff zu haben: »Reich der Himmel«, »Reich Gottes«, »Reich Christi«, sondern um gewisse Wahrnehmungsmöglichkeiten und gewisse Empfindlichkeiten bei sich selber zu erwecken, die einem den Zugang, den Weg, zu diesem Reich möglich machen? Und was bedeutet dieser Hinweis: »Es kommt nicht mit äußeren Gebärden, es ist inwendig in euch?« Wir werden also aufgefordert, nach innen zu schauen.

Versuchen wir, etwas in uns selber zu verinnerlichen und in einen tieferen Bereich einzusteigen. Und welches ist dieser tiefere Bereich in uns selber? Das ist noch nicht gleich der seelische Bereich, es ist auch noch nicht gleich der geistige Bereich, sondern es ist dieser geheimnisvolle Lebensbereich im Menschen, zu dem man versuchen muß, sich einen gewissen Zugang zu erarbeiten, indem man nun ganz woanders hinschaut als in die gewaltige herrliche Sommernatur draußen. Wohin kann man die Gedanken lenken, die Aufmerksamkeit richten, damit man nicht nur die Begriffe von diesem geheimnisvollen Reich hat, sondern auch die ersten Erfahrungswahrnehmungen findet? Man richtet die Aufmerksamkeit auf jenen Bereich, der zwischen dem äußeren sinnlichen Bereich der materiellen Leiblichkeit, den wir vor uns haben, und dem Seelischen, das wir innerlich erleben, liegt. Was dazwischen sich einfügt, bildet das eigentliche Lebensgeheimnis: Das Geheimnis eines Reiches, das sowohl beim Menschen wie bei den Naturreichen der Bereich ist, in dem sich das Leben abspielt. Ich möchte im folgenden ein klein wenig Hinweise dafür geben, wohin man tasten kann, wohin man schauen kann bei sich selber, um diese »metanoia«, diese Umwandlung der Aufmerksamkeit und des Sinnes real zu vollziehen.

Blicken wir nach innen und schauen wir darauf, wie in uns selber Tag und Nacht, Nacht und Tag, im Wachen und im Schlafen, das Blut unseres eigenen Leibes von selber warm pulsiert, und machen wir uns dabei einmal ganz scharf bewußt, daß in unserem Leibe sich ein Lebensvorgang abspielt, der in uns wirkt von der Embryonalzeit angefangen bis zu unserem Todesaugenblick. Ich kann diesen Lebensprozeß weder bewirken noch verhindern. Ich kann ihn höchstens bis zu einem gewissen Grade beeinflussen, wenn ich aufgeregt werde und das Herz etwas schneller pulsiert, oder wenn ich erschrecke und das Blut sich im Inneren zusammenzieht, oder wenn ich mich schäme und das Blut nach außen strömt. Aber den eigentlichen Vorgang kann ich nicht beeinflussen. Er geschieht von selber.

Was für eine geheimnisvolle Kraft ist es, die dieses Blut bewegt, die dieses Blut in differenzierter Form zu den einzelnen Organen strömen läßt, z. B. in die Haut? Sie läßt es aber nicht nur strömen, sondern erhält es in einer ganz bestimmten inneren milden Temperatur, diese geheimnisvollen 37 Grad Celsius Körpertemperatur. Kann ich spüren, daß da in diesem ganzen Blutprozeß eine geheimnisvolle Urkraft in mir tätig ist? Woher habe ich sie? Habe ich sie nur dadurch, daß mein Vater und meine Mutter eine Zeugung vollzogen haben und daß im Schoße meiner Mutter ein Menschenkeim entstanden ist, der sich dann entwickelt hat? Oder wirkt in dieser Tätigkeit meines eigenen Blutes, meiner eigenen individuellen Blutbildung – die eine andere ist als die Blutbildung von Vater und Mutter – eine Kraft, die bei meiner irdischen Inkarnation von irgendwoher mitgebracht wurde aus einem Reich, das jetzt in den Naturreichen – im Mineralreich, im Pflanzenreich, im Tierreich, im Menschenreich, in den Elementarreichen, in den Reichen der Himmelskörper – das verborgene Reich des Lebens ist? Das ist ein Reich, in dem warmes Leben selber pulsierend sich erhält. Dies ist das, wohin man zunächst sehen muß, wenn man eine »Metanoia« im modernen Sinne vollziehen will. Man blickt darin auf die ätherische Welt, auf die Welt, die die Anthroposophie die Welt der ätherischen Kräfte, der ätherischen Stoffe, nennt. Indem ich auf diese eigenartige, geheimnisvolle Tätigkeit meines Blutes hinschaue, erlebe ich das, was die anthroposophische Geisteswissenschaft die Tätigkeit des »Wärmeäthers« nennt. Er wirkt in meinem Leibe von meiner Geburt bis zu meinem Tode. Seine Wirksamkeit habe ich aus der Ätherwelt des Kosmos mitgebracht und gebe sie nach dem Tode an die Ätherwelt des Kosmos wieder ab. Das Reich des Lebens!

Oder auch folgende Beobachtungen: Ich schaue mir zu, wie ich atme, und ich sehe wieder: auch das wird einfach betrieben, ich kann das nicht verhindern. Der Atem geht fortwährend auf bestimmten physiologischen Wegen hinauf in das Haupt, in das Gehirn, und betreibt das Denken. Oder ich kann auch nicht aufhören zu denken und vorzustellen. Von dem Moment an, wo ich aufwache, denke ich einfach, und es ist nicht etwa so, daß ich im Schlaf nicht weiterdenke, sondern ich weiß es nur nicht, weil mein Bewußtsein damit nicht verbunden ist.

Ich habe also nicht nur diese wunderbare Bluttätigkeit in dem Wärmeätherischen, sondern ich habe auch die Gedankentätigkeit, die Atmungstätigkeit. Das nennt die Geisteswissenschaft eben den »Lichtäther«. Auch dieses Lichtätherweben stammt aus der Ätherwelt, aus dem Ätherreich des Kosmos – und wird in den Ätherleib der Erde eingefügt.

Diese beiden Andeutungen genügen, um ein bißchen zu verstehen, was ich meine, wenn ich sage: in welche Richtung müssen wir schauen, um etwas zu spüren von einem verborgenen Reich? Wenn wir auf dieses verborgene Reich aufmerksam geworden sind und das eigene Wärmeätherwesen, das eigene Lichtätherwesen im Atem und in den Gedankenprozessen gewahr werden und wenn wir dann immer tiefer hinuntersteigen in das Gefühlsleben, in das rhythmische Zusammenspiel von Blut und Atem, dann können wir dort etwas von den Stoffverwandlungen spüren. Denn mit jedem Einatmen und Ausatmen vollziehen wir ja bereits auch Stoffverwandlungen. Wir steigen dabei in etwas Musikalisches, in etwas Klanghaftes, hinunter. Schließlich können wir hinschauen auf das, was wir tun, wenn wir uns an etwas erinnern und über den Sinn des Lebens nachdenken, indem wir die Lebensfiguren herstellen. Da überall ist dieses verborgene Reich des Äthers, der Ätherwelten im Menschen wirksam. Wenn wir anfangen, darauf aufmerksam zu werden – denn das ist der unbewußte Teil unserer menschlichen Existenz, der okkult ist, das heißt verborgen, die physische Leiblichkeit ist bewußt, das Seelische und das Geistige ist bewußt –, dann sehen wir, daß dieser Bereich das ist, was uns eigentlich durch das Leben trägt.

Wenn wir davon etwas wahrgenommen haben, können wir uns wieder umdrehen und hinausschauen in die Sommernatur und uns fragen: Ist das dort nicht ebenso, daß in dem Reich der Elemente, in dem Reich der Jahreszeitenprozesse, der Wetterverhältnisse, daß da draußen in der Natur auch so ein ätherisches Weben und Leben vorhanden ist? Woran kann ich das bis in das Sinnenfällige herein empfinden? Jetzt lausche ich nicht in mein eigenes Blut, in meinen eigenen Atem, in mein eigenes Denken, in mein eigenes Fühlen herein, sondern jetzt schaue ich hinaus in die Sommernatur. Ich sehe dort etwas, was nun tatsächlich nicht nur stofflich wahrnehmbar ist, was ein Materielles ist, was auch nicht nur Bildartiges ist, sondern was diesen merkwürdigen Chrakter von absoluter kosmischer Schönheit hat: »der Welten Schönheitsglanz«. Was macht eigentlich diese Natur so schön? Ein grüner Wald, eine Wiese, ein Garten, ein fliegender Vogel, ein Vogelgesang, ein Falter, ein Schmetterling, eine Biene, der Anblick der Sonne und des Mondes, das ist doch alles hinreißend schön! Die herrliche Schönheit der Sternenwelt da draußen! In allen diesen Bereichen finden wir das Reich der Lebenskräfte, der ätherischen Kräfte, wie in einem Abbild wieder. In dem Maße, wie wir selber bei uns innerlich gelauscht haben auf das Wärmewesen, auf das Wärmeätherische, so verstehen wir jetzt, daß da draußen in der Natur in der Weltenwärme etwas Ähnliches vorhanden ist – natürlich sehr viel gewaltiger, sehr viel kosmischer –, und daß in dem Licht da draußen eben nicht nur das ist, was die Physiker heute denken, nämlich elektromagnetische Schwingungen, sondern daß da das Lichtätherische lebt und die Welt mit Weltenlicht erfüllt. Wer das kennt, erinnert sich jetzt sofort an die Wochensprüche des anthroposophischen Seelenkalenders, wo da von Weltenlicht und Weltenwärme die Rede ist, von »der Welten Schönheitsglanz«. Wenn man das ein bißchen in die Seele aufnimmt, wenn man es in sich bewegt, dann findet man: Jetzt merke ich das verborgene Reich auch in der Natur! Es ist das Reich des Ätherischen, das Reich der Lebenskräfte, sowohl bei mir als Mensch wie um mich in der gewaltigen, herrlichen wunderschönen Gesamtheit der Naturreiche.

Wenn ich damit gewissermaßen diese »metanoia«, diese Umkehr meines Sinnens und Wahrnehmens mir etwas zu Gefühl bringe, wenn ich die Welt der Lebenskräfte, des Ätherischen, spüren kann, dann sehen wir: dadurch entdecke ich einen Weg, einen Zugang zu einem Reich, das nun noch mehr verborgen ist als das Reich des Ätherischen. Es ist jenes andere verborgene Reich, von dem im Evangelium fortwährend die Rede ist, das Reich der Himmel, das Reich des Gottes, das Reich des Christus, das nicht ein Naturreich ist, sondern ein eigenes Reich! Und was ist das Charakteristische dieses Reiches, dieses Himmelreiches auf der Erde, das nahe herbeikommt an das tiefste Innere des Menschen? Wo ist der Schlüssel, der, nachdem ich mich ein wenig geübt habe, unsichtbare Reiche – also das ätherische Reich, das Reich der Lebenskräfte – ein wenig zu spüren und zu empfinden, mich jetzt an dieses geheimnisvolle Reich heranführt?

Man kann verschiedene Wege dahin suchen und auch finden. Der Weg, der uns Christen am nächsten liegt, ist wirklich der wiederholte Blick in die Evangelien selber. Wenn das wahr ist, daß dieses Himmelreich, dieses Gottesreich, dieses Christusreich etwas mit dem Christus zu tun hat, dann muß im inneren Anschauenlernen der Tat Christi – also dessen, was wir das Mysterium von Golgatha nennen – die Ankunft dieses Reiches mit der Tat Christi selber etwas zu tun haben. Was von diesem Reich ist damals wirklich nahe herbeigekommen? Wenn Christus Jesus nur als Mensch aufgefaßt wird, wenn wir nur daran denken, daß das ein Mensch war, der also zum Menschenreich gehörte und daß in diesem Menschen auch dieses verborgene Reich des Lebens zwischen dem seelischen Reich und dem physischen Reich vorhanden war, dann kommen wir natürlich nicht zurecht. Es wird dann nicht einbezogen, daß in diesen Menschen bei der Jordantaufe aus den himmlischen Reichen die Christuswesenheit herabgestiegen ist. Wovon muß dieses Weltenwort, dieser Gottessohn, dieses gewaltige Christus-Ich, wenn ER jetzt in dem Menschen Jesus auf der Erde auftritt, reden? Er spricht – erstens – in den späteren Zeiten, gegen Ende seines Erdenlebens, von dem Menschensohn: Des Menschen Sohn wird überantwortet werden, Er wird in die Hände seiner Feinde fallen, sie werden Ihn quälen, sie werden Ihn peinigen, sie werden Ihn töten, sie werden Ihn ans Kreuz schlagen, mißhandeln und verurteilen. Davon spricht Er. Das heißt: Der Christus, der auf die Erde kommt, spricht von dem Menschensohn.

Das zweite, wovon Er spricht, finden wir eigentlich nur im Johannes-Evangelium. Er spricht von sich: »Ich bin das Licht der Welt, Ich bin das Brot des Lebens, Ich bin der Weinstock, ihr seid die Reben.« Er spricht von sich. Das Dritte aber, wovon Er spricht, ist das, was ich am Anfang ausgeführt habe. Er spricht fortwährend vom Reich, und das ist sogar das erste, wovon Er spricht.

Christus kommt also auf der Erde an. Das erste, wovon er spricht, ist: »Ich verkündige euch: das Reich Gottes ist nahe herbeigekommen, ändert euren Sinn und versucht, es zu finden, versucht, Mitglieder in diesem Reich zu werden!« In der Mitte des Evangeliums finden wir die großartigen Ich-Verkündigungen; jetzt spricht Er von sich selber. Und gegen Ende spricht Er immer mehr von dem Menschensohn, von dem, was mit diesem Menschensohn geschehen wird.

Damit haben wir ein Reich. Wir haben in diesem Reich eine Sonne, einen König, einen Mittelpunkt: das Christus-Ich, das göttlichleuchtende Christus-Ich. Wir haben in diesem Reich einen Vorgang, durch den etwas geschieht, was Rudolf Steiner immer wieder mit einer Art neuer Terminologie das »Mysterium von Golgatha« nennt. Das besteht darin, daß dieses mit dem Christus Jesus vom Himmel gekommene Reich, das durch Ihn heruntergetragen wurde auf die Erde, sich den Menschen nähert. Aber auch der König dieses Reiches, der Sonnenmittelpunkt dieses Reiches, das Christuswesen, zieht mehr und mehr dieses Reich zusammen und richtet es aus auf das, was mit dem Menschen Jesus geschehen wird. Wir können in den Evangelien zusehen, wie sich in dem Jesus selber das vollzieht: Wie in der Speisung der Fünftausend mit einem Mal eine Art neue Sternenwelt in den zwei Fischen und den fünf Broten und den zwölf Körben aufleuchtet; wie bei der Verklärung auf dem Berge in den ätherischen Bereichen dieses Menschen etwas ganz Neues sonnenhaft aufzuleuchten beginnt und sich in der Wolke spiegelt, die die Jünger wahrnehmen und aus der heraus die

Stimme des Vaters ertönt; wie bei dem Einzug in Jerusalem dieser physische Menschenleib aufleuchtet in einer merkwürdigen Erscheinung, so daß die Menschen gar nicht wissen, was sie da plötzlich mit äußeren Augen sehen an dem Antlitz dessen, der da auf dem Esel in Jerusalem hereinzieht.

Was da Schritt für Schritt in dem Jesus-Menschen vor sich geht, ist dazu bestimmt, von den Menschen ergriffen zu werden – Gefangennahme Jesu –, durch ein ganz bestimmtes leibliches Martyrium hindurchgeführt zu werden und dann hineingeopfert zu werden in die Todessphäre der Erde, in das, was auf der Erde eben nicht Leben ist, sondern Tod. Vorhin habe ich versucht, vor unser modernes Bewußtsein eine Art »metanoia« herbeizuführen dadurch, daß man lernen kann, auf die Lebenskräfte in dem eigenen Organismus hinzuschauen. Man kann aber auch auf die Todeskräfte hinschauen. Man kann sich vertiefen in dasjenige, was der Tod in mir selbst ist, was Sterben in mir ist. Vielleicht kann das ein junger Mensch noch gar nicht. Aber auch ein junger Mensch kommt manchmal in solche inneren seelischen Zustände herein, wo er den Eindruck hat, es geht nicht weiter, irgendwie sterbe ich. Denn mit jedem Atemzug beleben wir uns nicht nur, sondern sterben wir auch. Fortwährend finden in den Lebensprozessen unserer Leiblichkeit Sterbeprozesse statt, und der physische Tod ist dann nur die Zusammenfassung dessen, was ganz fein fortwährend in uns auch Sterben ist. Wir haben auf der einen Seite als Menschen das Leben, das aus dem Leben stammt, die Geburtskräfte, die Inkarnationskräfte, und wir haben auf der anderen Seite das, was in den Tod geht, was mit dem Sterben in uns verbunden ist.

Ich komme damit an den entscheidenden Punkt dessen, was ich ausführen möchte: daß nämlich jetzt das Christuswesen die von ihm mitgebrachten Lebenskräfte des Kosmos, der geistigen Welt, so zusammenzieht, daß er sie mit dem Jesus sterben läßt. Er gibt sie in die Todessphäre hinein, und aus diesem Tod, aus diesen Sterbereichen, wird ein Leben herausgeboren, das es vorher so nicht gegeben hat. Also nicht ein Leben, das aus dem Leben stammt und durch den Tod zum Tod geführt wird und sich in dem Weltenleben wieder auflöst, wie das bei jedem Menschen passiert; sondern jetzt werden diese Lebenskräfte hereingezogen, zusammengezogen und in die Todessphäre hineingebracht. Sie werden dann im Tod Leben, aus dem Sterben geborenes Leben, aus dem Tod hervorgeholtes Leben. Dies ist eigentlich erst das Reich Gottes, das Reich Christi: Ein Reich von Lebenskräften, die durch den Tod gegangen sind und aus dem Sterben heraus auferstehen – das Mysterium der Auferstehung! Dadurch ist das Reich Christi auf Erden eigentlich erst voll da. Vorher ist es nur so wie in Annäherung, so wie »engys«. Jetzt aber ist es nicht nur nahe, jetzt ist es darin und geht hindurch durch das irdische Dasein. Es ist nicht leicht, das innerlich nachzuvollziehen. Man muß sich – genauso wie man sich mit dem Leben ein wenig beschäftigt – auch mit dem Tod, mit dem Sterben, mit allen Todesprozessen etwas beschäftigen und verbinden, um zu sehen, was nun geschieht, wenn ein Leben hineingeopfert wird in das Sterben und aus dem Sterben als Leben aufersteht, das heißt, eigentlich den Tod selber zum Leben macht. »Tod wird Leben«! Das ist etwas vollständig anderes als das, was wir in der Natur um uns haben. Das ist eigentlich der Grund, weshalb man sagen muß: das Reich Gottes auf Erden, das Himmelreich ist mitten unter uns, doch hat es einen völlig anderen Charakter als die Naturreiche und auch das Menschenreich.

Der Sonnenkeim, der am Ostermorgen aufersteht, ist der Grundstein dieses neuen Reiches. Man geht an der Tatsache dieses Reiches vorbei, wenn man sagt: Das Himmelreich ist auf die Erde heruntergekommen und hat sich unverändert auf ihr ausgebreitet. So ist es eben nicht. Das Himmelreich selber hat etwas durchgemacht, indem es das Mysterium von Golgatha vollzogen hat. Was hat es durchgemacht? Es hat die Kraft bekommen, aus dem Tod Leben zu machen, im Sterben aufzuerstehen, das Sterbende neu zu erwecken. Das heißt aber: Im Menschen einen neuen Menschen zu erwecken, im Menschen etwas Neues zu entzünden, was vorher so nicht da ist.

Jetzt kann man versuchen, sich in die Lebenskräfte hineinzuvertiefen, die durch das Todesmysterium auf der Erde neu entstanden sind. Dadurch kommt man als moderner Mensch an dieses geheimnisvolle Reich Christi heran. Der Schlüssel liegt jetzt nicht in unserem Nachdenken (also nicht die »metanoia« als Nachdenken oder Nachsinnen), er liegt auch nicht in dem, was wir als Wahrnehmungsmöglichkeiten für die übersinnlichen, für die unsichtbaren Reiche entwickeln können. Dieser Schlüssel liegt in etwas ganz Bestimmtem, was nur im menschlichen Herzen vor sich gehen kann. In dem menschlichen Herzen ist der Schlüssel verborgen, durch den der Mensch den Wahrnehmungszugang zu diesem Reich Gottes, das durch das Mysterium von Golgatha mitten unter uns auf der Erde aufgegangen ist, finden kann.

Weder unser Haupt noch unser Wille noch unsere Bemühungen können uns da heranbringen. Denn es heißt: Das Reich der Himmel ist jetzt inwendig in euch, in eurem eigenen tiefsten Inneren müßt ihr den Zugang dazu suchen. Das bedeutet aber: euer Herz muß etwas durchmachen. Die »metanoia« ist jetzt nicht eine Kopfangelegenheit, sondern sie wird zu einer Herzensangelegenheit. Was kann das Menschenherz durchmachen, damit es das Reich berührt, das als Leben aus dem Tod entstanden ist, als Auferstehungsleben, das in jedem Sterben entstehen kann? Ob das nun ein innerliches, moralisches Sterben im Erdenleben ist oder das Sterben am Ende unseres Erdenlebens, in unseres Herzens tiefstem Grunde ist die offene Stelle, wo der Schlüssel vorhanden ist, um an dieses Reich real heranzukommen. Wie sieht dieser aus?

Das ist der Unterschied, daß die Lebenskräfte dieses Reiches – von dem Er etwa sagt: »In meinem Reich bin ich König, aber dieses mein Reich ist nicht ein Reich von den Naturreichen, sondern es ist ein ganz neues Reich, es ist ein Reich, das ich abringen werde dem Tod, in den du mich, o Pilatus, hineinschickst« – andere sind. Was ist in diesem Reich da? Auch in diesem Reich gibt es ätherische Kräfte: einen ganz neuen Äther. Dieser neue Äther hat einen eigenartigen Charakter.

Was unterscheidet die gewöhnlichen Lebenskräfte unseres ätherischen Leibes, die natürlichen Lebenskräfte des ganzen Kosmos um uns mit ihrer herrlichen Schönheit, in der sie sich enthüllen, von den Lebenskräften, die durch das Mysterium von Golgatha entstanden sind, die aufgegangen sind in dem Samenkorn des Auferstandenen? Dieses neue Leben in dem Reich Christi, im Reich Gottes, diese neue Wärme, die Christuswärme, ist eine ganz andere Wärme als die natürliche Wärme oder auch als die Seelenwärme des Menschen. Das Christuslicht ist ein ganz anderes Licht als das Sonnenlicht und Sternenlicht und Weltenlicht um uns und das Bewußtseinslicht oder Gedankenlicht in uns. Der Christusatem ist ein ganz anderer Atem als der Atem, der im natürlichen Dasein im Menschen und im Kosmos um uns atmet. Und die Lebensgestalt, die Sinngestalt, des Christuslebens ist eine ganz andere als die natürliche Sinngestalt, die in dem ganzen Kosmos und im Menschen vorhanden ist.

Was unterscheidet die ätherischen Lebenskräfte des Christusreiches von den natürlichen Lebenskräften des Menschen und Kosmos? Sie haben einen völlig neuen Inhalt. In diesem Leben des Auferstandenen strömt ein Inhalt, der den Tod in Leben verwandelt hat, der den Tod hereingenommen hat in das Leben. Dieser Inhalt ist die Christusliebe, die allerhöchste und allertiefste Liebekraft des »in Liebe wesenden Sohnes« Gottes.

Wir haben in der Natur einen Wärmeäther, einen Lichtäther, einen chemischen Äther, einen Lebensäther, aber in dem Christuswesen ist ein Liebesäther entstanden, der nur vom menschlichen Herzen erlebt wird. Das ist dann nicht mehr Lichtäther und Wärmeäther und chemischer Äther, sondern das ist eine Ätherkonfiguration, die fortwährend Tod in Leben verwandelt und Leben so in den Tod führt, daß neues Leben daraus entsteht, weil es Liebe ist. Die allumfassende kosmische Liebe ist das Blut, das Lebensblut, des Reiches Gottes auf Erden. Indem der Mensch diese Liebe in seinem Herzen fühlt, spürt er sie so: Diese Liebe geht von dem Christus selber aus, aber dieser Christus, der wie ein Sonnenkeim bei der Auferstehung dieses neue Reich auf der Erde begründet hat, richtet ja diese seine Liebesstrahlung wie eine Sonne auf jedes einzelne Menschenherz. Man kann sagen, Er umflimmert und umspült jedes Menschenherz solange, bis dieses Menschenherz anfängt zu spüren und in sich zu fühlen: Der Christus liebt mich und dich auch. Das fortwährende Sonne-Werden in diesem neuen Reich der reinen Äthersphären geht da vor sich. Der Sonnenkeim des Auferstandenen wird fortwährend zur Sonne, zur Christussonne, in diesem neuen Reich auf Erden. Aber wir sehen: Das menschliche Herz allein ist der Schlüssel, mit dem der Zugang zu diesem Reich aufgeschlossen werden kann. Wenn dieses menschliche Herz etwas spürt von dem, was in diesem Reich vorhanden ist, dann quillt mit einem Mal eine unnennbare Freude in dem Menschenherzen darüber auf, daß der Mensch, dieses doch auch armselige Wesen, von dem allerhöchsten göttlichen Wesen direkt und persönlich geliebt wird. Und der Mensch, der dies in sich erlebt, ist zuallertiefst erschüttert, weil er es nicht für möglich hält!

Im Neuen Testament haben wir eine besondere Stelle. Sie ist nicht in den Evangelien, wo sich das alles wie vorbereitet und dann geschieht durch das Mysterium von Golgatha. Wir haben also eine einzigartige Stelle in dem Brief, den der Apostel Paulus an die Philipper geschrieben hat. Im vierten Kapitel heißt es: »Chairete en kyriō pantote«, das bedeutet: »Freut euch in dem Herrn immer und überall.« Dann sagt Paulus weiter: »Palin erō«, das ist: »ich sage es noch einmal« – »chairete«, das ist: »Freuet euch!«. Darauf folgt: »to epieikes hymōn gnōsthātō pasin anthrōpois«. »epieikes«, das ist wiederum so ein zauberhaftes griechisches Wort! Luther übersetzt es mit »eure Lindigkeit«. Wie ist er darauf gekommen? Es gibt ungefähr diese Stimmung wieder, wo das menschliche Herz lind wird, wo es weich wird, wo es offen wird, wo es durchwärmt wird von der Christusliebe, wo es durchleuchtet wird von dem Christuslicht, wo das Herz des Menschen ein ganz anderes Herz wird als das, was es eben ist, wenn es nur einfach mit Blut erfüllt in der Brust klopft. Und dieser Zustand soll allen Menschen wahrnehmbar werden, sagt er. Warum? Nun, er fährt fort mit: »Ho kyrios engys«.

Also Sie sehen: Es heißt jetzt nicht mehr: »engys hä basileia tōn uranōn«, auch nicht mehr: »engys hä basileia tu theu«, auch nicht mehr: »engys hä basileia mou«, sondern es heißt schlicht und einfach: ER ist da, Er ist nahe. Von dieser Herzensoffenheit, dieser Herzenslindigkeit, des Menschen, in der er sich heranspürt, heranfühlt an das, was durch das Mysterium von Golgatha als das neue Reich entstanden ist, von da aus kann man jetzt wissen: Dieses Reich ist etwas völlig anderes als die Naturreiche. In die Naturreiche ist ein Reich hereingetreten, das Reich Christi, das das Reich der Liebe ist. Die Wärme und das Licht und das Leben und der Sinn dieses Reiches, sie durchdringen die Naturreiche, doch sie sind nie und nimmer damit identisch. In dieses Reich werden die einzelnen Menschen-Iche einbezogen, so daß dieses Reich Sterne hat, nicht nur eine Sonne. Jeder Mensch, der in dieses Reich durch seine Herzkräfte einbezogen ist, wird zu einem Stern auf dem Himmel dieses Reiches. Dieses Reich hat einen Himmel, der besteht aus lauter Menschen-Ichen, aus solchen Menschen-Ichen, die in ihrem Herzen den Zugang dazu gefunden haben. So wie das Christus-Ich eine Sonne ist aus seinem Herzen heraus, so sind die Menschen, die in dem Reich Christi leben, wie Sternchen, so wie die Milchstraße, und die etwas fortgeschritteneren Menschen, die leuchten dann »gleich Sternen am Himmel des ewigen Seins«, wie Rudolf Steiner sagt, oder auch wie der Sirius oder wie der Aldebaran, die etwas kräftiger leuchten.

Dieses Reich nimmt langsam die Menschen in sich auf, aber es wirkt auf die Naturreiche, und das ist die andere Seite. Es ist nicht identisch mit den Naturreichen, aber es wirkt auf die Naturreiche zurück und kann durch den Menschen in die Naturreiche hereinwirken – in das Mineralreich, in das Pflanzenreich, in das Tierreich, in das Reich der Elemente –, so daß die Erde sich zu einem zukünftigen Planetenzustand entwickeln kann. Dieses ist die dreifache Dynamik des Reiches, des Himmelreiches, mitten unter uns: Das, was durch Ihn selber darin geschieht, das, was sich auf uns Menschen bezieht, und das, was sich auf die Zukunft der Erde bezieht. Das dürfen wir hineinfühlen in diese Natur um uns, denn das ist darinnen. Es erscheint jetzt nicht als die Schönheit der Natur, sondern es erscheint als die verborgene Innerlichkeit dieser Natur.

MICHAELI

Im Kampf um den kosmischen Menschen[6]

Was ist ein Auto? Eine Maschine, und zwar zunächst eine mechanische Maschine mit Rädern, einem Chassis und zahllosen Bestandteilen bis zu den Teilchen des Antriebmotors. Zweitens ist es eine chemische Maschine, denn da wird Brennstoff zugeführt und geordnet verbrannt. Aus diesem chemischen Prozeß wird Energie frei, diese chemische Maschine betreibt dann die mechanische Maschine. Drittens ist es eine elektrische Maschine, sowohl in bezug auf alles, was mit dem Akkumulator zusammenhängt, als auch in bezug auf das, was mit der elektronischen Steuerung, zum Beispiel der Kraftstoffzufuhr, zu tun hat. Menschen fahren im Auto! Lassen Sie mich ein deutliches Beispiel geben, was einem da geschehen kann: Wenn ich auf der Überholspur einer Autobahn fahre, gibt es hinter mir zwei Sorten Zeitgenossen. Der eine hinter mir überschaut, daß ich noch einen Lastwagen überholen will, um dann wieder auf die Normalfahrbahn hinüberzuwechseln. Der hinter mir Kommende läßt mich das tun und repräsentiert die eine Sorte Zeitgenosse. Die andere Sorte ist dadurch gekennzeichnet, daß fortwährend hinter mir das Licht aufblitzt als Mahnung: Mach Platz! Ich komme! Da merke ich doch deutlich, daß der Autofahrer seine Fahrweise der Maschine aufprägt. Also die Maschine und der Mensch!

Was ist ein Birkenbaum? Das moderne Bewußtsein, an Mathematik und Chemie geschult, beschäftigt sich damit und sagt sich: Das ist auch ein Mechanismus, allerdings sehr viel komplizierter als der des Autos. Die Stoffe, das Eiweiß, die Kernsäuren, die da fortwährend in sich verwandelnder Bewegung sind, werden kontrolliert durch die Reglerkreise des Zusammenspiels von Eiweiß und Enzymen; die Kernsäuren sind die Träger von Informationen und bewirken die Strukturen des Weiterbaues dieser Eiweißkörper.

Ist nun die Pflanze und im weiteren auch das Tier und der Mensch nichts anderes als eine, wenn auch noch so komplizierte Maschine? Kann ich, wenn ich einem lebendigen Wesen wie einem Birkenbaum gegenüberstehe, alles, was mir da erscheint, so interpretieren, daß mir im Grunde genommen nur komplizierte maschinelle Vorgänge dieses Bild vor Augen hinzaubern? Indem ich mich für diesen Weg entscheide, bin ich von vornherein auf eine bestimmte Blickrichtung eingestellt. Ich kann weiter und weiter auf diesem Weg gehen, kann die Analysen weiter treiben, die Strukturen der Zellbestandteile weiter untersuchen: ich kann schließlich bis zu den Makromolekülen und den Atompartikeln das Funktionieren eines maschinell-materiellen Gerüstes immer genauer erforschen. Und ich kann dann feststellen, daß die Grundstoffe sämtlicher Lebewesen auf der Erde die gleichen sind. Bestimmte Strukturen, bestimmte stoffliche Bestandteile und Konstitutionen sind bis in die feinsten Feinheiten eines Zellkernes hinein bei Pflanze, Tier und Mensch gleich. Damit schaue ich auf die Materie hin.

Ich kann aber auch durch einen persönlichen freien Entschluß mich schulen, etwas ganz anderes ins Auge zu fassen als das, was in die mikroskopischen und submikroskopischen Strukturen hineinführt; ich kann bemerken, daß ein solcher Birkenbaum als eine in sich geschlossene, sinnvolle Gestalt erscheint. Aber ist das bei der Maschine nicht auch so? Damit stelle ich eine merkwürdige Frage. Es ist klar: Dieses Auto wäre nicht das, was es ist, wenn da nicht menschliche Intelligenz das Zusammenspiel der Teile vorausgedacht hätte. Niemals würden die Materieteilchen der Natur zu einem Auto zusammenschießen. Daß aber menschliche Intelligenz hineingebaut werden kann durch den Konstrukteur, das geht ja nur deshalb, weil in diesen Stoffteilchen, in diesem Metall usw. auch schon etwas wirkt, das man mit dem Wort Intelligenz bezeichnen muß. Auch in der gesamten toten, mechanischen Natur ist ein rein gedanklich-mathematisch intelligenter Zusammenhang von Kräften und Größen bereits darinnen. Das Auto kann nur darum ein Auto sein, weil die menschliche Intelligenz des Konstrukteurs sich anschließen kann an die in der Natur steckende Intelligenz der Naturgesetze. Erst das Zusammenspiel von Stoffen und Kräften auf der einen Seite und von den Naturgesetzen und der menschlichen Intelligenz auf der anderen Seite macht die Maschine aus.

Das Auto kümmert sich nicht darum, ob es Frühling oder Herbst ist. Die Birke kümmert sich aber sehr wohl darum. In ihr waltet eine Ordnung, eine Weisheit, die diese Maschine, Birke genannt, so durchdringt, so durcharbeitet, daß das eine sinnvolle Pflanzengestalt wird. Sie trägt auch eine Intelligenz, einen Sinnzusammenhang, eine Gestalt, in sich, welche aber nicht durch einen menschlichen Konstrukteur da hineingelegt ist, sondern die diesem lebendigen stofflichen Zusammenhang der Biochemie richtig innewohnt.

An diesem Punkt beginnt ein Kampf zwischen den Anschauungen. Man sollte nicht sagen, daß man die eine Art der Anschauung, die auch den Organismus als Maschine interpretiert, unbedingt haben muß. Man will sie haben, weil man sich daran gewöhnt hat. Und man sollte nicht sagen, daß man nur diese eine Art der Betrachtung einer Pflanze Wissenschaft nennen darf, sondern man soll ehrlich sein und sagen, daß man das will, weil man diese Art der Wissenschaft im Lauf der letzten Jahrhunderte ausgebildet hat und sie handhaben kann. Man kann sich aber auch für die andere Seite entscheiden. Man kann sagen: Gut, ich sehe auf der einen Seite, wie das funktioniert, und ich sehe, daß das eine Art Maschine ist; aber in solch einem Pflanzenwesen ist doch noch eine Intelligenz tätig, eine Sinnhaftigkeit und Einheit, die ganz anderer Natur ist als die der Maschine. Bei der Pflanze schwebt das Intelligente nicht mehr über den Kräften, sondern ist in dem lebendigen Wesen tätig und gestaltet es dauernd um. Es trägt die Grundprinzipien des Lebens – Keimung, Wachstum, Entfaltung, Verwandlung, Fortpflanzung, Absterben und Hervorbringen eines neuen Keimes – sinnvoll durch die Zeit. Was man dabei ins Auge fassen muß, wenn man sich entschließt, diesen zweiten wissenschaftlichen Weg zu beschreiten, das ist allerdings etwas anderes als jene Intelligenzbetätigung, die man an einem vom Menschen Konstruierten ablesen kann. Man muß versuchen, in etwas hineinzuschauen, das sich nur indirekt mit Hilfe der Materie offenbart. Das aber ist ein intelligentes Übersinnliches. Es erscheint in der Welt als *Lebenskraft.* Ein Geistiges, Ideelles greift fortwährend in die Materie hinein und gestaltet sie zu einem lebendigen Organismus. Man muß diesen Einschlag, der im Lebendigen von oben hinzukommt, als eine weitere Welt-Dimension ins Auge fassen. Hier beginnt ein Kampf! Es ist nicht ein Kampf gegen irgend jemanden, sondern ein Kampf im menschlichen Bewußtsein in seiner Auseinandersetzung mit sich selbst. Es sieht ungefähr so aus, wie wenn ich morgens noch nicht aufwachen will und mir die Augen reibe, bis ich endlich den Impuls in die ganze Existenz fasse und die Augen öffne und aufstehe. Wer sich entschließt, aus freiem Willen diese Art von Weltbetrachtung und Wissenschaftlichkeit auszubilden, der muß sich selbst aufwecken. Man sage nicht, daß dieser Weg der Beobachtung, Prüfung, Erfahrung und des Experimentes nicht genauso wissenschaftlich gangbar wäre wie jener andere. Er wird bereits gegangen, wenn das auch der großen Öffentlichkeit verborgen geblieben ist.

Der angedeutete Kampf geht jetzt stufenweise weiter, denn nun folgt die Frage nach dem Tier. Man kann mit dem größten Staunen hinschauen auf das, was in den letzten Jahrhunderten erforscht worden ist in bezug auf tierisches Wesen und tierisches Verhalten. In diesen Tagen las ich in einer wissenschaftlichen Zeitschrift, daß das Seelische eines Tieres gegenüber seiner Leiblichkeit keine Selbständigkeit hat. Trotzdem kann wiederum der freie Entschluß gefaßt werden, das Seelische eines Tieres frei von dem, was in ihm nur Lebendigkeit oder nur Materielles ist, zu sehen. Man kann dieses eigenartige Seelische wahrzunehmen versuchen, wie es gegenüber der Pflanze in der Tierwesenheit als ein neuer Einschlag hereinkommt und das Organisch-Lebendige so durchdringt, daß jedes Organ, ob Leber, Herz oder Gehirn, durchzogen ist von einem organgebundenen Seelischen. Was der modernen Wissenschaft fehlt, ist der Begriff »Inkarnation«. Sie hat noch nicht die innere Freiheit und den Mut, auf das Eigenständige des Lebendigen und auf das Eigenständige des Seelischen hinzuschauen. Es gilt wirklich, das Bewußtsein für das Erfassen des spezifischen Lebendigen und des spezifisch Seelischen aufzuwecken und eine wahre Wissenschaft davon zu entwickeln, die es, wie bereits schon erwähnt, auch gibt.

Aber wie steht es mit der Frage nach dem Menschen? In diesen Tagen erscheint ein neues Buch von dem bekannten Zoologen und Anthropologen Adolf Portmann, wo er von dem Ringen um das richtige Menschenbild in der denkenden Menschheit der westlichen Welt schreibt. Das Bild vom Menschen, das sich in unserer Zeit aufs neue wandelt, ist das Ergebnis einer langen Geschichte. Er zeigt, wie im wesentlichen zwei Menschenbilder einander gegenüberstehen. Das eine wird charakterisiert mit dem Wort »homo sapiens« – das Bild des Menschen als Geschöpf Gottes; das andere mit dem Wort »homo faber« – das Bild des Menschen, der aus der Evolutionsreihe des Tieres auf natürlichem Wege sich herausentwickelt hat. Er fügt hinzu, daß der Kampf um das Bild des Menschen zwei ganz verschiedene Seiten hat. Die eine besteht darin, daß ein großer Teil der modernen Menschheit dieses Bild von dem homo faber zum Kampfmittel erhoben hat, z. B. im Marxismus. Dieser hat die darwinistische Anschauung von der Entwicklung des Menschen aus der Tierreihe übernommen und die Auffassung, daß die gesamten menschlichen Verhältnisse die Ergebnisse des ökonomischen Prozesses sind und die Klassenkämpfe die Geschicke der Menschheit bestimmen, ausgebildet. Der Mensch sei nichts anderes als ein Gesellschaftsglied.

Die zweite Seite dieses Kampfes, sagt Portmann, ist eine ganz andere. Sie fußt auf einer viel selteneren Anschauung bei einzelnen Menschen, hier und dort verstreut in Raum und Zeit: in objektiver Redlichkeit des Denkens die Merkmale des Humanen zu ermitteln. Das ist also nicht ein Menschenbild für einen Klassenkampf, sondern ein Menschenbild um seiner selbst willen, um der Wahrheit, um der Wirklichkeit willen. A. Portmann stellt die Forderung auf, daß man sehen muß, wenn man den Weg des ehrlichen Suchens im Denken nach dem wahren Bild des Humanen geht, daß sämtliche bisherigen biologischen Theorien nicht ausreichen, um den Menschen zu erklären. Das ist das Bekenntnis eines fortgeschrittenen Menschen! Er sagt: Wenn wir dieses Bild anschauen, dann zeigt es auf der einen Seite einen unheimlichen Zusammenhang mit allem Lebendigen, auch mit dem Tier; auf der anderen Seite aber zeigen die Betrachtungen des Menschenwesens, daß der Mensch in einer besonderen Weise ganz anders als alle Tiere zusammen ein Charakteristikum hat: das ist seine Weltoffenheit! Also das Ringen besteht darin, herauszubekommen: Kann es denkbar sein, daß der Mensch eigentlich nichts anderes ist als ein kompliziertes fortgeschrittenes Tier? Oder liegt auch beim Menschen ein Einschlag vor, der genauso radikal das Menschenwesen unterscheidet vom Tier, wie das Tier sich von der Pflanze dadurch unterscheidet, daß das Seelische als neuer Einschlag da ist, wie das Pflanzliche sich vom rein Mechanisch-Materiellen darin unterscheidet, daß das Lebendige als neuer Einschlag da ist? Was kann denn dieser Einschlag sein? A. Portmann kommt schließlich dazu zu sagen: »Keine der heute angebotenen Lösungen des Evolutionsproblems kann die Genesis einer solchen Weltoffenheit, wie der Mensch sie hat, irgendwie erklären. Wer dafür eine Erklärung versucht, der muß sich darüber klar sein, daß er eine Ergänzung unseres Wissens über den Menschen unternehmen muß.« Er macht uns aufmerksam, daß da etwas bei der heutigen Wissenschaft fehlt, und fügt noch hinzu: »Diese Ergänzungen können nicht mehr Wissenschaft sein.« Hier spricht ein Wissenschaftler, der uns damit allerdings an einen schwierigen Punkt führt, von dem ich nicht weiß, wie weit es überhaupt möglich ist, ihn in seiner ganzen Schärfe zu charakterisieren.

Lassen Sie mich noch eine zweite Stimme von einer amerikanischen Völkerkundlerin aus ihrem Buch »Kultur und Bindung« vorbringen. Sie untersucht das ihr am meisten brennend erscheinende Problem, nämlich daß noch nie, seitdem die Menschheit besteht, ein solcher radikaler Riß und Abgrund des Nicht-verstehen-Könnens zwischen älteren und jüngeren Generationen gewesen ist als heute, und zwar über die ganze Erde hin. Sie vergleicht das mit der Pionierzeit in Amerika, spricht dann weiter von unserem 20. Jahrhundert, das die ältere Generation und die Generationen davor zustande gebracht haben mit den durchgreifend einschneidenden neuen Verhältnissen, in denen sie nicht zurechtkommen. Die Jugend dagegen ist von vornherein in diese neuen Verhältnisse hineingeboren worden. Diese Amerikanerin fragt z. B., ob auch eine Umwelt geschaffen werden kann, in der ein Kind in Geborgenheit aufwachsen und sich und die Welt selber entdecken und gestalten lernen kann. »Es gilt, neue Vorbilder für Erwachsene zu schaffen, die fähig sind, ihren Kindern nicht das Was, sondern das Wie des Lernens, nicht eine Bindung an etwas Bestimmtes, sondern den Wert einer Bindung überhaupt vorzuleben. Wie ich sehe, wird heute die Entwicklung präfigurierender Kulturen vom Zustandekommen eines kontinuierlichen Dialoges zwischen den Alten und den Jungen abhängen, damit diese in vollem Umfange das, was sie mitbringen, entfalten und dadurch auch den Älteren oft den Weg ins Unbekannte zeigen können.« Also auch hier wie bei Prof. Portmann kommen Gedankengänge, die, wenn sie noch einen Schritt weitergeführt werden, das Tor zu öffnen vermögen. Wenn wir nach dem Wesen des Humanen fragen, dann müssen wir sehen: Indem der Mensch da ist, ist in die Tierheit ein Einschlag gekommen. Der Mensch ist nicht eine Steigerung und Weiterentwicklung davon, sondern er drängt die Tierheit zurück. Wann und wie ist das geschehen?

Wenn man sich auf den jeweiligen Einschlag von oben als spezifisch Lebendiges, als spezifisch Seelisches einläßt und den Kampf weiterführt in bezug auf das spezifisch Menschliche, kommt man zu der Frage: Ist vielleicht doch jeder einzelne Mensch in seinem wahren Wesen geistig-kosmischer Herkunft, das sich in eine irdische Leiblichkeit inkarniert? Ist das sichtbare Irdische nur das Gefäß für etwas ganz Neues? Hier beginnt erst die Rätselfrage, und ich kann weiter denken: Dann bin ich aber nicht das Erbergebnis von Vater und Mutter, und meine Vorfahrenreihen sind nicht das Erbergebnis tierischer Abstammung. Der latente, meist unbewußte Druck, daß ich unter der Erbmasse fortwährend wie gefesselt denken muß, fällt weg. Wo schaue ich nun hin? Dorthin, wo ich mich frage: wie finde ich durch alle die Hüllen, die mich umschließen, in die ich hinein inkarniert bin, ein Gefühl für mein wahres Wesen? Wer bin ich eigentlich? Vielleicht kann man jetzt erst diese amerikanische Frau verstehen, wenn sie davon spricht, daß das Vergangene nicht mehr hilft und daß wir vom Zukünftigen her leben lernen müssen. Wie steht es mit meinem eigenen Zukünftigen? Ist das mein wahres Wesen, wenn ich fühlen, empfinden, ja vielleicht ergreifen kann, was ich will? Oder taucht am Dämmerhorizont meines Bewußtseins mein wahres Wesen überhaupt erst dann auf, wenn ich langsam anfange zu fühlen, was ich sein möchte, was ich werden möchte, was in mir gar nicht Vergangenheit ist, sondern Keim, vielleicht Keim einer überhaupt noch nicht zu ahnenden Reinheit, Freiheit, Schönheit, Größe? Vielleicht ist der Druck meines Lebens und die innere Not meines Ringens mit mir selber gerade deshalb so, weil ich im tiefen Inneren diese Spannung fühle zwischen dem, was ich eigentlich werden will und dem, was ich zunächst immer noch bin. Der Blick für das Zukünftige fällt auf das Kind, auf den jugendlichen Menschen, auf das eigene Innere, auch wenn ich schon ein grauhaariger Mensch geworden bin, und ich entdecke: Der Einschlag, der den Menschen zum Menschen macht, ist die eigentliche Realität. Dies zu fühlen bedeutet etwas ganz Bestimmtes.

Wir sind auf der einen Seite durch die Art, wie wir in unserem Leibe darinstecken, in einer Art Dauerwahrnehmung unserer Leiblichkeit – vom Aufwachen bis zum Einschlafen. Es fällt uns immer wieder schwer, uns von dieser Dauerwahrnehmung unserer eigenen Leiblichkeit zu lösen und das eigentlich Geistig-Seelische in uns selber so zu ergreifen, daß wir in ihm dieses Zukünftige, dieses noch nicht Vorhandene, spüren. Auf der anderen Seite treten wir einander so gegenüber – wiederum verführt durch diese materialistische Grundstimmung unserer Inkarnation in dem Leib –, daß wir das, was wir sehen, für den Menschen halten. Wir meinen allzu leicht: diese Haare, diese Augen, dieser Mund, diese Bewegungen usw., das sei der Mensch.

Es gibt aber auch einen anderen Weg, den Rudolf Steiner gegangen ist, und den er mit etwa folgenden Worten charakterisiert: »Worauf ich hindeuten wollte in diesen Tagen, das war und ist, daß wir gegenüber dem modernen Leben eine Seelenverfassung brauchen, die sich wirklich in jedem Momente des tagwachen Lebens bewußt ist des Übersinnlichen in der unmittelbaren Erdumgebung, die sich nicht der Täuschung hingibt, die Menschen sehe man für wirklich an, weil man sie sieht, und die Geister sehe man nicht für wirklich an, weil man sie nicht sieht. Man sieht in Wahrheit die Menschen ebensowenig wie die Geister. Gerade das ist die Täuschung, daß man glaubt, man sähe die Menschen. Wir unterscheiden uns diesbezüglich gar nicht von den Wesen der höheren Hierarchien. Zu lernen, die Gleichartigkeit aufzufassen zwischen den Wesen der höheren Hierarchien und uns selber, den Menschen, das ist die Aufgabe, die dieser modernen Menschheit gestellt ist. Wir reden davon, daß durch das Mysterium von Golgatha der Christusimpuls in die Erdentwicklung, zunächst in die Menschheitsentwicklung, eingezogen ist. Die Leute sagen, sie sehen ihn nicht. Ja, sie können ihn solange nicht sehen, solange sie sich über den Menschen selber täuschen, solange sie etwas ganz anderes als den Menschen anschauen, als der Mensch wirklich ist. In dem Augenblicke, wo das nicht eine Theorie ist, sondern lebendig empfundene Wirklichkeit, die uns befähigt, in jedem Menschen das Übersinnliche zu sehen, in dem Augenblicke erziehen wir in uns die Fähigkeit, überall in unserer Umgebung auch den Christus wahrzunehmen.«

Hier ist in voller Deutlichkeit gesagt, worum es geht: der Kampf um den kosmischen Menschen! Das heißt, daß wir mit uns selber kämpfen müssen, damit wir in jedem Augenblick unseres wachen

Daseins die Illusion überwinden, daß das, was wir da sehen, der Mensch sei; daß wir dieses äußere Bild, das uns da entgegenkommt, konsequent absuggerieren; daß wir sehen, daß in dieser Leiblichkeit ein geistiges Wesen wohnt und uns begegnet. Das Entscheidende bei dem Kampf um den kosmischen Menschen ist jedoch, daß niemand dies mitmachen *muß*. Wenn man sich aber deutlich macht, daß im Tierreich ein Einschlag da ist, und daß auf der anderen Seite bei jedem einzelnen Menschen, der geboren wird, ein Einschlag aus der geistigen Welt kommt, aus dem Vorgeburtlichen, und daß infolgedessen der wahre Mensch gar nicht diese Maschine ist, – auch nicht dieser Lebens- und Verhaltenskomplex, als den er heute angesehen wird, und auch nicht das, was nur als die augenblickliche Persönlichkeit sich darstellt – so beginnt man, das eigentlich unsichtbare übersinnliche Wesen des Menschen zu ahnen, das in sich eine unendliche Zukunft trägt. Und dieses Gefühl seiner Zukunft, seiner unendlichen Strebens- und Entwicklungsmöglichkeiten, gibt dem Menschen ein Gefühl dafür, daß er als ein kosmisches Wesen hier auf der Erde in den leiblichen Verhältnissen lebt, um gerade diesen leiblichen Verhältnissen seine eigene Weiterentwicklung abzuringen. Er braucht nämlich den Widerstand, den ihm diese irdische Daseinsform liefert, um in der Auseinandersetzung mit ihr den Kampf um seine geistige wahre Menschenexistenz zu führen. Dieser Kampf kann in dem Erscheinungsbild eines jeden Menschen wahrgenommen werden. Der Blick auf die Geistigkeit des anderen Menschen als ein Grundgefühl ihm gegenüber ist, von einem bestimmten Gesichtspunkt aus, der eigentliche Weg, der in die Wirklichkeit einer göttlich-übersinnlichen Welt führen kann.

Jeder einzelne Mensch hat eigentlich die Sehnsucht, sein wahres Wesen zu erfassen: Wer bin ich? Ich bin nicht das, was ich bin, ich bin eigentlich meine eigene Zukunft. Diese meine Zukunft, das ist mein geistiges und ewiges Wesen. Je mehr diese Sehnsucht aufgehen wird in den Menschen – und sie ist im Aufgang begriffen, denn viele Menschen leiden bereits unter dieser eingeschränkten Menschenauffassung – desto mehr wird auch die negative Bewegung zustandekommen: Man stößt sich ab von dem materialistischen Menschenbild, das wie eine Art Gegenteil von dem, was man eigentlich ist und will, empfunden wird. Indem ich mich davon abstoße, bekomme ich auch die Kraft, das andere um so stärker und deutlicher zu erleben.

Wenn man den einen Weg geht, entdeckt man die Verwandtschaft des Menschen mit Mineral, Pflanze und Tier. Daß eine Verwandtschaft zwischen Mensch und Tier besteht, daß da irgend etwas an ähnlichen Verhältnissen vorhanden ist, ist ohne jeden Zweifel. Aber diese Verwandtschaft braucht nicht ein Abstammungsverhältnis zu sein. Daß zwischen den Menschen und den Pflanzen eine Verwandtschaft besteht, weil in beiden lebendiges Leben vorgeht, das ist außer jedem Zweifel. Was aber geschieht in dem Augenblick, wenn wir anfangen, den anderen Weg zu lernen, wenn wir anfangen, im eigenen Inneren das eigene Wesen als etwas Zukünftiges, Keimhaftes, sich Entfaltendes zu empfinden, – das wahre geistige Wesen in uns, in unseren Kindern und Mitmenschen zu bemerken? Wenn diese Kraft entwickelt wird, wird man ja nicht nur der eigenen Leiblichkeit gegenüber souveräner, man wird auch im eigenen Seelisch-Geistigen kräftiger, stärker, mutiger, wacher, das heißt, man wird geistiger. Man entdeckt plötzlich, daß diese Haltung eine Verwandtschaft hat, bestimmt nicht zur Haltung des Tieres, sondern zu den Wesen, die selber so sind, daß sie dieser Versuchung, den Leib für den Menschen zu halten, gar nicht verfallen können, weil sie von vornherein den Menschen als geistiges Wesen erblicken. R. Steiner drückt es so aus: »Die Engel und die Erzengel sind genauso unsichtbar wie die Menschen, Pflanzen und Tiere in Wahrheit es sind!« Wir entdecken also die Verwandtschaft mit den Wesen, die über uns stehen; insbesondere mit demjenigen Engelwesen, das ja selber von Menschen, die dieses Erzengelwesen erleben konnten, so angeschaut werden mußte, daß es niemals dieser Betäubung, dieser Illusionierung durch das materielle Dasein verfallen kann, weil dieses Wesen immer die Tierheit unter seinen Füßen hat. Je mehr wir diese innere seelische Erkraftung erarbeiten, diese Befreiung von dem Druck des Materiellen, von der Faszination durch das Materielle, desto mehr entdecken wir die innere Verwandtschaft mit dem Erzengelwesen, das den Namen Michael trägt. Was bedeutet dieser Name? Der Name ist eine Frage, die ein solches Wesen, das mit uns Menschen geistig zusammenlebt – von unserer Seite unbewußt –, an den Menschen stellt: Wer ist geistiger Natur? Wir fühlen ein Engelbewußtsein, das im Grunde genommen fortwährend nichts weiter als eine solche Frage an den Menschen ist: Wer bist du eigentlich? Goethe hat schon recht: »Wär' nicht das Auge sonnenhaft, wie könnt' die Sonne es erblicken? Läg nicht in uns des Gottes eig'ne Kraft, wie könnt uns Göttliches entzücken!«

Wenn wir aus freiem Entschluß die Verwandtschafts-Faszination mit dem Tier langsam überwinden, dann bewegen wir uns hin zur Verwandtschaft mit den Göttern. Beides trägt der Mensch in sich. Somit stehen wir im Abgrund unserer persönlichen individuellen Freiheit. Diese Freiheit setzt uns in den Stand, aus freiem Willen und eigenem Entschluß uns selber, unsere Mitmenschen und unsere Welt so oder so anzuschauen und im Anschauen anzupacken und im Anpacken kennenzulernen. Die Verwandtschaft ist gegeben mit dem Erzengel Michael, mit demjenigen göttlich-geistigen Wesen, das von vornherein den Menschen nach seinem wahren Wesen fragt. Der Mensch kann antworten, wenn er es will. Wenn wir wirklich so lernen werden, den anderen Menschen nicht als das anzuschauen, was er uns als Leib entgegenträgt, sondern als ein unsichtbares, geistiges Wesen, wenn wir bereit sind, in ihm auf dasjenige zu schauen, was in ihm werden will als ein Keim, als seine Zukunft, dann werden wir lernen, einander wirklich zu verstehen. Das heutige soziale Chaos kommt auch dadurch zustande, weil die Menschen nicht in der Lage sind, einander wirklich zu verstehen. Schaut man sich aber gegenseitig geistig an, dann erlebt man auch im eigenen Inneren das Zukünftige, das Werdende, und beginnt, den anderen zu verstehen, weil bei ihm das doch genau so ist. Es ist doch etwas völlig anderes, wenn ich von einem Mitmenschen sage: so und so ist er; oder wenn ich ihm die Möglichkeit offen lasse, morgen vielleicht sich anders zu zeigen. Morgen ist er vielleicht ganz anders. In der ersten Art mache ich mich selber sozial blind für den anderen Menschen, wenn ich nicht so hinschaue, daß ich das Werdende, Zukünftige mit meinem Bewußtsein heraushole und dadurch verstehe, was in ihm vorgeht. Wenn wir so lernen, einander zu verstehen, dann erfahren wir unsere innere Verwandtschaft noch mit einem anderen göttlichen Wesen. In dem Maße, wie wir in uns erfahren, wie wir der geistigen Selbsterfahrung und Selbsterweckung fähig sind, entdecken wir die Verwandtschaft mit Michael. In dem Maße, wie wir aufhören, den Mitmenschen nur zu beurteilen und bereit sind, das innerste, intimste Ringen einer anderen Menschenseele mitzuerleben, an dem selbstringenden Geheimnis des anderen Menschenwesens teilzunehmen, entdecken wir unsere Verwandtschaft zu demjenigen Wesen, das wie kein anderes das intimste Ringen eines jeden Menschen kennt und mitmacht. Es ist dasjenige göttliche Wesen, das selber Mensch geworden ist und das Menschliche voll durchgemacht hat – Ohnmacht und Tod. Wir entdecken die Verwandtschaft mit dem Christuswesen!

Diese beiden: das Christuswesen als der Träger des tiefsten Liebesverhältnisses, des tiefsten menschlichen Verständnisses, und der Erzengel als der Träger der hellsten Menschenerweckung und Menschenwachheit, das sind unsere Verwandten. Nicht etwa, weil wir uns ihnen verwandt gemacht haben – das sollen wir gerade noch lernen –, sondern weil sie sich uns verwandt gemacht haben. So wie es eine freie Tat des Menschen ist, so oder so sich und die Welt anzuschauen, so ist es eine freie Tat der Götter gewesen, sich des Menschen anzunehmen und den Kampf gegen das Tier, das den Menschen verdunkeln will, zu führen. Aber nicht dadurch, daß sie das Tier bekämpfen, sondern dadurch, daß sie den Raum einnehmen, den sonst das Tier einnehmen würde. Es gibt in der Apokalypse dieses eigenartige Bild von der Frau, die das Kind gebärt, die im Grunde nichts anderes ist als die Menschenseele; das Bild von dem Drachen, der unter ihren Füßen ist und aufsteigen will, um das Kind zu verschlingen; das Bild von dem Erzengel mit seinen Scharen, der die geistigen Welten säubert, weil er nämlich den Raum einnimmt, den der Drache nicht einnehmen kann. Der Mensch ist aufgerufen, diesen Kampf mitzumachen. Und indem er das tut, wird er selber ein Verwirklicher seines kosmischen Wesens.

Der Erzengel Michael und der Mensch[7]

Der Lauf des Jahres erreicht am 29. September jenen Tag, den die Menschen schon seit alten Zeiten als den Erinnerungstag an den Erzengel Michael eingerichtet haben. Indem wir den Namen »Erzengel Michael« hören, wird unsere Seele von einer eigenartigen Stimmung berührt. Zunächst kann das nur so ausgesprochen werden. Auf der anderen Seite steht dem gegenüber die Tatsache, daß wir nicht einmal gewiß sind, ob es dieses Wesen überhaupt gibt. Es ist also nicht selbstverständlich, die Existenz dieses Wesens vorauszusetzen. Es ist eine Art Aufgabe, dieser merkwürdigen Berührung, die wie ein weckendes Element in unserem Bewußtsein auftritt, zu folgen. Auf der anderen Seite aber stehen die Fragen: Wo ist er denn? Wie finde ich ihn? Wie weiß ich, wer und was er ist?

Erlauben Sie mir, einmal im ganz Menschlichen zu beginnen. Ich möchte das tun in Anlehnung an ein Wort, das ich dem Buche Rudolf Steiners »Die Philosophie der Freiheit« entnehme. Da stehen, nachdem die ganze Frage nach der menschlichen Willensfreiheit entfaltet wurde, die folgenden Worte: »Es ist in dem Wahrnehmungsobjekt Mensch die Möglichkeit gegeben, sich umzubilden, wie im Pflanzenkeim die Möglichkeit liegt, zur ganzen Pflanze zu werden.« Das Wahrnehmungsobjekt Mensch ist das, was wir sehen, einer am anderen, jeder an sich selber. Im nächsten halben Satz ist dieses ganze Wahrnehmungsobjekt Mensch ein Keim. Und dann folgt: »Die Pflanze wird sich umbilden wegen der objektiven, in ihr liegenden Gesetzmäßigkeit; der Mensch bleibt in seinem unvollendeten Zustande, wenn er nicht den Umbildungsstoff in sich selbst aufgreift und sich durch eigene Kraft umbildet. Die Natur macht aus dem Menschen bloß ein Naturwesen; die Gesellschaft ein gesetzmäßig handelndes; ein freies Wesen kann er nur selbst aus sich machen. Die Natur läßt den Menschen in einem gewissen Stadium seiner Entwicklung aus ihren Fesseln los; die Gesellschaft führt diese Entwicklung bis zu einem weiteren Punkte; den letzten Schliff kann nur der Mensch selbst sich geben.« Da ist die Reihenfolge: die Natur, die Gesellschaft, der Mensch selbst!

Was macht diese Natur aus mir? Wie weit bringt sie das Wahrnehmungsobjekt Mensch, so daß ich das Ergebnis des Naturwirkens in bezug auf meine menschliche Erscheinung als etwas Fertiges ansehen muß? Wenn wir so in die Welt hinausschauen und die Naturreiche sehen: das Reich der Mineralien, das Reich der Pflanzen, das Reich der Tiere, schließlich den Menschen, dann sind wir durch die Forschungen der naturwissenschaftlichen Beobachtungen eigentlich davon überzeugt, daß dieses Menschengebilde hervorgegangen ist aus der Natur. Zunächst waren irgendwelche mineralischen Stoffe vorhanden, die haben sich dann aufgebaut zu den Lebewesen, diese Lebewesen haben dann zunächst eine Art Pflanzenstufe durchgemacht, schließlich ist die Tierreihe entstanden in Jahrmillionen-langen Entwicklungsphasen, bis endlich der Mensch erscheint. Er ist doch eigentlich die Krönung der Natur, die Vollendung dessen, was die Naturprozesse durch eine unendliche Entwicklung zustande bringen. Man bemerke, was das bedeutet, wenn man sich dieser naturwissenschaftlich-darwinistischen Weltanschauung hingibt, wenn man das wirklich innerlich glaubt und akzeptiert, daß das so gewesen ist. Kann man da noch sagen, der Mensch ist ein Keim?

Dann fällt der Blick auf die Gesellschaft. Mit ungeheurer Konsequenz wird heute landauf, landab davon gesprochen, daß nicht so sehr die Natur den Menschen bestimmt – natürlich hat er eine gewisse Erbmasse und bringt alle möglichen Eigenschaften mit –, sondern daß jedes Menschenkind von Kindesbeinen an durch die Gesellschaft geprägt wird. Man muß deshalb konsequent daran glauben, daß alles, was der Mensch an Schwierigkeiten hat, in dem

Moment in Ordnung kommt, wenn man die gesellschaftlichen Verhältnisse so einrichtet, daß sie dem Menschen das Beste zur Verfügung stellen. Wir können sagen: wie kann man da noch davon reden, daß der Mensch den letzten Schliff selbst an sich legt, die Gesellschaft tut doch alles! Schauen wir zuerst dahin, wie jedes neugeborene Kind, das durch Zeugung und Vererbung naturgemäß hervorgebracht wird, sich nie aufrichten würde, wenn nicht um dieses Menschenkind herum die Gesellschaft wäre mit aufgerichteten Menschen. Kein Menschenkind würde sprechen können, wenn nicht um es herum Menschen wären, die die menschliche Sprache beherrschen. Und schließlich, kein von der Natur hervorgebrachtes Menschenwesen würde denken lernen, wenn nicht um dieses Menschenwesen herum denkende Menschen vorhanden wären. Die Gesellschaft führt tatsächlich den Menschen über die Natur hinaus. Nicht etwa nur dadurch, daß da besondere gesellschaftliche Verhältnisse vorhanden sind, die dann besondere Formen der menschlichen Entwicklung hervorbringen, sondern schon in der Menschwerdung als solcher geht es nicht ohne die Mitmenschen. Kann man dann noch sagen, das ist nicht fertig? Jetzt kann der Mensch doch sprechen und denken, jetzt kann er sein Menschentum entfalten und Mensch sein auf dieser Erde mit anderen Menschen zusammen. Ist er da noch ein Keim?

Was soll diesen Menschen, der dann wie fertig ist, dazu bewegen, nun den dritten Schritt zu tun, Hand an sich selbst zu legen und zu bemerken, daß dies wunderbar fertige Gebilde doch nur ein Keim ist? Woher soll er die Kraft, um den letzten Schliff sich selbst zu geben, hernehmen, und worin besteht dieser?

Jetzt darf ich die ganze Angelegenheit einmal ein bißchen umgedreht auffassen. Was ist eigentlich in Wahrheit die Natur? Man hat sich heute so sehr daran gewöhnt, diese Natur als etwas Totales und vollkommen Fertiges anzuschauen, und bemerkt gar nicht, welche Stellung der Mensch der Natur gegenüber in Wahrheit hat. Wir haben die Naturreiche vor uns: Mineralien, Pflanzen, Tiere, Menschen. Wir haben die kosmischen Gebilde vor uns: Sterne,

Monde, Sonnen, Planeten, Fixsterngruppen usw. Dieses ganze Universum ist also differenziert ausgearbeitet und bildet in seiner Totalität eine Art Weltall, Allheit, Ganzheit. Kann man dieses Ganze denken ohne den Menschen?

Die Auffassung, die man vor kurzer Zeit noch hatte in Astronomie oder Astrophysik, stellt ein Naturgebilde vor das menschliche Bewußtsein hin, demgegenüber man den Eindruck hat: darin kann es den Menschen geben, es könnte ihn aber auch ebenso gut nicht geben und die Welt wäre ohne ihn komplett. Stimmt das? Nehmen wir die Tatsache ernst, daß, wenn man den Menschen richtig betrachtet, dieser Mensch nicht eine nebensächliche Angelegenheit in diesem Weltall ist, sondern daß der Mensch – so wie das die alte Auffassung ganz richtig erkannt hat – der Mikrokosmos im Makrokosmos ist. Mikrokosmos heißt: In dem Menschenwesen ist von allem, was es da draußen gibt, etwas enthalten. Man muß nur genau genug hinschauen auf dieses interessante, wunderbare Menschenwesen und wird finden, daß etwas von der Sonne in ihm ist, etwas vom Mars, etwas vom Jupiter, etwas vom Tierkreisbild Löwe z. B., etwas auch vom Orion und vom großen Bären usw. Dabei muß man nur die Innenkräfte dieser Erscheinungen betrachten. Von den vielfältigen Gestalten der Tierwelt zum Beispiel trägt der Mensch wie ein Konzentrat eine Gesamtbildung, in der von allen etwas ist, in sich.

In dem Moment, wenn man so anfängt zu schauen und zu empfinden, steht man als Mensch völlig anders dem Weltall gegenüber. Das Bild erscheint: das Weltall hat aus seiner ungeheuer gewaltigen und übermächtigen Fülle ein Wesen hervorgehen lassen, in dem von allem etwas konzentriert ist. Dieses Weltall ist so eingerichtet, daß sein Funktionieren sogar als mathematische Ordnung faßbar ist. Es liegt also diesem ganzen gewaltigen Bau nicht nur die äußerliche Erscheinungsform zu Grunde, sondern ein innerer sinnvoller Zusammenhang, den man gedanklich intelligent fassen kann. Hat nicht der Mensch den eigenartigen Anteil an dieser Tatsache, daß in ihm die Weltenintelligenz, die ausgegossen ist in diesem ganzen Weltall mit seinen wunderbaren Ordnungen und Gesetzmäßigkeiten, als eigene menschliche Intelligenz wieder erscheint? Im Menschen erscheint damit auch das, was das ganze Weltall geistig durchdringt, was den Geistgehalt der Gestalt, den Ideengehalt des Weltalls deutet. Im menschlichen denkenden Bewußtsein ist diese, das ganze Weltall zusammenfassende und durchdringende Kraft Mensch geworden. Der Mensch ist nicht nur dieses grandiose Konzentrat aus dem ganzen Weltall, er ist auch der Träger dessen, was das Weltall geistig durchdringt und zusammenhält, nämlich der Weltgedanken, der Weltideen. Das Wahrnehmungsobjekt Mensch ist ein Keim, in dem etwas lebt, was nur dann herauskommt, wenn dieser Mensch selber Hand an sich legt, wenn er selber das ergreift, was da in ihm steckt und es weiter ausbildet. Indem er diesen letzten Schliff an sich legt, verwirklicht er sich erst tatsächlich als freies Wesen. Das heißt: im Menschen steckt etwas, wo das Weltall weitergeht über das hinaus, was es bisher geworden ist, und bei diesem Menschenbild stellt sich die Frage: Kann man dann noch das Weltall ohne den Menschen denken? Also einerseits diese ungeheure Leistung des Weltalls, den Menschen als wunderbares Destillat aller Weltenkräfte und Möglichkeiten aus sich hervorgehen zu lassen, und auf der anderen Seite ihm die das Weltall durchdringende vernunftmäßig tragende Ordnungskraft in seinem Denken zu übergeben. Ist nicht der Mensch mit seiner Möglichkeit zu denken, zu fühlen und zu wollen, allein jener Ort im Weltall, wo tatsächlich etwas Neues, noch nicht Vorhandenes, keimt und sproßt? Dies ist die radikale Fragestellung bei der Frage nach dem Wesen und nach dem wahren Bild des Menschen. Aber wo ist das? Wie sieht dieser Keim aus? Wie sieht dieser allertiefste, verborgene Menschenwille aus, in dem das darinnen liegt und nicht herauskommt, wenn nicht der Mensch selber Hand daranlegt, damit das Weltall selber sich weiter entwickelt über das hinaus, was es bisher geworden ist? Welch eine Verdunkelung hat unser Menschenbewußtsein in den letzten Jahrhunderten erfahren, um die Verdüsterung der wahren Auffassung des Menschenwesens so zustandezubringen, wie sie heute gelehrt und praktiziert wird!

Das entscheidende Problem heute ist, wie ich das Wahrnehmungsobjekt Mensch in Wirklichkeit anschaue. Nämlich so, daß ich an diesem Wahrnehmungsobjekt nicht hängenbleibe, sondern durch dieses Wahrnehmungsobjekt Mensch hindurchschaue auf das eigentliche Wesen hin. Das heißt aber, daß ich mir jeden Tag bei der ungeheuren Bedrohung meines Menschenbildes in meinem Bewußtsein sagen muß: Was du da siehst und erlebst an dir und deinen Mitmenschen, ist nicht der Mensch, sondern sein Realbild. Paß auf, verwechsle nicht das Bild mit dem Wesen, verwechsle nicht die Erscheinung mit dem eigentlichen Träger dieser Erscheinung!

Bei jeder Menschenbegegnung tritt mir ein Bild entgegen, in dem das verborgene eigentliche Wesen des Menschen lebt als Keim. So miteinander zu leben heißt anzufangen, michaelisch zu denken. Es ist eine Denkfrage. Man kann sich hier nicht von irgendwelchen Überzeugungen tragen lassen; weil Überzeugungen nämlich nichts nützen. Was allein nützt, ist diese Art von willensgetragenem Denken, dieser innere Ruck, dieser innere freie Entschluß: Ich will ab heute den Menschen nicht mehr so sehen, wie ich ihn bisher gesehen habe und wie mich die gesamte Wissenschaft zwingt, ihn zu sehen. Ich will so nicht mehr denken, weil ich in mir eine Kraft fühle, die unsere wahre Menschenwürde erst enthüllen und zustandebringen wird. Der radikale Protest jeder Jugendgeneration scheint mit daher zu kommen, daß die jungen Menschen unbewußt sich immer wieder sagen gegenüber der vorigen und vorvorigen Generation: Ihr habt euch damit abgefunden, das äußere Bild für die Wirklichkeit zu halten. Wir möchten das aber nicht. Etwas ist in uns, das sträubt sich dagegen. Als junger Mensch kann man das schlecht formulieren, aber die Kraft dafür rumort in den Seelentiefen. Es gilt also, zum Keim des Menschenwesens vorzudringen, das verborgene Wesen bei mir und bei anderen zu entdecken und zu erwecken. Hier liegt eine Merkwürdigkeit vor. Wenn man sich einmal dazu entschlossen hat, das michaelische Denken an diesem ersten aller Zipfel zu ergreifen, indem man sich immer wieder sagt: ich will den Menschen nicht so anschauen, daß ich das, was mir erscheint, für die Wirklichkeit halte, sondern es als Bild hinnehmen und verstehen lernen, dann entsteht das tief Seltsame, daß man es auch bewahrheitet findet.

Wir entdecken plötzlich, daß die Erkenntnisse und Überzeugungen, die man sich von irgendeiner Tatsache auferlegen lassen will, das menschliche Geistbewußtsein schwächen, einschläfern und schließlich auslöschen. Diejenigen Erkenntnisse aber, die wir bewußt aus dem Willen heraus erarbeiten und ergreifen, stärken unser Ich und erkraften den menschlichen Geist. Man ist sich eben heute doch nicht darüber im klaren, was wahre Erkenntnis eigentlich heißt, denn in ihr liegt ein verborgener freier Willensentschluß, nach dem dann das Erkannte anerkannt oder nicht anerkannt wird. Wenn ich mir verbiete, dieses Wahrnehmungsbild Mensch für den Menschen zu halten, wenn ich mich dazu selbst herausfordere, durch dieses Erscheinungsbild hindurchzuschauen und das geistige Wesen des Menschen zu suchen, dann trete ich nämlich immer zurück und warte aufmerksam, was sich mir von dem anderen Menschen durch dieses Erscheinungsbild hindurch offenbaren will. Ich fange an, ein ganz anderes persönliches Verhältnis zu dem Mitmenschen zu begründen, wenn ich ihn von vornherein als Geistwesen anschaue und zu mir sprechen lasse. Eine neue Achtung wird geübt und Freiraum für Wesenhaftes entsteht.

Auch das Verhältnis zu mir selber verändert sich, wenn ich mich entschließe, in mir selber das Geistwesen zu suchen. Denn ich habe es eigentlich zunächst nicht offen vor mir liegen. Meine Erscheinungsformen sind doch nur ein Bild von mir, aber wo ist mein wahres Wesen? Warte, bis es spricht! Und es entstehen die wahren stillen Stunden des irdischen Daseins, in denen das menschliche Bewußtsein sich in sich selber erkraften kann und der Mensch allmählich spürt, wie aus den tieferen Schichten des Daseins das sich selber entfaltende, sich selber ergreifende, eigentliche Geistwesen, das eigentliche Ich, erscheint.

Zu diesem ersten freien Entschluß, michaelisch zu denken, bei dem das geistige Wesen für sich wie für andere Mitmenschen, vom kleinsten Kind bis zum kranken, verfallenden Greis immer wieder gesucht wird, kann noch eine weitere Seelenübung versucht werden. Der Mensch kann sich auch dazu entschließen, die übermenschlichen Wesen zu suchen in jenen Bildern, die die Wesenheiten der Engelhierarchien fortwährend in ihn hineinweben. Wir alle tragen in unserem überbewußten Menschenwesen ein Bild des Erzengels Michael. Dieses Bild ist es, das diese merkwürdige Herzbewegung herbeiruft, wenn der Name Michael ertönt. Am Anfang habe ich auf die Tatsache aufmerksam gemacht, daß beim Hören dieses Namens Michael etwas ganz Charakteristisches sich in uns bewegt. Ich möchte sagen, wenn der Name Michael ertönt, strafft sich der Mensch. Wenn der Name Michael ertönt, wird in dem Menschen etwas wacher, als es vorher war. Wenn der Name Michael ertönt, fühlt man sich irgendwie getröstet, weil jeder Mensch heute in seinem überbewußten Seelisch-Geistigen ein Bild des Erzengels Michael langsam herstellt als eines Geistwesens, das nämlich von vorneherein diesen Blick für den Menschen hat. Der Erzengel Michael gibt sich keine Sekunde der Täuschung hin, das Bild für das Wesen zu halten. Sein Blick ist gar nicht auf das Bild gerichtet, sondern ganz auf das Wesen, das in dem Menschen verborgen ist und das darauf wartet, von dem Menschen selber erweckt zu werden und in die wahre Selbstführung mit freien geistigen Entschlüssen überzugehen. Er sieht, daß das im Menschen steckt.

Die Wirksamkeit des Erzengels Michael am Menschen unterscheidet sich ganz radikal von jener anderen Wirksamkeit, die ebenfalls im Menschenwesen zustande kommt. Es ist die Wirksamkeit der Widersachermächte, die den Blick des Menschen auf sein eigenes wahres Wesen verschleiern. Sie sind diejenigen Geistwesen, die ein größtes Interesse daran haben zu verhindern, daß dieser Keim-Mensch zu seinem wahren vollen Menschentum erweckt wird, um sich selbst zu ergreifen und den letzten Schliff an sich zu legen. Davor haben sie Angst, denn in dem Moment wäre ihnen der Mensch verloren. Sie können ihn nur so lange in ihrer Gewalt halten, wie sie ihn über sein wahres Wesen im unklaren zu lassen vermögen. Sie schauen zwar auch so auf den Menschen hin, daß sie genau wissen: da steckt etwas darin. Aber das, was darin steckt, ist ihnen gefährlich. Ob man auf den Schleichwegen eines Darwinismus das herbeiführt, daß man den Menschen im Dunkeln hält über sein wahres Wesen und die Tierabstammung als die volle Realität anschaut, oder ob man auf den Schleichwegen einer marxistischen Gesellschaftsauffassung an den Menschen herankommt und ihn, insofern er dann ein von der Gesellschaft hervorgebrachtes Wesen ist, allein als solches apostrophiert und wieder daran hindert, sein wahres Ichwesen zu finden – es ist ein den Menschen im unklaren Lassen von seiten der Widersachermächte. Man hat noch viele andere Schleichwege zur Verfügung, durch die man den Menschen an dem freien Ergreifen seiner eigenen Geistwesenheit verhindern kann.

Damit schauen wir auf einen Kampf, bei dem es darum geht, ob die von dem Menschen aus freien michaelischen Willensentschlüssen heraus gefaßten und gebildeten Gedanken das eigene verborgene Menschenwesen ergreifen können und dabei das Bild, das die übersinnlichen Wesenheiten in der Menschenseele darinnen entfalten, mit ihm verbinden können oder ob das nicht geschieht. Wer sich die Situation der heutigen Menschheit ansieht, bemerkt, daß alles dahingeht, daß es nicht geschieht.

Um so mehr muß mit voller Schärfe und Deutlichkeit auf diesen Punkt hingewiesen werden. Es geht nämlich nicht darum, ob man, was andere Leute behaupten, glaubt oder nicht, sondern ob man es glauben will oder nicht. Wenn sich Menschen finden, die das nicht glauben wollen, was man ihnen aus darwinistischen oder marxistischen Vorstellungen einredet, dann verläuft der Kampf im Menscheninneren so, daß die menschlichen Gedanken nicht mehr den Widersachermächten zur Verfügung stehen, sondern wiederum von demjenigen Wesen ergriffen werden, das seiner kosmischen

Stellung nach die Gedankenkräfte, jenen grandiosen Sinnzusammenhang des ganzen Kosmos, zentral verwaltet als Erzengel Michael. Deshalb hat er sämtlichen Hierarchien gegenüber eine einzigartige Position. Wenn aus der Hierarchie der Cherubim oder Seraphim ein Wesen eine ganz bestimmte Kraft in das Weltall hereingibt und dann zusammenspielt mit anderen Wesen, die wieder andere Kräfte hereingeben, dann sind das Gemeinsame dieser göttlichen Wesen die durchleuchteten Weltgedanken aus dem Wirken des Erzengels Michael, nach denen sie ihre gemeinsamen Arbeiten ordnen, sich miteinander verständigen und ihre gemeinsamen Werke ausgleichen. An dieser Stelle steht der Erzengel Michael.

Die alte Menschheit hat eigentlich immer schon gefühlt, daß Michael eine Sonderstellung gegenüber allen anderen hierarchischen Wesen hat, auch den allerhöchsten. So allein ist zu verstehen, daß man in alten Zeiten dieses Wesen empfunden hat als das Antlitz des Vater-Gottes, d. h. als das dem menschlichen Bewußtsein zugewandte Gedankenbewußtsein der väterlichen Gotteswelt. Michael war der Träger der von der Gesamtheit der väterlichen Gottheiten ausgehenden Weltgedanken. Wie in einem Brennpunkt konnte er sie zusammenfassen und sie den denken-lernenden Menschen weitergeben. Unsere Vorfahren haben gewußt: Was auch immer wir über die Welt denken, daß wir es denken können, verdanken wir derjenigen Gottheit, die die Gedankenkräfte der Welt menschengemäß verwaltet und die die gewaltigen weltentragenden Weltgedanken so verwandelt, daß sie für den Menschengeist denkbar werden. Michael ist der Fürst der himmlischen Heerscharen. In manchen alten Hymnen heißt es: Höher als die Throne, die Cherubim und die Seraphim. Das ist natürlich nicht ganz genau ausgedrückt. Etwas Wahres aber liegt darin dadurch, daß dieses Wesen, das die Gedankenkräfte der Welt verwaltet, tatsächlich mit allen anderen einen eigenartigen Bewußtseinsbezug hat.

Was geschieht in dem Moment, wenn allmählich die denkende Menschheit sich so weit entwickelt, daß sie die Gedankenkräfte nicht mehr aus der Welt durch die Vermittlung des Erzengels Michael empfängt, sondern sie jetzt in den Menschen übergehen und der Mensch anfängt, selber zu denken, d. h. Herr über seine Gedankenkräfte zu sein? Das haben wir heute. Heute ist der Mensch Herr über seine Gedankenkräfte. Es ist ihm vom Kosmos etwas übergeben worden, und er kann heute mit souveräner menschlicher Kraft zum Beispiel die großartigen physikalischen Weltgesetze denken. Oder auf psychologischem Felde ist das menschliche Denken heute in der Lage, eine Art analytische Psychologie zu betreiben, die in tiefe Ab- und Untergründe der Menschenseele hineindringt und dort Licht hineinbringt und alle möglichen Therapien daraus entwickelt.

Aber nun kann diese großartige Denkfähigkeit, die der Mensch heute hat, wenn er das nicht bemerkt und durchschaut, benützt werden von denjenigen Wesen, die ihm sein Denken so dirigieren und intrigieren wollen, daß er durch dieses beeinflußte Denken den Blick auf sein eigenes wahres Wesen verliert. Er bildet plötzlich Gedanken und entwickelt ein Menschenbild, das reine Illusion ist, das an der Wirklichkeit des Menschenwesens glatt vorübergeführt wird.

Michael schaut auf den Menschen heute nicht mehr wie früher, indem er die Gedanken, die aus der vatergöttlichen Welt hervorgehen, den Menschen vermittelt und übergibt. Er braucht das nicht mehr zu tun, weil der Mensch sie jetzt selber hat. Michael sieht aber jetzt, was dem Menschen fehlt: die Kraft nämlich, aus freien Willensimpulsen heraus diese jetzt restlos zur Verfügung stehenden Gedankenkräfte dazu zu verwenden, sich nicht täuschen zu lassen über sich selber, sondern die volle Wirklichkeit seines Wesens zu erfassen und dadurch seine Menschengedanken den göttlichen Weltgedanken wieder zur Verfügung zu stellen. Der Mensch braucht für diesen Prozeß eine Kraft, die ihm Michael nicht geben kann. Er weiß, daß nicht nur er dieses geheimnisvolle Bild seiner selbst im Menschen herstellt, sondern daß im Menschen auch ein anderes Wesen wirkt, das dem Menschen die Kraft vermittelt, mit innerer freier Entschlußfähigkeit sich dem Geistigen in sich selber und dem Geistigen in seinem Mitmenschen zuzuwenden.

So tritt der Erzengel Michael aus dem Antlitz der väterlichen Gottheit weg und erscheint jetzt als die Gedanken-Leuchte-Bildekraft des Christus selber. Er ist somit das Antlitz Christi. Dadurch vermittelt er diejenigen Gedanken und Weltensinn-Kräfte, die vom Christus ausgehen und die jetzt darin bestehen, daß sie das Menschenherz ergreifen, das Menschengemüt durchdringen und in dem Menschenherzen, dem Menschengemüt zu dem Bewußtseinsimpuls des Geistes den Liebesimpuls der Seele hinzufügen. Der Christusimpuls kommt heute zu uns Menschen durch die Lichtgedanken Michaels: dadurch werden sie uns bewußt. Ich will damit nicht sagen, daß die Liebekräfte, die von dem Christus ausgehen zu den Menschen, nur auf dem Wege über die Gedankenkräfte Michaels zum Menschen kommen. Jedoch nur auf diesem Wege werden sie voll bewußt und frei verfügbar. Damit begegnet uns die Michaelwesenheit, kosmisch gesehen, in einem völlig neuen Zustand. Wir tragen heute zwei Bilder in uns. Einmal das Bild Michaels, d. h. wir fühlen, daß dieses Geisteswesen in uns herein fortwährend das Bild projiziert: Mensch, schau dich selber richtig an, dann weißt du, wer du bist! Gleichzeitig jedoch strömt eine Kraft in unser Gemüt herein, nämlich die Kraft, die von dem Christus ausgeht, und die uns sagt: Du, ich helfe dir, dich selber völlig neu zu ergreifen; denn deine wahre Verwirklichung liegt nicht nur darin, daß du ein geistiges Wesen bist, sondern daß du ein geistig-liebendes Wesen wirst. Das heißt: Entfalte in dir die Kraft, liebend geistig die Welt und dich selber zu verstehen und damit zu verwirklichen.

Eine solche liebende Kraft tragen wir in uns. Im Hintergrund unserer Seelen webt fortwährend das Dasein eines Erzengels herein, der auf uns Menschen mit einem Auge schaut, das nicht in dem Bild hängenbleibt, sondern das Wesen sieht. Ergänzt wird dieses Geschehen von dem Bewußtsein: Ich kann ja überhaupt erst ein wirklich liebender Mensch werden, wenn ich anfange zu spüren, wo und wie und von wem ich selber längst geliebt bin, nämlich von dem Christuswesen. Von Ihm geht ein Strom von Liebe aus, der sich auf jeden einzelnen Menschen richtet. Jeder suchende

Mensch kann zu dem Christuswesen dieses persönliche Verhältnis begründen. Es besteht darin, daß er sich entschließt, sich von dem Christus lieben zu lassen, da dieser das nämlich sowieso tut. Auf der anderen Seite kann er sich dessen bewußt werden. Mit Hilfe derjenigen Kräfte, die das Christuswesen aus seiner Liebe und Gnade heraus dem Menschen fortwährend schenkt, kann der Mensch nun wirklich das beginnen, was etwas völlig Neues aus ihm hervorbringt. Aus diesem Wahrnehmungsobjekt Mensch kann allmählich der wahre Keim, nämlich der im Geiste mit anderen Geistern zusammen lebende, wirkende, liebefähige, individuelle Mensch hervorgehen.

An den Schluß dieser Betrachtung möchte ich eine Michael-Hymne, die die Westgoten in Spanien gesungen haben, setzen. In Übersetzung lautet sie:

»Michael, Hehrer, mächtiger Fürst der Himmel, der du den hohen goldenen Glanz des Königs Christus daherträgst, heilig ist dein Name, o Michael: ›Wer ist wie Gott?‹ Als Genosse der Throne bist du der Grundstein des Himmelszeltes. In der Burg der Kyriotetes stehst du und ragest hoch hervor bei den Dynameis. Unter den Exusiai und Archai erscheinst du als himmlisch strahlendes Licht. Dann im heiligen Chore der Cherubim bist du der Träger des sühnenden Feuers. Und über die Seraphim herrschst du auf deinen heiligen Speer gestützt. Du führst die Wehr der Himmelsscharen rechtmäßig als Ältester an. Und in der Reihe der vierfachen Reihe der Ältesten zeigst du dich strahlend im Zeitenlaufe. Und bist der Priester unter den zweimal zwei Lenkern im vierten Globus. Du weilst neben dem Thron des Schöpfers rechtmäßig hingestellt. Du bist das Antlitz in der neunfach gegliederten Ordnung der Engel. Und in dem edlen Aufbau der tausendfältigen Himmelsschar, immer tönend im Lob der dreifach heiligen Dreifaltigkeit. Du bedeckst ewig der höchsten Gottheit Antlitz und Füße und neigest im Wechsel ihren drei Aspekten dich zu. Du bist Genosse des Uriel, des Gabriel und des Raphael, die da mit je sechs fliegenden Flammen die Gottheit seit den Uranfängen der Welt hell lodernd bedekken. Wahrlich, bleibe auch am Ende der Zeit dem Notwendigen immer verbunden. Als sühnendes Heil des jüdischen Volkes wurdest du vom Himmel gesandt und erfülltest glanzvoll die Prophezeiung des hehren Propheten Daniel: Daß du kämpfen werdest für das gläubige Volk. Als Geschöpf des Schöpfers folgst du in Treue seinem Dienst. Hoch zur Höhe erhoben verläßt du nicht den niederen Himmel, während jener Empörer flüchtig in den Höllenabgrund gestraft wird. Daher trägst du die höchste Tugend und ruhmreich leuchtet deine Stärke. Als Beherrscher der finstern dämonischen Scharen sollst du als Richter walten über den Teufel und seine Engel. Daher bitten wir, hoher Kämpfer und ruhmreicher Sieger, tue an uns, die wir alle erst jetzt durch die Taufe wiedergeboren, was einst du gnädig gewährtest dem alten Mysterium. Wehre du ab die Geschosse und den schädlichen Zorn der Dämonen. Vertreibe Geschwüre, wehre den Seuchen und wende das Unheil! Lege in jegliche Seele Frieden, Heil und glühenden Glauben; denn siehe, nach Ablauf eines Jahres sind wir alle vereinigt, deiner Würde das Hallelujah zu weihen und zu singen.«

Lähmungen im Leben der Gesellschaft und des einzelnen – eine Herausforderung michaelischen Geistes[8]

Woran denken wir, wenn wir von Lähmungen sprechen? Wenn man ein körperliches Gebrechen hat, wenn man alt geworden ist und die Glieder nicht mehr richtig funktionieren, dann hat man davon eine Erfahrung, wenn man im Laufe seines Lebens dieses und jenes probiert und merkt, es geht nicht. Es ist mir oft passiert, daß Menschen mir gesagt haben: »Ich bin faul.« Man muß sich zunächst ja wundern darüber, daß der Mensch den Mut hat, so etwas festzustellen. Ist das nun Ohnmacht oder Schwäche, ein Unvermögen, eine Schicksalshemmung, oder eben die zahllosen Lähmungen in den Menschenverhältnissen, wo man plötzlich vor Tatsachen steht und den Eindruck hat: das geht nicht vor- und nicht rückwärts. Kaum versucht man, etwas daran zu reparieren, dann kommt dieselbe Sache in die nächste Schwierigkeit, und man muß feststellen, daß es irgendwie zunächst unlösbare Probleme sind.

Nun gibt es zu diesen Erfahrungsbildern, die wir haben können im eigenen Leben mit anderen Menschen und auch im Leben der Menschheit, so etwas wie das absolute Gegenbild dazu. Man findet es gleich am Anfang im 11. Kapitel des Matthäus-Evangeliums: »Da aber Johannes im Gefängnis die Werke Christi hörte, sandte er zwei seiner Jünger und ließ ihn fragen: Bist du der, der kommen soll, oder sollen wir einen anderen erwarten? Jesus antwortete und sprach: Geht hin und sagt dem Johannes, was ihr seht und was ihr hört: Die Blinden sehen, die Lahmen gehen, die Aussätzigen werden rein, die Tauben hören, die Toten stehen auf und den Armen wird das Evangelium verkündet, und der ist selig, der sich an meinem Wesen nicht ärgert, der sich an meinem Wesen nicht skandalisiert.« – Also: die Blinden, die Lahmen, die Aussätzigen, die Tauben, die Toten und die Armen, das sind lauter Hemmungen, Lähmungen. Und man kann zu diesen Urphänomenen sogar bis in das körperliche Dasein des Menschen herunter die entsprechenden Bilder finden. Wenn zum Beispiel ein Mensch spinale Kinderlähmung bekommt, dann kommt das dadurch zustande, daß ein bestimmter Virus das Nervensystem des Rückenmarks zerstört, so daß dieser Mensch keine Möglichkeit mehr hat, seine Glieder unmittelbar wahrzunehmen, zu gebrauchen, und er wird lahm. Oder wenn man hinschaut auf eine schwere Arthritis, wo also das Werkzeug der äußeren Bewegung des Menschen, vor allem in den Gelenken, geschädigt wird, so daß das, was der Mensch handhaben muß, ihm nicht mehr vollständig zur Verfügung steht, dann ist das eben eine Lähmung. Oder wenn man daran denkt, wie bei einem bestimmten Pilz, den man aus der Erde in eine Wunde bekommen kann, dann ein merkwürdiger Zustand eintritt, der dadurch zustande kommt, daß die gesamte Muskulatur dieses Menschen überflutet wird von einer Kontraktion, von einem Starrkrampf, man nennt das den Wundstarrkrampf, Tetanus. Da hat man den Eindruck, daß etwas Übermächtiges angeregt wird durch dieses Gift und eine Art vollständige Überwältigung des Organismus vom Seelischen, vom Willen her erfolgt. Oder wenn man auch daran denkt, wie das ist, wenn ein Mensch erschrickt, so tief erschrickt, daß er bewegungslos wird, wie betäubt ist, gewissermaßen sein eigenes Dasein nicht mehr spürt. Es gibt dann schließlich auch die höchste Lahmheit, die darin besteht, daß wir sterben, wo also der ganze Organismus erstarrt. Oder auch die Zustände einer vollständigen Erschöpfung, wo wir einfach nicht mehr in der Lage sind, uns zu bewegen.

Man hat also auf der einen Seite die alltäglichen Lähmungserfahrungen im persönlichen Leben und Mitleben mit den Menschen in den ganzen sozialen und gesellschaftlichen Zusammenhängen. Man hat dann dazu dieses wunderbare Gegenbild im Evangelium.

Man darf die ganze Fragestellung nach den Lähmungen wirklich auf den Menschen beziehen. Das heißt, man braucht eine Menschenkunde, um damit all diesen Lähmungserscheinungen, diesen Schwächezuständen und so weiter, voll ins Auge sehen zu können: wodurch sie entstehen, wo sie entstehen und wie sie entstehen und wie sie überwunden werden können.

Wie vollzieht sich das menschliche Leben? Es sind im wesentlichen bei dem einzelnen Menschen diese drei Grundvorgänge: seine Gedanken, sein Vorstellen; es ist dann das, was wir als Empfindungsleben, als Gefühlsleben, haben; und schließlich unser Wille. Man kann leicht meinen, diese ganze Frage mit den Lähmungen sei rein eine Frage der Willenssphäre in uns. Sieht man aber genauer hin, merkt man, es ist nicht ganz so.

Wir fangen zunächst einmal beim Gedankenleben an, weil es der Teil in uns Menschen ist, der am ehesten durchschaubar wird. Es ist selbstverständlich, daß wir heute alle über eine Denkfähigkeit verfügen, die man den Intellektualismus, das intelligente Denken eines jeden Menschen nennen kann. Wir bringen die Fähigkeit dazu mit, und wir sorgen dafür, daß sie auch entsprechend durch die ganze Erziehung gefördert wird. Wir können nicht sagen, daß nur die Gelehrten an den Universitäten, insbesondere die Naturforscher, über die Fähigkeit, intellektuell zu denken, verfügen. Jedes Kind, das in der Schule lesen, schreiben und rechnen lernt, wird intellektuell erzogen. Diese Fähigkeit, intellektuell zu denken, verhilft uns allen dazu, daß wir Gedanken haben, die ihrer ganzen Natur nach so sind, daß sie die äußere Welt mehr oder weniger rein spiegeln. Am reinsten tun das natürlich die mathematischen Gedanken: zwei mal zwei ist vier. Das ist eine ganz saubere Angelegenheit. Aber auch sonst bemühen sich die Menschen, möglichst mit ihren Gedanken so umzugehen, daß darin Begriffe, Gedankenfolgen, Gesetzmäßigkeiten entwickelt werden, die ganz rein die äußere Welt wiedergeben.

Man soll nicht meinen, daß das von Grund auf verkehrt wäre, sondern das bringt in jede Menschenseele einen wichtigen Zustand herein. Das ist der, daß der Mensch mit seinen intellektuellen Gedanken frei schalten und walten kann. Man beobachte einmal den fünfzehn-, sechzehn-, siebzehnjährigen jugendlichen Menschen, sei es ein Junge oder ein Mädchen. Mit welchem Wohlgefühl, mit welchem Freiheitsgefühl denkt dieser jugendliche Mensch! Das führt dann dazu, daß er gerne diskutiert und dieses freie Gedankenspiel mit einem anderen oder anderen zusammen übt. Nichts macht ihn freier, als wenn es ihm gelingt, in diesem Gedankenspiel so tüchtige Argumente vorzubringen, daß er den andern irgendwo überwindet.

Auf der einen Seite dürfen wir sagen: diese Denkfähigkeit ist eine Enthemmung und nicht eine Lähmung. Indem der Mensch sich daran gewöhnt und lernt, es so selbstverständlich zu benützen, wendet er es natürlich nicht nur auf die Welt an, für die das zutrifft, wo eben etwas fertig ist, über das man denken kann. Er meint wie selbstverständlich, daß diese Art zu denken die einzig richtige und sachgemäße, die einzig exakte und einzig wissenschaftliche ist.

Der Mensch merkt also nicht, wie er plötzlich an diesem selben Punkt, wo er die Freiheit entwickelt, fixiert wird. Er merkt gar nicht, daß hier eine Hemmung aufgebaut wird in dem ganz normalen gegenwärtigen Bewußtsein, die dazu führt, daß wir wie von selber diese Art des Denkens anwenden, zum Beispiel auf das menschliche Innere, und so Psychologie betreiben. Oder man wendet sie instinktiv auf den Umgang mit seinen Mitmenschen an und betreibt dann Beurteilung seiner Mitmenschen. Wer tut das nicht? Oder man benützt sie für die gesellschaftlichen Verhältnisse, dann betreibt man Soziologie. Und so fort.

Der Mensch merkt nicht, daß er das intellektuelle Gedankenleben aus der Welt aufgenommen hat in das menschliche Innere und sich selber an diese ganz bestimmte Art zu denken fesselt und dadurch sich lähmt. Es gilt, dieses Gedankenleben nun selber zu befreien in der Richtung, daß man nicht nur das in der Welt Fertige, das Beurteilbare und Mathematisierbare in diese Gedanken hereinnimmt, sondern diese klaren, sauberen Gedanken, die man sich gebildet hat, immer wieder hinausströmen läßt in die Welt. So kann man beispielsweise dasjenige in einen solchen Gedanken aufnehmen, was da draußen nicht fertig ist, sondern was sich verwandelt, was im Werden begriffen ist.

Man kann das an einfachen Dingen machen: zum Beispiel den ganz sauberen Begriff »Blatt«, »Pflanzenblatt«, der also eine abstrakte Zusammenfassung ist von allem, was ich draußen an Blättern sehen kann, wieder hinausgehen lassen und sehen, wie dieses Blattgebilde in einer wachsenden, blühenden und fruchtenden Pflanze sich verändert. Man nimmt so die realen Vorgänge der Welt in seine Gedanken auf. Was in der Welt draußen geschieht, erfüllt einen Gedanken mit Wirklichkeit: man wächst mit der Pflanze gewissermaßen denkend mit und nimmt einen solchen lebendig gewordenen Begriff wieder in das eigene Innere zurück. Und ich erlebe mit einem Mal, wie dieser Begriff im eigenen menschlichen Inneren Leben bekommt und ich so allmählich das Wesen einer Pflanze erfassen kann. So befreit man den Gedanken aus einer Lähmung, aus einer ganz bestimmten Anwendungsform, und läßt in diesem Gedanken das Wesen der Welt aufleben. Ich bekomme dadurch Anteil an den schöpferischen Kräften, an den realen Weltgedanken, ja an dem wirkenden Wesenslicht in der Welt.

Wenn man das in der Schule nicht gelernt hat, kann man den Versuch machen, in Arbeitszusammenhänge hereinzukommen, wo mir so etwas gezeigt wird, wo ich es lernen kann. Ich werde dabei erleben, daß, wenn ich solche Übungen mit anderen Menschen zusammen machen kann, ich dann auch das gewöhnliche alltägliche Leben viel lebendiger auffasse und zum Beispiel viel bessere Gedanken habe in bezug auf das, was zwischen den Menschen geschieht. Ich kann viel eher begreifen und verstehen, was in einem Menschen neben mir vorgeht. Habe ich an ganz einfachen Naturwesenheiten gelernt, dieses intellektuelle Denken zu beleben, indem ich es zur Verfügung stelle für einen Weltgegenstand, dann das wieder in mich hereinnehme, so daß das Wesen in meinem Bewußtsein aufzuleuchten beginnt, dann wende ich das auch auf meinen sozialen Zusammenhang an und bemerke, wie mir das oftmals Rätselvolle und Widersprüchliche des menschlichen Daseins vollständig anders erscheint als bisher. Das hört sich ja vielleicht wiederum ein bißchen abstrakt an, aber ich glaube, man kann doch ein wenig durchfühlen, wo die eigentlichen entscheidenden Momente liegen. Die Lähmung steckt eben in dem Intellektualistisch-Werden des Denkens, das so die ganze Welt in Abstraktionen fassen will, aber in Wahrheit nur dort hingehört, wo die Welt tot ist, wo sie eine Maschine ist. Aber überall dort, wo schon lebendiges Leben ist, wo Seele und Menschendasein ist, geht das nicht.

Sehr viel schwieriger ist das zweite, die Frage, wie das mit unseren Gefühlen steht. Wir merken zwar die Lähmung im Gedankenleben nicht so schnell; werden wir aber darauf aufmerksam, dann ist alles, was im Gedankenleben sich vollzieht, so durchsichtig und klar, daß man auch langsam die Wiederbelebung und Überwindung der Lähmung lernen kann. Das Gefühlsleben aber hat die Eigenschaft in uns Menschen, daß es nicht ganz wach ist, daß wir es infolgedessen auch nie ganz zur Verfügung haben. Bedenken wir, zwischen welchen Grenzen unser Gefühlsleben eingespannt ist. Auf der einen Seite erleben wir die Welt. Wer würde nicht irgendeine Gefühlsregung haben beim Anblick eines leuchtenden Sternenhimmels oder eines blühenden Sommertages oder einer schönen Landschaft oder eines Kristalls oder eines Schmetterlings? Sofort regt sich dieses merkwürdige Empfinden und Gefühl in uns und verbindet sich mit dem, was wir wahrnehmen. Wir haben dabei seelische Erlebnisse. Ich erlebe etwas, wenn ich in den Ferien eine schöne Landschaft sehe. Aber – ich durchschaue es nicht ganz.

Oder wenn wir an all das denken, was wir aufnehmen durch die Kunst. Wir haben sofort gefühlsmäßige Erlebnisse daran, nicht nur bei der Kunst, die wir gegenwärtig erleben – Musik oder Architektur oder Malerei –, sondern auch, wenn wir uns mit der Kunst der Menschheit aus vergangenen Zeiten beschäftigen. Man gehe nur in ein Museum und betrachte einmal eine griechische Statue oder eine ägyptische Skulptur. Wir erleben irgend etwas von dem, was die Menschen, die das geschaffen haben, vielleicht auch daran erlebt haben. Aber ist das ganz bewußt? Darum ist es so schwer, das zu beschreiben, was da vorgeht.

Denken wir noch an das dritte, wie wir vom Aufwachen bis zum Einschlafen fortwährend die Zustände unseres eigenen Leibes wahrnehmen: ob wir uns wohl, ob wir uns frisch oder müde fühlen. Auch wie das, was wir in der Welt erleben, bis in die Leiblichkeit, bis in Atem und Blut und Stoffwechsel herunter wirkt – auch daran haben wir fortwährend Gefühlserlebnisse. Also die Naturerlebnisse, die Kunsterlebnisse, die Erlebnisse der eigenen Leibeszustände.

Und viertens: die Gefühlserlebnisse, die wir aneinander haben. Ich brauche nur die Worte Sympathie und Antipathie auszusprechen. Was geht alles vor, wenn ich auch nur eine Minute oder fünf Minuten mit einem anderen Menschen zusammen bin und mit ihm spreche und ihn anschaue! Ich kann das nicht ohne Gefühl. Ich habe irgendein Erlebnis dabei.

Wieder muß man sagen: Ich kann vielleicht an den Gefühlserlebnissen dort Lähmungen haben, wo ich irgendwie gehemmt bin in meinem Gefühlsleben. Doch ich komme sehr viel schwerer dazu, mir klarzumachen, daß schon allein in der Dumpfheit und Traumhaftigkeit meines ganzen Gefühlslebens – im Zusammenhang mit der Welt, im Zusammenhang mit Kunstwerken, im Zusammenhang mit dem eigenen Leibe und vor allem im Zusammenhang mit meinen Mitmenschen – irgendwie etwas von Lähmung steckt. Wir können es nie ganz erfassen, wir können es nie ganz durchschauen. Fortwährend spielt da Unbewußtes hinaus und hinein.

Gibt es denn keine Möglichkeit, so, wie das Gedankenleben frei zu machen und zu verwandeln, auch unser Gefühlsleben tatsächlich frei und hell zu machen, so daß es auch einen anderen Charakter bekommt als den dieser halb gelähmten Dumpfheit? Wie kann ich das, was an Liebe und Haß, an Sympathie und Antipathie fortwährend in mir vor sich geht, so ergreifen und verwandeln, daß es aus dem selbstbezogenen, gehemmten Zustand wirklich befreit wird? Daß ich nicht nur fühle, daß ich fühle, sondern daß ich lerne, mit der Welt, mit der menschlichen Gesellschaft, mit dem anderen Menschen wirklich mitzufühlen?

Hier liegt nun im Menschenwesen eine ganz ungeheuerliche Schwierigkeit, weil es beim Gefühlsleben nicht so wie beim Gedankenleben geht, wo wir einen Begriff haben, den wir fassen und durchleuchten können, und dann entweder in der Abstraktion behalten und darin gelähmt bleiben, oder ihn tatsächlich verlebendigen, ja durchgeistigen können. Das Gefühlsleben schwankt immer in der merkwürdigen Polarität von Zuneigung und Abneigung, von Liebe und Haß und so weiter. Gibt es eine Möglichkeit gegenüber der eigenen Sympathie und Antipathie, das eigene Bewußtsein wie herauszulösen aus seiner Gebundenheit an dieses halb traumhafte Gefühlsleben und eine Art Kraft des Gleichmutes ihm gegenüber zu entwickeln? Ich sage mit voller Deutlichkeit »Gleichmut«, nicht »Gleichgültigkeit«! Letzteres würde ja nur dazu führen, daß das Gefühlsleben abgestumpft wird und daß es erst recht in eine Lähmung verfällt, in der es sich gar nicht mehr regen kann.

Ich muß sowohl die Sympathie- wie die Antipathiekraft nicht so sehr daraufhin innerlich abspüren, was sie für mich bedeutet, sondern daraufhin, was ich mit ihrer Hilfe und Vermittlung an dem anderen Menschen wahrnehme. Dadurch komme ich zunächst in eine Art Bewußtseinslage, wo ich ungefähr dasselbe Verhältnis zu gut und böse, zu angenehm und unangenehm, zu sympathisch und antipathisch habe wie der große Künstler, der in seinem Drama den Bösewicht genauso liebt wie den Helden, denn sonst könnte er ihn nicht darstellen. Das heißt: Ich suche eine innere Verfassung zu ergreifen, die mich frei macht aus der Dumpfheit der Gefühlslähmung, so daß ich mit Hilfe der eigenen Freuden und Leiden, der eigenen Sympathie und Antipathie die Taten und Leiden der Welt wahrnehmen lerne. Dadurch mache ich mein subjektives Gefühlsleben zu einem Organ, mit dessen Hilfe ich die Taten und Leiden zum Beispiel der Natur, aber auch die Taten und Leiden meines eigenen Leibes, die Taten und Leiden meiner Mitmenschen, die Taten und Leiden der ganzen Menschheitsgeschichte gewissermaßen erfahre. Nicht nur sage ich: »Wie herrlich leuchtet mir die Natur!«, sondern ich sage: »Wie herrlich leuchtet sie selber in sich!« Ich sage nicht nur: »Wie ekelhaft unsympathisch ist dieser Mensch, der dies oder jenes macht!«, sondern ich sage mir: »Wie ist diese Seite seines Wesens für ihn und in sich?« Damit befreie ich das dumpfe, halb träumerische und auf das eigene Wesen bezogene Gefühlsleben aus seiner Gebundenheit.

In dem Augenblick, wo ich das tue, muß ich im Anblick des anderen Menschen tief Atem holen. Denn jetzt erst fange ich an, nicht den eigenen Lebensrhythmus zu praktizieren, sondern den des anderen und die Farben, Rhythmen, Kräfte, Eigenschaften und Fähigkeiten des anderen Menschen mitzuerleben. Durch die Taten und Leiden, Großartigkeiten und Finsternisse, Schwächen und Vorzüge des anderen hindurch lerne ich sein unberührbar wahres Wesen zu entdecken. Indem ich das tue, werde ich immer wieder erleben, daß ich jetzt im Zusammenhange mit einem anderen Menschen nicht nur den eigenen Rhythmus praktiziere – ob ich nun eben ein Sanguiniker bin und immer ganz schnell operiere, oder ein Melancholiker, der alles in die Tiefe seiner Lebenszustände aufnimmt –, sondern auch ein bißchen ein Wahrnehmungsorgan entwickle, um mit dem anderen etwas schneller oder langsamer mitzuleben, weil er so ist. Ich hole tief Atem und beginne dadurch, den eigenen Atem aus seiner selbstbezogenen rhythmischen Lähmung zu befreien und atme vorübergehend mit dem anderen mit: schneller, langsamer, tiefer, flacher. Damit erfahre ich sein Wesen: daß hinter den Taten und Leiden, den Vorzügen und Finsternissen und vielfältigen Eigenschaften des jeweiligen Mitmenschen doch noch etwas anderes ist als alle diese Angelegenheiten, die ich eben zunächst durch Sympathie und Antipathie wahrnehmen muß. Wir sehen, wie beim Fühlen man auf sich selber angewiesen ist. Entweder versuche ich, meinen eigenen Emotionen gegenüber Gleichmut zu entwickeln, um zum Beispiel zuzusehen, wie ein Haßgefühl in mir aufsteigt. Sehe ich ihm ruhig zu, beruhigt es sich von selber. Oder wie ein Wutanfall über einen Zeitgenossen in mir aufsteigt. Sehe ich ihm mit Gleichmut zu, beruhigt er sich von selber. Auch eine heftige oder vielleicht allzu heftige Zuneigung – wenn ich ihr mit entsprechendem Gleichmut zusehe, beruhigt sie sich von selber.

Noch schwieriger ist es, wenn wir nun auf das dritte Gebiet des menschlichen Seelenlebens hinschauen, nämlich auf unser Willensleben. In ihm stehen wir eigentlich in Aktion und Reaktion. Besonders unangenehm dabei ist, daß das gesamte Willensleben in bezug auf unser Bewußtsein schläft. Wir wissen also von dem, was unser Wille eigentlich ist, gar nichts, sondern wir merken nur, daß er sich regt und sich betätigen will, und kennen den Zustand, wenn ihm Widerstand entgegenkommt. Oder wir beobachten, wenn er sich nicht recht regen kann, bei Schwächen, Lähmungen, Unentschlossenheit, Unfähigkeiten und wir eigentlich dabei auch wieder nicht wissen: warum bin ich so entschlußunfähig? Das hat einen sehr realen Grund. Dieser Grund ist, daß wir bei unserer Verkörperung auf der Erde ein Paket mitbringen, in dem wir unser Schicksal verborgen tragen. Wir ziehen gewissermaßen die Hauptlinien unseres Schicksals wie zusammen und machen daraus so etwas wie ein Paket. Das ist aber unser Wille. Das heißt, wir haben in uns selber unser Karma, unsere Schicksalsverhältnisse.

Nun passiert das eigenartige zweite, daß dem, was da von innen so herauskommen will, fortwährend von außen etwas entgegenkommt, das genau darauf paßt und entweder das, was aus dem Paket herauskommen will, anerkennt, entgegennimmt, akzeptiert – oder zurückweist. Und man hat plötzlich die merkwürdige Frage: Wer macht denn das, daß etwas, das da in mir darinnen ist und aus mir heraus will, um Schicksal zu werden, Widerstand erfährt, und zwar von ganz bestimmten Menschen, nicht nur durch bestimmte Verhältnisse? Mit einem Mal tritt mir der andere entgegen, und ich komme gar nicht auf den Gedanken, mir zu sagen, daß er ja auch ein Schicksalspaket verborgen mit sich trägt. Wenn man sich mit dem einen trifft, kommt alles wunderbar zustande, mit einem anderen gibt es die größten Schwierigkeiten! Ich kann machen, was ich will: es geht nicht. Das ist das Schwierige, daß wir gegenüber unserem Willen fortwährend erfahren müssen: Er ist gewissermaßen von vorneherein gehemmt, auch dort, wo er scheinbar hemmungslos sich betätigt. Er ist von vornherein verschlüsselt, denn er bleibt vollständig im Unbewußten.

Wieder muß man fragen: Kann ich denn da nichts machen? Kann ich da etwas unternehmen, um dieses Dunkle, Unbekannte ein wenig zu durchleuchten und in das Licht der Handhabungsfähigkeit des Bewußtseins heraufzuholen? Wir kommen erst auf die Idee, das Entsprechende zu unternehmen, wenn wir wirklich verstehen lernen, daß unser gesamter Wille, dieses verborgene Etwas in uns, das immer nur in seinen Effekten zum Bewußtsein kommt, in Wahrheit unser Schicksal selber ist. Der umfassendste Wille des Menschen ist sein Schicksalswille, das heißt sein Wille, aus einer geistigen Welt heraus sich auf Erden zu verkörpern, um dann das auszuleben und weiterzuführen, weshalb er heruntergekommen ist. An diesem Punkt gilt es, um weiterzukommen, den heroischen Entschluß zu fassen, dieses total Unbekannte restlos zu bejahen.

Genauso wie wir dem Gefühlsleben gegenüber eine gewisse beobachtende Souveränität entfalten können, – das heißt, das Bewußtsein frei zu machen von seiner lähmenden Gebundenheit an das Gefühlsleben –, so ist gegenüber dem Willensleben, seiner entsprechenden Urqualität nach, *eine Tat* zu vollziehen. Da genügt nicht mehr eine Haltung, da muß im Menschen ein *actus purus* erfolgen, das heißt: Der Mensch muß eines Tages in sich den heroischen Entschluß fassen, zu dem, was er nicht weiß, »Ja« zu sagen!

Woher soll man den Mut dazu bekommen? Denken wir doch daran, daß diese Bejahung einmal schon stattgefunden hat, bevor wir auf die Erde gekommen sind. Aber das Bewußtsein, mit dem ich es damals vor der Inkarnation getan habe, war ein anderes als ich jetzt der Sache gegenüber habe. Damals war es ja noch offenbar. Ich habe noch geschaut, warum ich komme und warum ich das will, was mir da unten auf der Erde passiert. Jetzt weiß ich es nicht mehr; ich darf es auch gar nicht wissen, sonst würde nämlich der actus purus nicht ein Akt der Freiheit sein.

Zu empfinden: ich kann genauso gut »Nein!« sagen zu meinem Schicksal, wie ich »Ja!« dazu sagen kann, dieses Grundgefühl der Freiheit enthemmt. Dieses »Ja« zu der in unserem Willen tief verborgenen Schicksalssubstanz, man kann auch sagen, zu der Karmasubstanz, dieses »Ja« befreit. Es versetzt mich in die Lage, etwas von dem Allerwichtigsten tagtäglich zu versuchen: nämlich herauszubekommen, ob das, was mir begegnet als Schicksal durch andere Menschen, durch den anderen bewirkt wird oder, ob in dem, was der andere tut, mein eigener Schicksalswille darinsteckt. Das ist etwas, was nicht so einfach zu denken ist, daß man sich vorstellen soll: da kommt mir ein Mensch entgegen, und in dem soll nun mein Wille stecken. Das ist eigentlich sehr merkwürdig. Also nicht nur dessen Wille soll in ihm sein, sondern auch mein eigener! Was er mir antut, kann nicht nur er wollen, sondern auch ich. Es ist oft sehr schwierig, das auseinander zu halten. Doch man kann es lernen, wenn man zuerst die vollständig freie Schicksalsbejahung vollbracht hat.

So wird das Leben gewollt. Und von diesem Moment an habe ich die Möglichkeit, auch das, was mir so vorkommt, als könne ich das nie wollen, doch als von mir selbst gewollt erleben zu können, obwohl es ein anderer Mensch an mir tut. Das ist nicht so leicht. Es bedarf wiederum einer ganz entfalteten inneren Freiheit, eines Freiheitsbewußtseins, um nun bei den Begegnungen mit anderen Menschen zu sehen: Das ist der andere – aber das jetzt Wirksame in ihm bin ich!

Dadurch befreie ich wirklich die Grundlage dessen, was im tiefsten Sinne das eigentlich Soziale ist. Denn ich fühle mich jetzt mit dem anderen Menschen nicht einfach dadurch verbunden, daß ich mitfühle und vielleicht die gleichen sozialen Interessen habe, sondern er gehört zu mir, und ich gehöre zu ihm. Indem ich das tue, nehme ich nicht nur die Taten und Leiden des Mitmenschen wahr, sondern ich bin damit einverstanden, jetzt auch sein Wesen in mir und an mir mitwirken zu lassen.

Das möchte ich an einem dramatischen Beispiel klarmachen. Wie oft geschieht es, daß man als älter werdender Mensch an die Missetaten, die vielleicht vom eigenen Vater an einem verübt wurden, denkt. Nun kann man sich damit abfinden, indem man sich einfach sagt, daß man ihn ja selbst ausgesucht hat. Aber was viel schwerer ist: ich kann mich auch zu unterscheiden bemühen, was an dem, was mir der Vater im Laufe meiner Kindheit und Jugend angetan hat, wirklich nur von ihm kommt, oder was ich selbst so gewollt habe, weil ich es für meine Entwicklung brauchte. Wenn ich anfange, langsam zu begreifen: daß mein Vater so cholerisch war, ist nicht nur seine Sache, sonst wären gewisse Schwierigkeiten und Herausforderungen in meinem Leben nicht passiert. Ich komme dadurch zu einer ganz realistischen Haltung in bezug auf die Befreiung dessen, was in mir vielleicht am tiefsten gehemmt sein kann, nämlich die Befreiung meines Lebens- und Schicksalswillens, und die Wesenheit meines Vaters fängt an, in mir so aufzublühen, daß ich gegenüber dem, was von ihm ausgegangen ist, Vergebung entwickeln und gegenüber dem, was von mir ausgegangen ist durch ihn, die vollständige Bejahung entwickeln kann. Was für den eigenen Vater, für die eigene Mutter, für die eigenen Geschwister gilt, es gilt für jeden Menschen, mit dem ich es zu tun habe. Man muß nur ein bißchen den Mut haben, die Dinge ex fundamento zu betrachten. Das Denken: indem wir das Licht der wirklich waltenden Welt in uns aufnehmen und aufleben lassen, befreien wir unser Denken zum Geist. Das Fühlen: Wir lernen, unser Gefühlsleben zum Wahrnehmungsorgan zu entwickeln für das Wesen des anderen, wir befreien unser Fühlen aus der Subjektivität. Das dritte: Wir lernen, unseren Willen als nicht nur zu uns selber gehörend, in uns selber steckend zu empfinden, sondern auch in unseren Mitmenschen uns begegnend; wir befreien unseren verborgenen, dunklen, schlafenden Willen zum Schicksalswillen.

Nun gibt es noch ein viertes. Wer lebt denn in all dem, was als Denken, Fühlen und Wollen dargestellt wurde? Wer tut das in Wirklichkeit? Das bin ich. Wie steht es damit? Ist dieses Ich schon ganz frei, oder stecken auch in unserem Ich-Dasein bestimmte Lähmungen, die zu den Gedanken-, Gefühls- und Willenshemmungen hinzukommen? Die Lähmungen, von denen ich am Anfang gesprochen habe als Schwächezuständen und dergleichen, sind die äußeren Symptome für die eigentlichen Lähmungsvorgänge im Menscheninneren.

Es gibt kein größeres Problem als das Ich-Problem. Das ist zunächst einmal verborgen in der goldenen Naivität, mit der wir von Kindesbeinen an mit unserem eigenen Ich umgehen. Es ist eine goldene Naivität, wenn der kleine Bub oder das kleine Mädchen etwa zwei-, dreijährig zum ersten Mal anfängt, zu sich »Ich« zu sagen. Wenn der heranwachsende Mensch bis zum 14. oder 21. Lebensjahr »Ich« sagt, bleibt es doch immer bei einem Ich-Gefühl. In dem Moment aber, wo ich anfange, aus diesem ganz naiven, natürlichen Ich-Gefühl eines jeden Menschen langsam herauszukommen, komme ich in die Ich-Problematik hinein. Das kann bei manchen Menschen sehr früh anfangen, bei anderen sehr spät.

Es ist zunächst dieser Vorgang, daß ich aus dem Ich-Gefühl ein Ich-Bewußtsein zu entwickeln versuche. Ich meine jetzt nicht das Selbstbewußtsein, sondern das Ich-Bewußtsein. Ich nehme dann meinen Gedanken, meinen Gefühlen, meinem Willensleben und damit natürlich meinem ganzen Leibesleben gegenüber eine gewisse Distanz ein, und löse mich mehr oder weniger los von den Hüllen, in denen ich gefühlsmäßig gelebt habe. Wenn ich das tue, muß etwas von dem Natürlichen, Frischen, das wir zum Beispiel beim kleinen Kind noch in voller Deutlichkeit sehen, wenn es »ich« sagt, absterben. Jetzt meint der Mensch, er hätte in dem Moment, wo er sich mit seinem Ich-Bewußtsein absetzt von seiner Hüllennatur, wo er also eine innere Befreiung vollzieht, das in Wirklichkeit ergriffen, was er meint, wenn er »ich« sagt. Stimmt das? Das würde stimmen, wenn unser Ich ein Wesen wäre, welches aus Gedanken bestehen würde. Das trifft aber nicht zu. Es wäre auch noch so, wenn unser Ich ein Wesen wäre, das aus Gefühlen bestehen würde; das trifft aber auch nicht zu. Wir können zwar unser Ich denken, wir können auch unser Ich fühlen, aber unser wesenhaftes Ich, das eine vollgültige Wirklichkeit in der Welt ist, ist eben weder Gedanke noch Gefühl, sondern das ist gerade Wille. Dasselbe, was ich vorhin von der einen Seite beschrieben habe als das Paket an Schicksalskräften, das wir aus dem Vorgeburtlichen auf die Erde mit herunterbringen, das ist von der anderen Seite her gesehen dasselbe: das Wesen meines Ich wirkt in dem dunklen verborgenen Innersten, aber nicht in meinem Bewußtsein.

Auf dieses Geheimnis hingewiesen zu haben, ist eine der bedeutendsten Taten Rudolf Steiners. Er macht uns nämlich darauf aufmerksam, daß wir unser wirkliches Ich in unserem gewöhnlichen, irdischen Bewußtsein niemals darin haben, sondern immer nur seine Wirkungen, seine Spiegelungen und sein Erleben im Gefühl. Er hat die schwerwiegende Frage aufgeworfen: Warum ist das so? Und die Antwort ist: Würden wir Menschen hier auf der Erde unser wahres Ich wesenhaft in unserem Bewußtsein tragen, dann wäre unser Bewußtsein damit erfüllt, und wir wären völlig außerstande, das Ich eines anderen Menschen überhaupt wahrzunehmen. Wir würden uns gegenseitig wie Schatten erleben, durch die man eigentlich hindurchgehen kann. Denn nicht, daß da vor mir ein physischer Leib sitzt, aus Haut und Knochen und Fleisch und Blut, macht mir den anderen Menschen undurchdringlich, sondern daß ich die Wahrnehmung habe, da kommt mir ein Ich entgegen. Ich würde das aber nicht können, ich würde den anderen Menschen nicht als Wesenhaftes erleben können, wenn ich mein eigenes Ich als Wirklichkeit in meinem Bewußtsein darinnen hätte: das würde nämlich die Wahrnehmung des anderen auslöschen.

Wie nehme ich in Wirklichkeit das Ich eines anderen Menschen überhaupt wahr? Ich nehme das dadurch wahr, daß, während mir ein Mensch gegenübersteht, ich für einen Moment mit meinem Willen in seinen Willen hineinschlafe und dadurch mich mit ihm wesenhaft verbinde. Im nächsten Moment aber erschrecke ich, daß ich mich an das andere Ich verliere, ziehe mich sofort zurück und werde wach, doch jetzt nicht in meinem Ich – denn mein Ich war mit dem anderen schlafend verbunden für einen Moment –, sondern in meinem Ich-Bewußtsein, in meinem Ich-Gefühl. Solange ich einem anderen Menschen gegenüberstehe, schlafe ich fortwährend in ihn hinein. Dann bin ich mit ihm verbunden, nehme ihn wahr. Dann wache ich in ihm auf und habe einen Reflex von der Wahrnehmung, jetzt bin ich beim Ich des anderen, aber nicht bei meinem wahren eigenen Ich; sonst würde ich nämlich den anderen als Ich nicht wahrnehmen können. Denn ein Ich ist eine Willenswesenheit geistiger Natur.

Indem wir schlafend in den anderen Menschen untertauchen, sind wir jetzt – sozial. Im nächsten Moment ziehen wir uns wieder heraus, kommen wach zu uns selbst und sind – antisozial! Das heißt, wir behaupten uns selbst gegen den anderen und können gar nicht anders, dürfen gar nicht anders! Sonst würden wir niemals an uns selber anknüpfen können. Das ursoziale Phänomen ist ein Schlafprozeß, der darin besteht, daß das eigene Ich-Wesen sich hingibt, schlafend, an das andere reale Willenswesen, um im nächsten Moment wieder zu sich selber zu erwachen und in sich selber das eigene Bewußtsein, aber nicht das eigene Sein zu haben. Wann wird die Menschheit bereit sein, dies wahrnehmen zu wollen? Daraus können wir verstehen, warum wir Menschen hier auf der Erde unser wahres Ich-Wesen niemals ganz bei uns haben und gar nicht haben dürfen, daß wir aber in dem Moment, wo wir das andere Wesen schlafend aufgenommen haben, die Wirkung dieses anderen Wesens im eigenen Wesen erleben. Bis in die tiefste Tiefe der menschlichen Existenz hinein muß man schauen, wenn man das Mysterium des Sozialen erfassen will.

Um das Mysterium des Antisozialen zu erfassen, gilt es genauso tief hineinzuschauen, denn das Soziale und das Antisoziale gehören im Menschen zusammen. Deshalb soll man niemals vom Menschen die absolute Sozialität erwarten. Solange man diese Forderung aufstellt, verhindert man den wahren sozialen Vorgang, weil man nämlich dem Menschen den Ausblick auf die volle Wirklichkeit verbirgt.

Damit kommen wir jetzt erst zum Verständnis der Lähmung. Die Lähmung besteht nicht darin, daß ich in den anderen hineinschlafe und dann zu mir wieder erwache, daß ich da ganz sozial hingegeben bin an das andere Ich-Wesen mit meinem eigenen Willen und dann wieder mich selbst behaupte dem gegenüber, sondern sie besteht darin, daß ich fortwährend, um mein Ich gesteigert zu behaupten, anfange, den anderen Menschen zu beurteilen. Nicht mit unseren Gedanken urteilen wir. Das meint man nur, da wir mit ihrer Hilfe logisch schließen; aber ob man diesem logischen Schluß innerlich zustimmt oder nicht, das macht das Ich. Und darum ist in jedem Urteil, das ich über meinen Mitmenschen bilde, mein Ich darinnen. Wenn ich aber diese Urteilsbildung so vollziehe, daß ich in mein Bewußtsein nichts von dem hineinkommen lasse, was ich vorhin schlafend wahrgenommen habe, sondern nur meine Selbstbehauptung, dann kommt ein intellektuelles Urteil über den anderen Menschen zustande. Unsere intellektuellen Urteile über unsere Mitmenschen haben immer kleinkarierten Charakter. Sie haben immer die Tendenz der Verkleinerung. Wir merken aber nicht, daß wir ja dieses analytische Urteil über den anderen Menschen gar nicht vollziehen könnten, wenn wir nicht unsere Selbstbehauptung, unseren antisozialen Akt steigern würden, um das eigene Selbstgefühl zu verstärken. Dieses Bestreben der Selbstbehauptung nennt man schlicht und einfach Egoismus. Darum ist die Wirkung des intellektuellen Urteils über den anderen Menschen immer eine Kränkung seiner Würde, auch wenn es stimmen kann. Warum stimmt es? Es stimmt darum, weil ich nur das beurteile, was in ihm geworden und fertig ist, was ihn eben zu dem macht, daß er so ist, wie er ist. Das kann ich beurteilen. Kann ich aber beurteilen, was in ihm sein wahres schöpferisches freies Wesen ist, das heute so, morgen so und übermorgen ganz anders in Erscheinung treten kann? Das kann ich nicht beurteilen. Das heißt, ich wende mich mit meinem kleinkarierten, analysierenden und vielleicht ganz richtig stimmenden Urteil über den anderen Menschen an das in ihm, was das Gewordene, das Fertige ist, und komme nicht an sein Wesen heran. Das heißt aber, ich kränke ihn.

Nicht nur dies. Indem ich nun mein eigenes Selbstgefühl steigere – zum Beispiel in Eitelkeit oder Ehrgeiz oder Eifersucht oder Neid, was also aus der emotionalen Sphäre heraus sich hineinmischt in mein Urteil über einen anderen Menschen –, webe ich Todeskräfte in die sozialen Verhältnisse. Es ist nichts leichter, als den anderen Menschen schlecht zu machen. Ich merke aber nicht dabei, daß diese Ich-Schädigung des anderen im Grunde genommen fortwährend auf mich zurückschlägt. Sie hindert mich daran, aus dem Schein-Ich, aus dem Reflex-Ich, das ich in meinem gewöhnlichen Bewußtsein habe, zu meinem wahren tieferen Wesen zu kommen. Bedenken wir, was das heißt: Ich hindere mich selber, zu mir zu kommen, wenn ich über meine Mitmenschen falsche Urteile bilde; das Gegenteil von dem, was ich damit gerade will! Denn mit einem Urteil versuche ich gerade, mich selber zu bewahren und zu behaupten. Ich erreiche, daß ich mich verliere! Wenn das keine Hemmung ist! Das ist die existentielle Hemmung des Menschen, und er bewirkt sie selber durch die Art, wie er mit dem anderen Menschen umgeht in seinem Inneren.

Der Mensch kann sich davon nicht selber befreien, und das ist das Tragische an der Sache. Beim Denken, Fühlen und Wollen konnten wir noch gewissermaßen sehen: Ich kann mich da irgendwie in eine Verwandlung hereinbringen, indem ich mich in der richtigen Weise davon distanziere und mich dann frei halte. Zu meinem wahren Wesen und zu dem meines Mitmenschen kann ich selber kein anderes Verhältnis bewirken als dies, was ich eben beschrieben habe. Diese Situation ändert sich überhaupt nur dann, wenn ich bemerke, daß es außer seinem Ich und meinem Ich noch ein anderes Ich gibt, und zwar dasjenige Ich, das in seinem Ich und in meinem Ich verborgen, jetzt kann man vielleicht sagen – schlummert, man kann auch sagen verborgen lebt und webt und wirkt. Dieses verborgene Ich sowohl in ihm wie in mir selber kann das heraufholen, was sein Ich und mein Ich in Wahrheit ist, nämlich der Wille, der wahrhaft Liebe ist. Ich kann nur dann diese peinliche Hemmung, der wir alle unterliegen, solange wir unsere Mitmenschen entsprechend behandeln, und das tun wir in unserer Gewohnheit, ich kann nur dann dies überwinden, wenn ich jetzt nicht mein eigenes Ich meinem Denken, Fühlen und Wollen gegenüberstelle, sondern in meinem eigenen Ich »Das Ich« gegenüberstelle, das selber Ich ist und eben dasjenige Ich, das von Ich zu Ich durch mich so wirkt, daß es nicht nur bejaht, sondern liebt. Dann erst kommen wir zu dem, daß wir die tiefste Hemmung des sozialen Lebens, nämlich das wahrhaft Antisoziale, das aus der Ich-Steigerung des gewöhnlichen Menschen gegenüber dem Ich des anderen Menschen zustande kommt, überwinden. Sie ist ohne Christus nicht zu beseitigen. Die Menschen können uns hundertmal den Vorwurf machen: »Ihr redet immer von Christus; können wir denn nicht ohne ihn?« Natürlich können wir, aber was dabei herauskommt, bekommt man erst heraus, wenn man hineinschaut in diese Untergründe des Menschseins und sieht, was sich dort eigentlich verborgen zwischen den Menschen vollzieht. Rudolf Steiner hat es das »soziale Atom« genannt, also dort, wo von Ich zu Ich das Soziale und das Antisoziale in Wechselwirkung miteinander kommen und wo tatsächlich das, was in Wahrheit ichhaft im Menschen ist, nur dann zu einer vollen Wirklichkeit wird, wenn eben dieses Menschen-Ich eine Verbindung bekommt mit dem Christus, das heißt mit dem Träger der wahren Ich-Natur. In diesem Moment würden die sozialen Verhältnisse, die im Grunde immer Kommunikationsverhältnisse sind, anders.

Ich möchte von den Gebieten, die mit den sozialen Kommunikationsverhältnissen zusammenhängen, jetzt ein einziges herausgreifen, was aber mit dem, was ich jetzt dargestellt habe, auf das innigste zusammenhängt und eine Basis bilden würde für die Sozialität, für die Überwindung der sozialen Hemmungen. Man meint immer, das soziale Leben hat diese drei Seiten: das Geistesleben, das Rechtsleben und schließlich das Wirtschaftsleben. Man übersieht aber allzu leicht, daß *vor* diesen dreien, die ja das Grundgerüst des sozialen Organismus sind, noch ein sozialer Prozeß abläuft, der nicht im Austausch von Gedanken, auch nicht im Austausch von Rechtsempfindungen, auch nicht im Austausch von Lebensgütern besteht, sondern im Austausch von Informationen. Vor den drei Grundprozessen des sozialen Lebens steht das Ursoziale oder das Vorsoziale: der Austausch von Informationen. Zwei Hauptthemen spielen im Menschenleben jeden Tag eine große Rolle: das eine Hauptthema ist das Wetter, das zweite Hauptthema ist der Mitmensch. Wir beurteilen uns nicht nur gegenseitig, sondern reden auch übereinander und tragen Informationen über den einen zum anderen und empfangen selber fortwährend Informationen. Wie gehen wir damit um?

Ich höre, daß der das und das gesagt haben soll. Ich habe noch nicht die Empfindlichkeit entwickelt, von vorneherein zu sagen: ich glaube es nicht! Ich habe diese Empfindlichkeit noch nicht entwickelt, weil ich nämlich nicht geprüft habe, ob das, was mir gesagt wurde und was ich dann weitersage, auch wirklich stimmt, aber nicht nur daraufhin geprüft habe, ob es eine Tatsache ist, die ich da empfange und weitergebe – und das ist ja ein sozialer Vorgang –, sondern auch geprüft habe, mit welchen inneren Motiven ich das entgegennehme, was von dem über den anderen an mich gesagt wird. Ich rühre damit an etwas, was auch heutzutage so ziemlich im Halbschlafzustand vor sich geht, nämlich an die Art und Weise, wie wir übereinander berichten, wie die Information läuft, die von Mensch zu Mensch geht, wie der eine über den andern zu dem dritten spricht oder nicht. Fange ich aber an zu prüfen, ob das, was ich erfahre, auch den Tatsachen entspricht, muß ich in den meisten Fällen sagen: es stimmt entweder gar nicht, oder nur zum Teil. Wer kennt nicht dieses, daß einem von einem dritten gesagt wird, daß man das und das gesagt haben soll, und man erkennt sich überhaupt nicht wieder in dem, was da gesagt wird!

Aber auch das andere, daß man anfängt, ein bißchen zu prüfen: mit welchen inneren Intentionen höre ich das, was von dem gesagt wird? Wenn zum Beispiel etwas sehr Gutes gesagt wird über ihn, höre ich das gern oder nicht sehr gern? Oder wenn etwas Schlechtes über ihn gesagt wird, höre ich das gern oder nicht gern? Es ist ja beides möglich. Wie sind also die inneren Empfindungsvoraussetzungen, mit denen ich die Nachricht empfange, bei mir? Man wird bei einiger Selbstprüfung bemerken, daß man als normaler natürlicher Mensch das so macht. Man wird aber bei genauer Selbstprüfung bemerken, daß, wenn man es mit der Wahrheit nicht genau nimmt, man eigentlich immer ein klein wenig etwas von seiner aufrichtigen, freien Menschenwürde verliert, und daß es in einem so wirkt, daß man eigentlich innerlich ein bißchen wie gebeugt herumgeht, auch wenn man äußerlich noch so steif dasteht. Nicht nur dies, sondern man hat auch gewissermaßen wie in sich selber eine Art Ablagerung von Nicht-ganz-Wahrheit, eine Art Sklerotisierung, eine Art Lähmung, die dadurch entsteht, daß man im eigenen Bewußtsein Nicht-ganz-Wahrheiten abgelagert hat. Man wird bemerken, daß das eine sehr unangenehme Folge hat.

Es hat nämlich die Folge, daß man zum Beispiel nicht mehr richtig beten kann, oder daß man beim Meditieren, beim geistigen Üben, beim geistigen Arbeiten, frühzeitig erlahmt. Man ahnt zunächst gar nicht, was das für ein merkwürdiger Zusammenhang ist zwischen diesen rein sozialen Vorgängen der austauschenden Nachrichten der Menschen übereinander; überlegen wir doch, wie heute Journalisten über andere Menschen berichten. Ich meine, das sind extreme Zustände. Aber im normalen Menschenwesen ist das ebenso, mehr oder weniger. Man ahnt gar nicht, was das für eine Bedeutung für die allerintimste eigene menschliche geistige Existenz hat! Wir wundern uns, daß wir nicht mehr richtig beten können, wir wundern uns, daß wir mit der Meditation nicht mehr zurechtkommen, und merken überhaupt nicht, woran das eigentlich liegt; man meint, man wäre da gelähmt. Was einen da aber lähmt, das sind die Nicht-ganz-Wahrheitsablagerungen in der eigenen Seele, das ist alles das, was man eben nicht ganz durchgeführt hat, indem man nach den Tatsachen gefragt hat: Wie war das wirklich?

Tut man aber das Umgekehrte, fängt man langsam an zu bemerken, wie dieser innere Zusammenhang ist, dann merkt man: Ja, ich muß vielleicht diese innere Ehrlichkeit, diese Wahrhaftigkeit vor mir selbst und vor meinen Mitmenschen üben. Ich brauche sie ja nicht immer auszusprechen, sie muß aber in meinem Bewußtsein vorhanden sein. Dann bekomme ich eine Kraft, wenn ich zum Beispiel den Mut habe, im Gebet wahrhaftig zu sein, das heißt, der göttlichen Welt mich so zu präsentieren, wie ich bin, statt vielleicht den Versuch zu machen, irgend etwas von dem, wie ich bin, zu verbergen. Und bei der Meditation nicht etwas von dem, was in mir lebt, in die Inhalte hineinzumischen, mit denen ich mich zu beschäftigen habe, sondern sie ganz rein als solche aufzufassen und zu behandeln. Das Nicht-ganz-Wahrhaftige, das Nicht-ganz-innerlich-Ehrliche unserer inneren Verhältnisse zu unseren Mitmenschen bewirkt eine Lähmung in unserem innersten geistigen Sein, nämlich in unserem Verhältnis zur geistigen Welt selber.

So können wir versuchen, eine Menschenkunde zu betreiben, mit der wir genau sehen, wie in dem Menschen gewisse Schwächen veranlagt sind, wie die Schwierigkeiten im Gedankenleben sind, wie sie im Gefühlsleben sind, wie sie im Willensleben sind, wo die Ansätze liegen, das zu bewältigen und zu überwinden, wie aber vor allem in der Ich-Sphäre, also in der Sphäre von Ich und Du, das eigentliche gesellschaftliche Problem liegt, sowohl in bezug auf die Art, wie Mensch mit Menschen urteilend umgeht, wie auch in bezug auf die Art, wie Mensch mit Menschen kommunizierend umgeht.

Was ist das Wesen des michaelischen Geistes?

Das Geheimnis der Lebenskräfte der Erde und ihr Zusammenhang mit der Wiederkunft Christi

Das Wesen des michaelischen Geistes ist einmal die Bewußtseinswachheit. Diese Bewußtseinswachheit erarbeiten wir, wenn wir unser Gedankenleben enthemmen zum Geistigen. Die zweite michaelische Grundkraft ist Seelengleichgewicht, das Mysterium der Waage. Dieses Seelengleichgewicht erarbeiten wir, wenn wir mit unseren Empfindungen, mit unseren Gefühlen, richtig umgehen.

Das dritte michaelische Grundprinzip, das ist die Selbstlosigkeit, die aber nicht darin besteht, daß das eigene Selbst ausgelöscht wird, sondern das eigene Selbst zum Anreger des anderen Selbst wird. Die vierte michaelische Eigenschaft ist, daß nicht nur hingeblickt wird auf das fertig Gewordene, sondern immer neu hingeblickt wird auf das Zukünftige, auf das Werdende, auf das aus der Freiheit sich Entfaltende.

Lassen Sie mich zusammenfassen. Das erste ist, zunächst einmal solches überhaupt zu denken und zu sehen: wie das alles eigentlich ist. Zum zweiten, dann anzufangen, diese Gedanken auch mit anderen Menschen auszutauschen und dadurch in dem Licht der Erkenntnis der Menschen untereinander erst ein Stückchen weiterzukommen. Zum dritten diese eigentlichen Menschengeheimnisse in sich reifen lassen, bis allmählich aus diesem neuen Empfinden heraus der Wille keimt, es auch zu tun. Nur aus Einsicht kann Gutes kommen. Wenn etwas urmichaelisch ist, dann ist es dieses. Was aus Einsicht und aus Verständnis geschieht, führt in die Zukunft. Aus solchem Erkennen fühlen wir uns fortwährend aufgefordert: Laßt uns von den Dingen sprechen, laßt uns miteinander diese Dinge austauschen, laßt uns miteinander diese Dinge anschauen und das Geheimnis des Menschenwesens enträtseln, dann werden wir nämlich miteinander und jeder für sich Freude daran entwickeln, es auch zu lernen und schließlich zu versuchen. Und dann wird wahr: Die Blinden werden sehend, die Lahmen fangen an zu gehen, die Aussätzigen werden gereinigt, die Tauben hören, die Toten werden auferweckt, und den Armen wird das Evangelium vom Menschen verkündigt. Und der ist erfreut und erfrischt, der nicht unmutig wird an dem, was von dem Ich-Wesen für die Menschen ausgeht.

Das Geheimnis der Lebenskräfte der Erde und ihr Zusammenhang mit der Wiederkunft Christi[9]

Zu Beginn wollen wir versuchen, uns annäherungsweise vorzustellen, was in unserer Stadt vor sich geht, wenn es Nacht wird. Wir sehen vor uns das äußere Bild des Lebens, die Bewegung der Verkehrsmittel und die Bewegung der Menschen. Und was geschieht in den Häusern, in den Lokalen, in den Fabriken und Werkstätten? Man kann es nicht konkret vorstellen, es ist zu kompliziert, zu mannigfaltig. Man kann aber etwas wie eine Art Gefühl daran entwickeln, eine Stimmung von einer ungeheuren äußeren und inneren Unruhe. Es wird Nacht. Die Menschen werden sich schlafen legen. Es tritt vielleicht eine gewisse Beruhigung ein. Man merkt das sogar auf den Straßen. Wie ist das wohl mit dem, was in den schlafenden Menschen vor sich geht?

Wenn wir dies Gefühl für einen solchen Bereich wie unsere Stadt versuchsweise anregen durch eine solche Phantasievorstellung, wollen wir dasselbe für das Land tun, in dem wir leben, mit all seinen Städten, Dörfern, Straßen, Wäldern, Feldern, Bergen und Tälern. Und dann können wir versuchen, dasselbe für einen noch größeren Bereich, zum Beispiel Europa, zu tun, und schließlich für die ganze Menschheit und die ganze Erde. Über die ganze Erde hin geht innerhalb von 24 Stunden die große Welle des Einschlafens und Aufwachens der Menschen. Irgendwo wird zur gleichen Zeit eingeschlafen, irgendwo wird zur gleichen Zeit aufgewacht. Jede Sekunde, die wir atmen, werden soundso viele Kinder geboren und sterben soundso viele Menschen. Es wird getröstet und gemordet, gejubelt und verzweifelt. Wer kann das miterleben?

Während dieser wogende Lebenslärm, diese wogende Lebensunruhe, den Erdball umkreist, Tag für Tag, erleben auch die schlafenden Menschen unendlich vieles in der Welt, in die der schlafende Mensch eintritt. Um den kreisenden Lebenslärm, die kreisende Lebensunruhe, das kreisende Lebensgewoge dieser ganzen Erde und ganzen Menschheit webt sich eine Welt darüber, die unserem gewöhnlichen Bewußtsein verborgen ist. In diese treten wir schlafend ein, aus dieser treten wir erwachend heraus. Aus ihr sind die in dieser Sekunde auf der Erde geborenwerdenden Kinderseelen heruntergekommen, in diese gehen die Sterbenden dieses Augenblickes hinüber. Wie ein ruhevoller Atem überwölbt die verborgene Welt diese vibrierende irdische Unruhe und Lebenstätigkeit. Wer kann das mitmachen? Es sind dies Wirklichkeiten, von denen wir immer nur einen ganz geringen Ausschnitt wahrnehmen können. Und mindestens in der Phantasie können wir uns vorstellen, daß diese Wirklichkeiten da sind.

Es ist nicht verkehrt, wenn man dieses nichtvollziehbare Unterfangen wenigstens gefühlsmäßig versucht. Bekommt man doch dadurch eine Ahnung davon, daß, während dieses alles geschieht, ein Bewußtsein davon vorhanden ist in einer Macht und Wesenheit, die in diesem ganzen Geschehen der Erde und der Menschheit hellwach ist mit einem vollständigen Erleben dessen, was da geschieht. Sie lebt mitten unter uns, allerdings eben für das gewöhnliche Bewußtsein unwahrnehmbar. Sie webt, wacht und erlebt mit. So, wie es schon im Grunde unmöglich ist, sich das alles vorzustellen, was da in jeder Sekunde auf der Erde geschieht, und man nur eine Art ahnendes Empfinden entzünden kann an diesem Vorstellungsversuch, so ist es gewiß für unser menschliches Bewußtsein wohl noch schwerer und noch mehr eine tastende Ahnung bleibend, dieses Bewußtseinslicht, dieses Wesen wenigstens zu denken. Zu denken, daß die Empfindlichkeit dieses Wesens so differenziert und so fein ist, daß dieses Wesen in aller Stille, in aller Ruhe an dieser Unruhe voll Anteil nimmt. Und Anteil nimmt so, daß es mit seinem göttlichen Bewußtsein, mit seinem göttlichen Herzen sich entsprechend den Verhältnissen, die die Menschheit auf der Erde darlebt, selber verhält.

Solche Verkündigung, solche Mitteilung empfangen wir von denjenigen Menschen, die nun, sei es wie auch immer, die Möglichkeit haben, etwas von diesem Bereich, von diesem Wesen wahrzunehmen.

Die Wiederkunft Christi vollzieht sich in aller Stille, in aller Verborgenheit, aber sie ist ebenso wirklich wie das, was wir um die Erde herum mit unserem irdischen Bewußtsein bemerken können. Die Menschen haben oft, weil sie ein Gefühl für das Große und Göttliche dieses Mitlebens der Christuswesenheit mit der Erdenmenschheit hatten, sich dann die phantasievolle Vorstellung gebildet, daß die Wiederkunft Christi etwas sein müßte, was mit derselben Gewalttätigkeit, mit derselben Unruhe und Wucht sich vollziehen müßte wie das, was uns äußerlich um den Erdball herum umgibt. Davon kann nicht die Rede sein. Wir müssen versuchen, die Wiederkunft Christi in den Bereich zu versetzen, wo sie sich tatsächlich abspielt.

Dieser Bereich als Erd- und Menschheitsbereich, in dem die Wiederkunft Christi sich abspielt, ist – das unbekannte Reich. Wenn wir die gesamten Bewußtseinsverfassungen des heutigen Menschen recht bedenken, können wir sehen: Der Mensch kennt die materielle Welt, indem er sie mit seinen Sinnen erlebt. Er ist ausgerüstet mit leiblichen Sinnen und kann die sinnenfällige materielle Welt fortwährend wahrnehmen. Auf der anderen Seite ist dem Menschen, so wie er heute ist, auch die Seelenwelt bekannt. Jeder Mensch erlebt seine Seele und die Seele seiner Mitmenschen. Aber zwischen diesen beiden Bereichen, dem innerlichen Bereich des Seelischen, auch des Intellektuell-Geistigen, und dem äußeren Bereich des Sinnenfälligen, gibt es das unbekannte Reich der Lebenskräfte. Wir kennen die Wirksamkeit der Lebenskräfte, wenn wir darauf hinschauen, wie eine Geburt, eine Entfaltung, ein Wachstum, ein Altern, ein Welken, ein Tod, sich abspielen. Wir sehen das Walten dieser Lebenskräfte sowohl dort, wo sie sich innerhalb des Sinnlich-Materiellen abspielen, wie auch dort, wo ihre Wirkung hinaufreicht in das diese Lebensvorgänge begleitende Seelische. Denn wir erleben auch seelisch die strotzende Kraft jugendlicher, kindlicher Lebensfülle, wie wir seelisch die Verminderung, die Schwäche des Alterns miterleben. Aber diese merkwürdigen, geheimnisvollen Kräfte des Lebens selber sind normalerweise unserem Bewußtsein nur mittelbar, nicht unmittelbar, zugänglich.

Man kann sich fragen: Gibt es denn eine Möglichkeit, das normale Bewußtsein etwas sensibel, empfindlich zu machen und ein wenig zu erwecken, um diese geheimnisvollen Kräfte des Lebens deutlicher in den Blick zu bekommen? – Man kann zu diesem Zweck zwei völlig verschiedene Wege beschreiten. Der eine Weg geht nach innen, dorthin, wo man in dem seelischen Leben als Mensch die Möglichkeit hat, auf diese verborgenen Lebenskräfte, die zwischen dem Seelischen und dem Körperlich-Materiellen spielen, aufmerksam zu werden, indem man sich selber darauf aufmerksam macht. Das kann man auf eine verhältnismäßig einfache Weise.

Man kann zum Beispiel ganz einfach meditative Versuche machen, nicht direkt Meditationen, in bezug auf die Art und Weise, wie man als Mensch denkt und vorstellt. Man kann die Augen schließen und sich einen leuchtenden Punkt in einer gewissen Entfernung von der Kopfmitte vorstellen. Indem man nun diesen leuchtenden Punkt zu verstärken versucht und ihn in der vorstellenden Phantasie zum Leuchten bringt, kann mit ihm zum Beispiel ein Dreieck gezeichnet werden. Dabei kann man die Aufmerksamkeit und das Bewußtsein hauptsächlich auf den Inhalt dieses Vorganges hinlenken. Man kann aber auch versuchen zu sehen: Mit welcher Kraft mache ich das eigentlich? Gewiß nicht mit meiner Muskelkraft, sondern wie aus einem lockeren Reservoir, das mein Haupt umgibt, ziehe ich gewisse Kräfte zusammen, führe sie gewissermaßen durch meine Stirn hindurch nach vorne und konzentriere sie dadurch. Wenn ich das öfter übe, werde ich bemerken, daß mir das immer leichter und leichter gelingt, daß ich also über diese merkwürdigen Kräfte, mit deren Hilfe ich denke und vorstelle, eine gewisse Macht bekomme.

Ich kann in der Beobachtung dieses Vorganges, den ich da vollziehe, wahrnehmen, wie diese Kräfte mit meinem Körper und meiner Seele nichts zu tun haben. Sie haben weiterhin die Eigenschaft, daß ich sie zusammenziehen kann, festhalten, aber auch wieder loslassen kann. In dem Moment lösen sie sich wieder, verfeinern sich, verdünnen sich, und bleiben so in einem wolkenhaften, lockeren Zustand um mein Haupt erhalten. Solange ich lebe, stehen sie mir zur Verfügung. Ich kann bemerken, daß ich oft diesen reinen gedanklichen Konzentrationsvorgang mit einem Zusammenziehen der Stirn begleite, aber das ist natürlich nur ein Nebeneffekt, damit ich leichter zustandebekomme, was ich will. Oder ich kann den Kopf in die Hand stützen, oder ich fasse die Nase an, oder ich kratze mich hinter den Ohren usw. Dadurch versuche ich mit äußerer Gestik, diesen rein inneren Gedankenprozeß wie zu unterstützen. Aber ich merke sehr bald, das nützt mir eigentlich nicht viel, höchstens, daß es meine Aufmerksamkeit etwas deutlicher werden läßt.

Bei solchen Versuchen werde ich noch ein Weiteres bemerken können. Ich werde nämlich beobachten, daß diese Kräfte immer nur dann praktikabel werden, wenn irgendwo eine sinnvolle Absicht dahintersteht. Wenn im Verwalten dieser wunderbaren Kräfte, die da um das menschliche Haupt und in dem menschlichen Haupt vorhanden sind, ein Gedanke, ein Bild, also etwas Sinnvolles auftreten will. Dieses ist eine Möglichkeit, sich selber darauf aufmerksam zu machen, daß man auch im gewöhnlichen Leben mit diesen Kräften arbeitet, wenn man denkt, vorstellt, auch wenn man sich erinnert. Vielleicht sogar, wenn man Mühe hat, sich an etwas Bestimmtes zu erinnern, dann sucht man innerhalb dieses Kräftebereiches nach dem Bild der Erinnerung, das man braucht. Man wird bemerken, wie fein auf der einen Seite, wie sinnvoll auf der anderen Seite und wie dicht auf der dritten Seite diese Kräfte sind.

Wenn man das immer wieder übt, wird man vertrauter mit diesen Vorgängen und wird bemerken, daß man zum Beispiel auch beim Sprachvorgang etwas Ähnliches, wenn auch Andersartiges, bewirken kann. Ich benütze den Sprachvorgang nicht nur zum Ausdruck von Gedanken oder Stimmungen, sondern ich lasse ihn lebendig im Laut und im Wort selber strömen und schwingen. So werde ich dieselben Kräfte, mit denen ich vorgestellt und gedacht habe, auch im Sprachvorgang wahrnehmen können. Ich will das hier nicht im einzelnen alles beschreiben. Aber es kann deutlich werden, daß man von den Sprachkräften aus nun noch weiter schaut. Man kann in dem Atmungsvorgang etwas Ähnliches finden. Indem man die Lebenskräfte hervorruft, verstärkt, sie selber in die Hand bekommt, kann man auf diese Weise Schritt für Schritt in sie eintauchen und sie von innen her tatsächlich kennenlernen.

Daß es sich dabei wirklich um die Lebenskräfte handelt, kann dadurch erfahren werden, daß man auch den umgekehrten Weg geht. Das ist der vorhin erwähnte zweite Weg. So wie man innerlich unterscheiden gelernt hat zwischen dem Vorstellungsinhalt oder dem Gedankeninhalt und der vorstellenden, gedankenbildenden Kraft, schaut man jetzt hinaus in die Welt und lernt unterscheiden zwischen dem materiellen Inhalt eines Minerals, einer Pflanze, eines Tieres, eines Menschen, und den sinnvoll gestaltbildenden Kräften, die diesem materiellen Inhalt den inneren Lebenszusammenhang geben, so daß ein sinnvolles, lebendiges, materiedurchdrungenes Lebewesen äußerlich auftritt.

Ein Mensch, der diesen Weg gegangen ist, war Goethe. Er hat im Anschauen des materiellen Inhaltes der äußeren Sinneserscheinungen immer nach den Lebenskräften, die diese äußeren Erscheinungen zu sinnvoll-lebendig-belebten materiellen Wesen machen, gesucht. Er kam so weit, daß er sich sagen mußte: Diese Kräfte, die ich da äußerlich wahrnehme, sind von genau der gleichen Natur wie diejenigen Kräfte, die ich beobachte, wenn ich eben Denkkonzentrationsversuche mache. Darum nannte er diese objektiven Lebenskräfte da draußen Ideen. Er hatte das unmittelbare Erleben, daß in den Wesen der Welt lebendige Gedanken durch lebendige Kräfte in das Inhaltliche des Materiellen so eingreifen, daß sie den toten Stoff beleben und den lebendigen Stoff gestalten und den gestalteten Stoff zu einem in der Zeit verlaufenden Lebensprozeß umbilden können.

Wenn man diese Lebenskräfte als Gedankenkräfte von ihrer Innenseite her als im Denkvorgang, im Vorstellungsvorgang, im Erinnerungsvorgang, im Wortprozeß, im Atmungsvorgang an der eigenen Organisation wirkend erlebt und dann in ein Wechselgespräch bringt mit dem, was man äußerlich abgebildet an dem inhaltlich Materiellen als die daran schaffenden, wirkenden, übersinnlichen, lebendigen Ideen erfährt, dann lernt man die Lebenskräfte kennen. Man lernt sie kennen, nicht nur in ihrer Wirksamkeit als biologischer Prozeß, Geburt, Wachstum, Reife, Alter, Tod, auch nicht nur in bezug auf ihre seelische Wirkung, indem man seelische Empfindungen daran entwickelt, ob das Leben strotzt, oder ob man krank, siech, gebrechlich ist, sondern man beginnt mit ihnen selber unmittelbar in Berührung zu kommen.

Das unbekannte Reich der Lebensbildekräfte, dieser selbstlosen Kräfte, die auf der einen Seite das Materielle ergreifend und durchdringend zum Lebendigen erheben, die auf der anderen Seite das seelische Erleben tragen, diese Kräfte durchziehen auch das Reich der Natur. So wie die Menschheit auf der einen Seite ihre eigenen inneren und äußeren Angelegenheiten um die Erde herum fortwährend betreibt, so lebt die Erde selber, der Planet Erde, ein eigenes Leben, das dadurch charakterisiert ist, daß es ein allgemeines und umfassendes Leben ist, in dem die einzelnen Lebewesen eingebettet sind.

Damit hängt die Tatsache, daß die Lebewesen sich ernähren und atmen müssen, zusammen. Man meint immer, die Ernährung besteht darin, daß Stoffe einem Lebewesen zugeführt werden. Die Ernährung besteht in Wahrheit darin, daß mit diesen Stoffen Lebenskräfte – denn es müssen ja lebendige Stoffe sein, wenn sie den Menschen ernähren sollen – zugeführt werden, die das Leben des zu Ernährenden anregen, damit sein Organismus mit dem, was an Lebenskräften durch die Nahrung hereinkommt, ringt, dieses Leben überwältigt und dadurch sein eigenes Leben gestaltet und fördert. Die eigentliche Ernährung vollzieht sich nicht durch die Aufnahme der Nahrung, sondern durch die Verwaltung der Nahrung und durch die Abscheidung dessen, was durch die Nahrung hereingekommen ist. Dasselbe gilt für den Atem. Dasselbe gilt sogar in einem ganz feinen Sinne für unsere sämtlichen Sinneswahrnehmungen. Denn fortwährend strömen auch durch unsere Sinne eben nicht nur materielle Prozesse ein, sondern Lebenskräfte. Denken wir nur an eine so einfache bekannte Tatsache, wie der Blick des Auges eintauchend in eine tote Maschinenwelt oder in eine städtische Welt etwas vollkommen anderes erfährt, als wenn das Auge eintaucht in einen Wald, in einen Sonnenaufgang oder Sonnenuntergang, und erfrischt wird durch das, was rein sinnlich in dieses Auge einströmt aus der Welt.

So kommen wir zu der Vorstellung, daß nicht nur die Pflanzen, die Tiere und die Menschen ihren individuellen, eigenen Lebensleib haben mit ihren Lebenskräften, sondern daß diese Wesen gar nicht leben könnten auf der Erde mit einer eigenen Lebensleiblichkeit, wenn sie nicht eingebettet wären in das Gesamtleben der Erde selber. Dieses Leben der Erde selber zeigt sich zum Beispiel in der Art und Weise, wie es sich durch das Jahr bewegt. Der Frühling, der Sommer, der Herbst und der Winter sind ganz umfassende Vorgänge, die sich nicht nur in den einzelnen Lebewesen vollziehen – in den keimenden, sprossenden, blühenden, fruchtenden, welkenden und die Winterruhe einnehmenden Pflanzen, in dem Mitleben der Tiere in diesem Prozeß –, sondern die Erde selber lebt in den Jahreszeiten, indem sie ihre Lebenskräfte aus- und einatmet, indem sie ihre Lebenskräfte sich verkörpern und wieder lösen läßt aus der Materie, indem sie ihre Lebenskräfte in den winterlichen Zuständen mehr zu sich hereinnimmt, gleichzeitig auf der anderen Erdhalbkugel in den dortigen Sommerzuständen aus sich herausströmen läßt, und umgekehrt.

Je deutlicher wir uns mit diesen geheimnisvollen Kräften, den Lebenskräften, beschäftigen, um so mehr werden wir aufmerksam auf diesen Bereich, der meist der heutigen Naturwissenschaft unbekannt ist, weil sie gar nicht die Methoden entwickelt hat, mit deren

Hilfe diese Lebenskräfte erforscht und dem menschlichen Bewußtsein eröffnet werden können. Die Erforschung dieser Lebenskräfte durch ganz bestimmte adäquate Methoden ist heute naturwissenschaftlich einwandfrei möglich. Es gibt Institute, in denen das vollzogen wird. Es besteht die Möglichkeit, diese Lebenskräfte durch ganz bestimmte Manipulationen im Gartenbau und Feldbau einzuführen und dadurch zu sehen, daß in einer ganz bestimmten Art der Landwirtschaftsweise diese Lebenskräfte sogar verstärkt und potenziert werden können.

Nun hat man bemerkt, wenn man das moderne Bewußtsein auf diesen ganzen Bereich aufmerksam gemacht hat, ein bißchen genauer hinzuschauen, daß diese Lebenskräfte in sich ganz bestimmte charakteristische Grundformen haben. Wie kann die Lebenskraft, die eigentlich eine geistige Kraft ist, imstande sein, eine Materie so zu ergreifen, daß sie diese Materie zu einem lebendigen, biologisch-biochemischen Prozeß aufruft? Sie kann es nur dann, wenn sie in der Lage ist, diese Materie restlos zu durchdringen mit Wärme. Diese Lebenskraft stellt eine Art Wärmequell, Wärmekraft dar, von der die äußere Wärme, die man mit dem Thermometer messen kann, ein äußerlich erscheinendes Abbild ist. Das Charakteristische dieser Wärmeseite der Bildekräfte besteht darin, daß sie absolut keinen Widerstand finden; sie können alles restlos durchdringen. Man sieht dies auch an der äußeren Wärme, denn diese kann ebenso alles durchdringen. Indem die Wärme, sowohl die äußere physische Wärme wie die Lebenswärme, irgend etwas völlig durchdringt, führt sie nicht nur sich und andere Lebenskräfte in die Materie hinein – und umgekehrt, wenn sie sich in Kälte zusammenzieht, führt sie diese Lebenskräfte nicht nur heraus –, sondern sie vereinheitlicht etwas Lebendiges. Sie arbeitet gewissermaßen gegen alle Sonderbildungen, gegen alle Spezialisationen: sie chaotisiert und macht dadurch sensibel für das Leben.

Was nimmt die Lebenswärme mit, wenn sie in die Materie eindringt, was nimmt sie mit, wenn sie sich aus der Materie wieder zurückzieht? Sie nimmt die zweite Lebenskraft mit sich mit. Das ist diejenige, die imstande ist, Materie zu konfigurieren und zu gestalten, indem sie sich hineinwebt in das materielle Dasein und dieses dadurch gestaltet; bis in die ultramikroskopischen Feinheiten hinunter wird das Materielle strukturiert und zu sinnvollen Gestaltgebilden konfiguriert. Sogar beim Toten, beim Mineral ist es so, daß, indem das Mineral sich konfiguriert, es doch noch eine Erinnerung an die Vernünftigkeit mitbringt, in der diese Lebenskräfte walten, indem eben ein Kristall entsteht und nicht irgendein wüstes Etwas.

Indem die Lebenskraft als Wärme das Materielle durchdringen und wieder verlassen kann und diese gestaltende Kraft mit Lichtcharakter mitnimmt, kann sie das ja nur dadurch, daß sie in der Lage ist, die Stoffe selber aus ihrem Eigensinn so in Bewegung zu setzen, daß diese Stoffe sich immer wieder harmonisch zusammenfügen, disharmonisch auseinandertrennen, Analyse und Synthese vollziehen, so daß also so etwas wie eine Art Musikalität in diesen Lebenskräften auftritt als die dritte grundlegende Fähigkeit. Aber das alles könnte nicht geschehen, wenn nicht die Lebenswärmekraft, die Lebensgestaltungskraft, die Lebensbildekraft und die Lebenslichtkraft, die Lebensharmonisierungskraft und die Lebensstoffkraft impulsiert würden durch den Willen des Lebens selber, Leben zu sein und dieses Leben in sich zusammenzuhalten und in sich abzuschließen.

Das klingt alles abstrakt, wenn man es in Begriffe hereinholt. Aber versuchen wir einmal, eine Pflanze oder ein Tier oder einen Menschen vollständig zu betrachten und nicht nur zu denken an das, was man auf der Universität an Physik und Biochemie lernt. Auch wenn hundertmal in diesen biochemischen Stoffen etwas wie eine Art Information liegt, bezieht sich diese Information nur darauf, daß dieselbe chemische Substanz wieder hergestellt wird, oder hat diese Information die Möglichkeit, auch eine Gestalt herzustellen? Die hat sie nicht. Die chemische Reduplikation redupliziert nur Stoffe, aber niemals sinnvolle Gestalten. Dem Stoff als solchem ist es gleichgültig, ob er im Kopf oder in der Zehenspitze vorhanden ist, die Hauptsache, er ist derselbe Stoff. Man macht sich blind für den wahren Bereich der lebendigen Kräfte, wenn man alles nur reduziert auf die Anschauung von stofflichen Prozessen, von materiellen Vorgängen, die man Biochemie nennt. Fängt man aber an zu sehen, was da drinnen waltet und sinnvoll gestaltet, dann kommt man wieder auf die Bildekräfte, auf die Lebenskräfte.

Wie bei den einzelnen Lebewesen diese vier grundlegenden lebendigen Kräfte wirken, so durchziehen diese selben Kräfte den Erdplaneten und Erdorganismus. Die Physiker haben die Auffassung, daß die Erde sich deshalb um sich selber dreht, weil sie einmal in der Vergangenheit eine Art Schwung bekommen hat. Nach dem Beharrungs- und Trägheitsgesetz rollt sie nun einfach weiter – so wie der Fußball weiterrollt, dem der Fußballspieler die Drehbewegung gegeben hat. Wir kommen nicht so leicht auf den Gedanken, daß in dieser Bewegung des Erdorganismus um sich selber ein Sinn enthalten ist, der diesem Erdorganismus die Möglichkeit gibt, innerhalb von 24 Stunden dem ganzen Kosmos von allen Seiten zu begegnen. So kann man genau das Umgekehrte denken: Daß nämlich diese Lebenskräfte nicht nur in der Lage sind, bei einer Pflanze, bei einem Tier und bei einem Menschen einen Stoffwechsel hervorzubringen, sondern auch so etwas wie die Bewegung der Erde um sich selber zustande bringen. Ein Mensch, der diesen Gedanken wie eine Selbstverständlichkeit in der Seele trug, war Goethe. Es gibt von ihm folgendes kleines Distichon:

Das Leben wohnt in jedem Sterne:
Er wandelt mit den andren gerne
Die selbsterwählte, reine Bahn.
Im innern Erdenball pulsieren
Die Kräfte, die zur Nacht uns führen
Und wieder zu dem Tag heran.

Welch eine Aussage! Dieser Mensch hatte das deutliche Empfinden, daß man nicht anders denken kann, als daß da irgend etwas Lebendiges, Lebenskräfte, da sind, die sinnvoll wirken, hinter denen ein

Wille, ein Sinn liegt: dieser dreht die Erde um sich selber, und nicht irgendein physikalisches Trägheitsmoment.

Beginnt man, Schritt für Schritt und in aller Geduld sich mit dieser Kräftewelt zu befassen, ihre Innen- und Außenseite miteinander ins Gespräch zu bringen und die eigentlichen Feinheiten und Differenziertheiten dieser Kräfte zu erforschen, mit ihnen lebend und arbeitend – sowohl der biologisch-dynamische Landwirt wie der Arzt und der Pharmazeut hantieren bereits heute bewußt mit solchen Kräften –, dann findet man den Übergang, um zu sehen, wie die Erde selber in allen ihren Erscheinungen nicht nur diese Lebenskräfte für die einzelnen Lebewesen zur Verfügung hat, sondern für das Erdwesen, für den Erdorganismus im Ganzen. Haben wir damit entdeckt, was das bedeutet für die Frage: Wie kann ein Wesen an dem ungeheuer komplizierten Leben der Menschheit und der Erde bewußt teilnehmen, wenn ihm nicht ein Bereich zur Verfügung steht, der dem Ganzen angehört? Wenn es einen Lebensbereich als Kräftebereich gibt, der nicht dem einzelnen Lebewesen gehört, wie Mensch, Tier, Pflanze und Mineral, sondern der das Ganze in sich trägt, dann kann mit dem dieses einheitliche Wesen mitleben.

Wenn wir die Fragestellung bis zu diesem Punkte in der Seele bewegt haben, dann können wir stehenbleiben an dieser Stelle und das Ganze wie eine Frage bedenken: Könnte es sein, daß das so ist, daß also eine Möglichkeit besteht, daß ein göttliches übermenschliches Wesen, das die entsprechende Fähigkeit und geistige Kraft hat, tatsächlich mit dem Ganzen irgendwie mitleben, mitempfinden kann, so daß alle Einzelheiten darin einbezogen sind –, so muß man auf der anderen Seite fragen: Wie sieht das nun von seiten dieses Wesens selber aus?

Wir wollen versuchen, das Wort »Christus« wieder mit einem Gedanken zu verbinden dahingehend, daß wir uns sagen: So gewaltig die Erde ist, mit allem, was auf ihr lebt und webt, noch gewaltiger ist die Sonne. Wir können das Sonnenwesen in ähnlicher Weise befragen und anschauen, wie wir es vorhin für die Erde getan haben und zu denken versuchen: Was für ein gewaltiges Leben mag wohl diesen materiellen, diesen astrophysikalischen Prozessen zugrunde liegen? – und können dann mit einer Ahnungsvorstellung das Wort »Christus« damit in Verbindung bringen. Und weiter: Das Leben des Sonnenwesens und das entsprechende individuelle göttliche Bewußtsein, das dieses Sonnenleben beherrscht, können sie aus dieser Sonne austreten, sie zurücklassen, um auf der Erde in einem Menschen wirksam zu werden? Können wir uns vorstellen, daß dieser Mensch dann auf einem geographisch engen Bereich – im Lande Palästina – lebte, dort im Verhältnis zur ganzen Menschheit verschwindend wenigen Mitmenschen begegnete, irdische Erfahrungen durchmachte, menschlich-göttliche Empfindungen in das irdische Leben hineinströmen ließ und dann wie jeder andere Mensch auch starb?

Die anthroposophische Geistesforschung gibt hier die weitere Hilfe, denn sie ist in der Lage, die ätherischen Lebenskräfte aufzuzeigen. So kann zum Beispiel verfolgt werden, was mit diesen Kräften geschieht, wenn ein Mensch stirbt. Wenn diese Lebenskräfte – Wärmeäther, Lichtäther, Klangäther, Lebensäther – herausgezogen werden aus der Materie, die als Leichnam abfällt, steigen tatsächlich die Erinnerungsbilder des ganzen abgelaufenen Lebens in ihnen herauf. Es ist das Erinnerungstableau in den ersten Tagen nach dem Tode eines Menschen. Die ätherischen Lebenskräfte treten damit selber in Erscheinung und präsentieren dem Verstorbenen für sein Bewußtsein die Bilder seines gesamten abgelaufenen Lebens, um sich dann von dem Toten zu entfernen und dorthin zu strömen, von woher der Mensch im Leben diese Kräfte zu sich versammelt hat.

Dasselbe geschieht auch, in dem das Christuswesen – dieses Wesen, das zu den Lebenskräften der Sonne eine Beziehung hat – durch das Erdenleben des Menschen Jesus hindurchgeht und der Mensch Jesus am Kreuze stirbt. Jetzt löst sich das Christuswesen von ihm, und dieser Mensch Jesus hat nun vom Karfreitagnachmittag bis zum Ostersonntag früh die Bilder seines Lebens um sich herum: Da ist mit einem Mal die Samariterin am Brunnen, da ist die Auferweckung des Lazarus, da ist der Gichtbrüchige, da ist der Petrus, da ist der Johannes, da sind die Jünger da. Und nun haben diese Lebenskräfte auch die Tendenz, allmählich sich auszubreiten und fortzuströmen, und beim menschlichen Leichnam haben die Stoffe das Bestreben, in die Elementarzustände überzugehen, indem sie zerfallen und verwesen. Aber das Sonnenwesen des Christus hält diese Lebenskräfte nun zusammen, so daß sie am Ostermorgen bei der Auferstehung um diese Auferstehungsleiblichkeit herum bleiben, aber nicht nur erhalten bleiben, sondern sich sogar so verstärken, daß sie selber lauter Kraftquellen sind, weil sie verbunden sind mit dem Göttlichen. Wir dürfen uns die Vorstellung bilden, daß mitten in die Lebenskräfte des Erdorganismus herein ein neues Lebenszentrum, ein neuer sonnenhafter Lebenskräftemittelpunkt sich hereinwebt und beginnt, die Lebenskräfte, die dem ganzen Erdorganismus angehörenden allgemeinen tellurisch-irdischen Lebenskräfte, zu durchdringen.

Wir schauen – wieder vielleicht nur in der Phantasie und in einer Phantasie, die es nicht ganz leicht hat, sich das so vorzustellen – hinein in die Tatsache, daß seit dem Mysterium von Golgatha zwei ätherische Reiche auf der Erde existieren: das Naturreich und das Christusreich. Das Naturreich – und das kann man ja beobachten, wenn man die Entwickelung der Erde anschaut, so wie bei einem älterwerdenden Menschen die Lebenskräfte sich langsam wieder entfernen – befindet sich in einem leisen, langsamen Absterbevorgang, während das Christusreich – die Lebenskräfte, die um den auferstandenen Christus herum leben – in diese Naturkräfte wie ein belebender Teil hineinwirkt. Die Lebenskräfte dieses Christusreiches beginnen zunächst durch Jahrhunderte und Jahrhunderte, von Palästina ausgehend, auszustrahlen und einzustrahlen in die Lebensvorgänge der Erde, und zwar auf dem Wege über die Jahreszeiten: Im Zusammenhang mit Frühling, Sommer, Herbst und Winter atmen sich diese geistigen, sonnenhaften Christuskräfte in den Lebensorganismus der Erde immer stärker hinein, bis sie allmählich im Laufe der Jahrhunderte und der zwei Jahrtausende gewissermaßen den ganzen Erdorganismus berühren, ergreifen, durchdringen. In dem Moment, wo dieser Prozeß des Einlebens, Einschwingens, Einatmens des Christusreiches in das Erdreich, in die Naturreiche, einen bestimmten Punkt erreicht hat, besteht nun die Möglichkeit – so wie bei einer herangereiften Frucht das ursprüngliche eine Samenkorn, indem es durch den ganzen Lebensprozeß der Fruchtbildung hindurchgegangen ist und eine Ähre bildet, vervielfältigt auftritt –, daß dieses Christusreich aus dem Keimzustand durch den Entfaltungsprozeß hindurchgehend inzwischen den ganzen Erdorganismus ergriffen hat. Nachdem dieser Prozeß den Reifezustand erreicht hat, besteht nach 2000 Jahren die Möglichkeit, daß aus diesem Christusreich heraus überall auf der ganzen Erde, in jedem Augenblick, diese Christuswesenheit etwas wie ein Bild ihrer selbst entstehen und verschwinden lassen kann. Es ist ein Bild ihrer selbst in diesen Lebenskräften, wobei sie aus ihrem eigenen Reich die eigenen Lebenskräfte zu diesem Bild verwendet, aber gleichzeitig aus den Lebens- und Ätherkräften der Erde etwas zu Hilfe nimmt, so daß sich dieses Bild im Augenblick zurechtweben kann und daß es spürbar werden kann, entweder für einen einzelnen Menschen oder für eine Menschengruppe.

In dem Moment, wo dieses Sich-Durchdringen des Erdreiches, des Reiches der Lebenskräfte der Naturreiche, mit dem Christusreich eine einigermaßen umfassende Gestalt angenommen hat, in dem Moment beginnt die Wiederkunft, beginnt die Möglichkeit, daß überall auf der Erde eine Erscheinung des Christuswesens im Ätherischen der Lebenskräfte, sowohl der seinigen wie derer der Erde, möglich wird.

Es ist kein Zufall, sondern der Sinn der Weltgeschichte, daß das in jenem Moment vor sich geht, wo auch die Menschheit über die ganze Erde hin zum ersten Mal, seit die Welt besteht, eine Art Zusammenfassung ihrer Schicksale erfährt. In dem Moment, wo über die ganze Erde hin so etwas zum ersten Mal entsteht wie ein Menschheitsgebilde – Weltwirtschaft, Weltverkehr, Weltnachrichtendienst, Weltproblematik –, in dem Augenblick beginnt in unserem Jahrhundert dieses Heranweben und Herannahen der Christuswesenheit, die eben das Ganze dieser Menschheit erlebt, das Ganze dieser Menschheit mitempfindet und gleichzeitig jeden einzelnen von uns wahrnehmen kann. Christus kann wahrnehmen, wie weit nun wiederum in jedem einzelnen von uns, oder auch in Menschengruppen, diese innere Möglichkeit heranreift, empfindlich und verantwortlich zu werden für die Lebensvorgänge und überhaupt erst mal zu erwachen für die Wirklichkeit der Lebenskräfte und den Bereich des Wiederkommenden: für den im Ätherischen, in den Lebenskräften, sich nahenden und für den Menschen herausgestalteten Auferstandenen selber.

Ahnungsvolle Seelen wie Novalis haben das vorhergefühlt:

Wo bleibst du, Trost der ganzen Welt?
Herberg ist dir schon längst bestellt.
Verlangend sieht ein jedes dich,
Und öffnet deinem Segen sich.

Geuß, Vater, ihn gewaltig aus,
Gib ihn aus deinem Arm heraus:
Nur Unschuld, Lieb' und süße Scham
Hielt ihn, daß er nicht längst schon kam.

Treib ihn von dir in unsern Arm,
Daß er von deinem Hauch noch warm;
In schweren Wolken sammle ihn
Und laß ihn so hernieder ziehn.

In kühlen Strömen send' ihn her,
In Feuerflammen lodre er,
In Luft und Öl, in Klang und Tau
Durchdring er unserer Erde Bau.

Die Erde regt sich, grünt und lebt,
Des Geistes voll ein jeder strebt
Den Heiland lieblich zu empfahn
Und beut die vollen Brüst' ihm an.

Er ist der Stern, er ist die Sonn',
Er ist des ewgen Lebens Bronn,
Aus Kraut und Stein und Meer und Licht
Schimmert sein kindlich Angesicht.

Wenn man versucht, noch einmal diesen ganzen Menschheits- und Erdenlärm vor die Seele zu stellen, kann jetzt dazugefügt werden: Es ist jemand da, der mit dem Ganzen lebt, genau wie mit jedem einzelnen. Es ist jemand da, der das Bewußtsein des Ganzen hat, so wie das Bewußtsein jedes einzelnen. Es ist jemand da, der die Lebenskräfte der Erde lebendig schaffend durchdringt. Immerzu bildet sich in uns ein langsam erwachendes Verantwortlichkeitsgefühl, ein langsam erwachendes feineres Wahrnehmungsvermögen, ein immer heller werdendes Denkvermögen, für den Erdenplaneten, für die ganze Menschheit, für den einzelnen Menschenbruder, weil wir Anteil haben innerlich an dem, was der immerwährend wiederkommende Christus in sich für uns alle bereitet hat.

Er ist der Stern, er ist die Sonn',
Er ist des ewgen Lebens Bronn,
Aus Kraut und Stein und Meer und Licht
Schimmert sein kindlich Angesicht.

Geistige Wesen im Kampf um den Menschen: Michael[10]

Wir wollen miteinander hinschauen auf die Inhalte, die uns helfen können, an einer Erneuerung der geistig-religiösen Verhältnisse mitzuhelfen. Gerade die Jahreszeit des Herbstes bringt immer eine gewisse Prüfung in den Untergründen unserer Seele mit sich. Denn jetzt tritt die Natur zurück und die Frage entsteht: Was ist mit dem Menschen? Gibt es tatsächlich geistige Wesen und kämpfen die miteinander? Man sollte doch denken, in der geistigen Welt ist Ordnung und kein Krieg.

Für das Anschauen dieser Frage möchte ich zwei Stellen aus dem Neuen Testament herausgreifen: eine ganz am Anfang, Matthäus 3, und eine ganz am Ende, Offenbarung des Johannes, Kapitel 12. Die erste lautet in der Übersetzung von E. Bock: »Da kam Jesus aus Galiläa an den Jordan zu Johannes, um sich von ihm taufen zu lassen. Johannes aber wehrte ab und sprach: Ich müßte die Taufe von dir empfangen, und du kommst zu mir? Jesus antwortete ihm: Laß das jetzt so sein. Es ist gut so, daß wir alle Ordnungen des Geschikkes erfüllen. Da gab er ihm nach. Als Jesus die Taufe empfangen hatte und schon wieder aus dem Wasser emporstieg, siehe, da öffneten sich die Himmel, und er schaute den Gottesgeist, wie er sich in der Gestalt einer Taube herniedersenkte und ihn überschwebte. Und siehe, eine Stimme sprach aus den Himmeln: Dies ist mein Sohn, den ich liebe, in ihm will ich mich offenbaren.«

Wir haben hier vor uns die altbekannte, vielleicht von Kind auf vertraute Erzählung von der Taufe des Jesus durch den Johannes am Jordan. Der eine kommt vielleicht auf steinigen, mühsamen Wegen an den Fluß, und der andere steht schon da und hält seine

Taufreden, seine Bußreden. Das alles sind Vorgänge der uns vertrauten irdisch-sinnlichen Welt. Wenn die beiden sich treffen und in die Augen schauen, wobei das eigenartige Verhältnis zwischen diesen beiden Wesen, diesen beiden Menschen geheimnisvoll aufleuchtet, so kann man auch noch sagen, das ist normal. Aber man bemerke anschließend, mit welcher naiven Selbstverständlichkeit das Evangelium weiterredet: »Da öffneten sich die Himmel.« Und er schaut den göttlichen Geist. Er schaut ihn aber in einer Imagination, in einem Bild. Er schaut ihn nicht unmittelbar. Er schaut das Bild wie einen Vogel, wie ein Wesen mit Flügeln. Und dann sprach eine Stimme vom Himmel herab: »Dieser ist mein Sohn.«

Einmal ist es also die sinnliche Welt, das irdische Dasein. Das normale, gewöhnliche Gebiet unserer Erfahrungen, und dann, mit der gleichen naiven Unmittelbarkeit, das Übersinnliche, das Göttlich-Sinnliche, ja sogar das Hineinleuchtende und Hineinragende, bis zur höchsten Gottheit. Denn es ist der Vater dieses Sohnes, der da spricht. Wer kann so etwas hören? Wer kann so etwas schauen? Und das Evangelium ist da genauso naiv unmittelbar und sagt: »und er schaute«. Gemeint ist Johannes. »Und siehe, da öffneten sich die Himmel.« Er schaute und hörte.

Hier hat man es irgendwie mit etwas zu tun, wo man einigermaßen Boden unter den Füßen hat. Man hat die sinnliche Welt, denn man kann sogar heute noch diese Taufstelle aufsuchen. Wenn man aber die Offenbarung des Johannes aufschlägt und liest, ist nahezu nichts von dem gewöhnlichen, irdisch-physischen Plan enthalten. Sondern die ganzen Beschreibungen und Erklärungen sind das, was wir gerade bei Johannes dem Täufer bei der Taufe als diesen zweiten Teil vor uns haben.

»Und es erschien ein großes Zeichen in dem Himmel,« – ein Semeion – »ein Weib mit der Sonne bekleidet und der Mond unter ihren Füßen. Und auf ihrem Haupte eine Krone von zwölf Sternen. Und sie war schwanger und sie schrie in den Kindesnöten und hatte große Qualen zur Geburt.«

Ein Zeichen. Ein Bild. Es geht aber weiter:

»Und es erschien ein anderes Zeichen im Himmel, und siehe, ein großer, roter Drache, der hatte sieben Häupter und zehn Hörner. Und auf seinen Häuptern sieben Kronen. Und sein Schwanz zog den dritten Teil der Sterne des Himmels hinweg und warf sie auf die Erde.«

Dann wird davon gesprochen, wie die Frau das Kind gebiert, das der Drache bedroht. Das Kind wird gerettet zum Throne des höchsten Gottes, das Weib wird verborgen in die Wüste. Jetzt kommt das dritte Zeichen. »Und es erhob sich ein Streit im Himmel. Michael und seine Engel stritten mit dem Drachen. Und der Drache und seine Engel stritt und sie siegten nicht. Auch ward ihre Stätte nicht mehr gefunden im Himmel, und es ward hinausgeworfen der große Drache, die alte Schlange, die da heißt Diabolos und Satanas, der die ganze Welt verführt. Und er ward geworfen auf die Erde, und seine Engel wurden auch dahin geworfen.«

Das Ganze endet mit einer noch weiteren Auseinandersetzung. Als der Drache sah, daß er verworfen war auf die Erde, verfolgte er das Weib in der Wüste. Nachdem er das Kindlein nicht erhalten konnte, verfolgte er jetzt dieses Weib mit ungeheuren Wassermassen, aber die Erde kommt ihr dann zu Hilfe, indem sie das Wasser auftrinkt, so daß auch die Frau gerettet wird.

Wir sehen: da ist kein Hauch von irgend etwas Irdischem, sondern reine übersinnliche Bilder, Imaginationen, die auf der einen Seite tief rätselhaft sind, und auf der anderen Seite wiederum so, daß man das Gefühl hat, es stimmt, wie der Apokalyptiker das beschreibt. Das ist irgendwie wahr.

Wie kann der Apokalyptiker dies schauen? Was muß das für ein Mensch sein, was muß das für ein Bewußtsein sein, dem sich die geistige Welt in dieser Weise einfach öffnet? Und nicht nur öffnet, sondern offenbart, so daß nicht einfach nur Botschaft, Mitteilung, sondern Verkündigung erfolgt, offenbarende Verkündigung.

Der Name Michael kommt im Alten und Neuen Testament äußerst sparsam vor. Im ganzen Neuen Testament nur an zwei Stellen: In dem Judasbrief und hier an dieser Stelle in der Offenbarung des Johannes. Im Alten Testament beim Propheten Daniel. Dort aber gibt es eine eigenartige Hierarchienordnung von übersinnlichen Wesen. Hier in der Apokalypse des Johannes wird einfach die Gestalt des Erzengels genannt. Er tritt auf, sieht und kämpft. Dort aber im Alten Testament ist die Grundlage einer Tradition zu finden, die sich zunächst in der Ostkirche ausgebreitet hat in den ersten Jahrhunderten, dann aber auch in vollem Zuge in die westliche Kirche übergegangen war als das, was man in der Christenheit über den Erzengel Michael lehrt. Aus dieser Tradition heraus lehrte man, was die alttestamentlichen Propheten im Zusammenhang mit diesem geistigen Wesen geschaut und ausgesprochen hatten, insbesondere der Prophet Daniel.

Da heißt es, daß dieses Wesen Michael nicht der untersten Hierarchie der geistigen Welt, den Angeloi oder Engeln angehört, sondern daß er gemeinsam mit anderen Erzengelwesen Völkerführer ist. So wie nach den Erlebnissen der alten Menschheit jeder einzelne Mensch ein Engelwesen in der geistigen Welt hat, dem er nahesteht, so erlebte man über das Territorium und die ganzen Kulturverhältnisse einer Menschengruppe, eines Volkes hinweg, insbesondere auch in der Sprache dieses Volkes, das Walten und Wirken einer hierarchischen Wesenheit, einer Erzengelwesenheit, eines Arch-Angelos. Insbesondere verkündete die alttestamentarische Prophetie, daß dieser Erzengel Michael der eigentliche Genius des israelitischen Volkes sei. Das war sozusagen das zweite dieser Lehre. Das erste war, daß es ein höheres Wesen ist als ein Engel, eben ein Erzengel. Das zweite, daß er unter den vielen anderen Erzengeln insbesondere das alttestamentarische Volk führt. Das dritte: wie führt er dieses Volk? Er führt es so, daß er der Vermittler ist zwischen der eigentlich führenden Gottheit, der Jahve-Gottheit – Jahve oder Jahu – und den Menschen. So daß also das noch höhere göttliche Wesen, das Jahve-Wesen – von dem aus und auf das hin die ganze hebräisch-israelitische Kultur ausgerichtet war, schon von Abraham angefangen über Moses zu den Propheten hin –, unter sich Michael hat, der gewissermaßen zwischen der führenden höheren Gottheit und den Menschen steht. Er gibt an die Menschen weiter, ihnen wahrnehmbar und verständlich machend – natürlich wieder nur für das übersinnliche Wahrnehmen –, was die Gottheit will, besonders das göttliche Gebot! In der alten Tradition wußte man, daß es nur ganz wenigen Schauenden vergönnt war, das eigentliche höhere göttliche Wesen Jahve unmittelbar wahrzunehmen, so daß die Erzengelwesenheit Michael dazwischentrat und den Menschen half. Er übertrug das, was von der höheren Gottheit felsengewaltig ausging, ins Menschenfähige und Menschengemäße, sogar in eine bestimmte Sprache. Auf der anderen Seite sorgte er dafür, daß er das, was von den Menschen als Frömmigkeit der Gottheit zuströmte, nun in sich so aufnahm, daß es sich verwandelte, daß es gottgemäß, gottfähig werden konnte. So ist eigentlich der alte Name dieses Erzengels Mikajahu. Das heißt: Wer ist so wie Jahve? Da aber diese Jahve-Wesenheit einer Göttergruppe angehört – das wußte man –, die man mit Elohim bezeichnete, wandelte sich dann der Michaelname von Mikajahu in Michael. Mit dieser Bezeichnung ist er dann in das Neue Testament übergegangen. Diesen Namen gibt ihm der schauende Johannes.

Da hat man also Traditionen, jahrtausendelange Traditionen über das immer wieder neue Mitleben derjenigen Menschen, die Übersinnliches wahrnehmen und ein solches Wesen ganz bewußt schauen konnten, bis hin zu Johannes dem Apokalyptiker, der nach der Auferstehung Jesu Christi nun auch diesen und diese Imagination schauen konnte.

Dieser Dimension gegenüber kann man heute die Frage haben: Was geht uns das an? Wer von uns schaut überhaupt so etwas? Wir sind ja angewiesen auf die alten traditionellen Begriffe und Vorstellungen, also auf den Begriff eines Engelwesens, eines Erzengelwesens als einem höheren Wesen, das eine ganze Menschengruppe aus der geistigen Welt betreut. Wir sind angewiesen auf einen geistigen Terminus technicus, das Antlitz Jahves; also der Erzengel Michael ist das Antlitz der Jahu-Wesenheit. Wir sind angewiesen darauf zu hören, daß da ein bestimmtes Volk von diesem Engel geführt wird.

Was geschieht dann, wenn dieses Volk in die Zerstreuung geht und nahezu vernichtet wird durch die Römer? Was bedeutet es, daß nun der Reihe nach christliche Menschen Michael-Imaginationen haben? Daß dieses Bild immer wieder auftritt für das übersinnliche Schauen, durch die Geschichte der Christenheit hindurch, z. B. im 6. Jahrhundert auf dem Monte Gargano, in Süditalien, dann wieder in Südfrankreich? Denken wir an die Erscheinung des Erzengels Michael vor dem geistigen Auge der kleinen Bauerntochter Jeanne d'Arc. Dann wieder die Erscheinungen am Mont Saint Michel in Nordfrankreich, und manches andere. Immer wieder eine Erfahrung, ein übersinnliches Erlebnis, das in den Seelen der Menschen auftritt.

Nun leben wir damit. Es ist merkwürdig, daß dieser Name und die zahllosen Bilder von Malern und Plastikern der ganzen zweitausend Jahre der christlichen Geschichte auf unsre Herzen immer wieder einen merkwürdigen Eindruck machen. Es gibt überhaupt nur von dem Christus selber mehr Darstellungen als vom Erzengel Michael. Schon in den Mosaiken des frühen mittelalterlichen Christentums und durch die ganzen Jahrhunderte herauf finden wir diese Tatsache. Warum ist das so?

Hier kommt die große Überraschung desjenigen Menschen, der nun im 20. Jahrhundert die Möglichkeit hatte, in diese Welten hineinzuschauen, in denen Engel und Erzengel und Elohim leben und wirken und walten. Rudolf Steiner spricht 1924 vor jungen Menschen folgendes:

»Und wenn ich jetzt mehr von den Hintergründen des Daseins spreche, so sehe ich doch, daß junge Menschen, die erst vor kurzem aus der geistigen Welt zum physischen Dasein heruntergestiegen sind, eben mit ganz anderen Forderungen an das Leben heruntersteigen als die, die früher heruntergestiegen sind. Warum ist das so? Sie brauchen mir das ja nicht zu glauben. Aber mir ist es eine Erkenntnis, nicht bloß ein Glaube. Sehen Sie, man macht, bevor man zum physischen Erdendasein heruntersteigt, in der geistigen Welt allerlei durch, das inhaltvoller, gewaltiger ist als das, was man auf der Erde durchzumachen hat. Damit soll das Erdenleben nicht unterschätzt werden. Die Freiheit könnte sich nie entwickeln ohne das Erdenleben. Aber großartiger ist das Leben zwischen Tod und Geburt. Die Seelen, die heruntergestiegen sind, das sind die Seelen, die in Ihnen sind, meine lieben Freunde. Die waren wirklich ansichtig einer hinter dem physischen Dasein verlaufenden, ungeheuer bedeutungsvollen geistigen Bewegung in überirdischen Regionen, derjenigen Bewegung, die ich innerhalb unserer Anthroposophischen Gesellschaft die Michael-Bewegung nenne. Es ist so. Ob es der heutige materialistische Mensch glauben will oder nicht, es ist so! Und die führende Macht für heute, für unsere gegenwärtige Zeit – man könnte sie ja auch anders nennen, ich nenne sie die Michael-Macht –, strebt eigentlich innerhalb der geistigen Führung der Erde und der Menschheit nach einem Neugestalten alles Seelenhaften auf der Erde. Die Menschen, die im 19. Jahrhundert so gescheit geworden sind, ahnen ja gar nicht, daß von der geistigen Welt aus die Seelenverfassung aufgegeben worden ist, die gerade als die aufgeklärteste im 19. Jahrhundert sich herausgebildet hat, daß der ein Ende gesetzt ist, daß eine Michael-Gemeinschaft von Wesen, die niemals auf die Erde kommen, aber die Menschheit leiten, danach strebt, eine neue Seelenverfassung in die Menschheit hineinzubringen.« Wenn man bedenkt, daß Rudolf Steiner im Sommer 1924 diese Worte an einen kleinen Kreis von jungen Menschen gerichtet hat, die da vor ihm saßen – wie eine Zusammenfassung dessen, wofür er ein ganzes Leben lang gearbeitet und gekämpft hatte –, dann beginnt man natürlich sofort zu fragen: bitte, wie ist das heute?

Darüber zu sprechen, zu denken, zu sinnen und zu ahnen, fühlen wir uns einfach gedrängt. Ich möchte sagen, nicht nur deshalb, weil der Schauende, der Eingeweihte, darüber so redet, wie er das tut, sondern doch irgendwie auch deshalb, weil in uns selber die Erinnerung an unser eigenes vorgeburtliches Leben lebt. Es ist die Michael-Frage und die Michael-Sehnsucht, ob tief unbewußt oder halb unbewußt oder immer zarter bewußter werdend. Diese Frage pulsiert in uns, sie lebt in uns. Wir antworten nicht nur auf die Mahnungen und Herausforderungen des Geistesforschers und Eingeweihten, sondern haben den Eindruck: das hat mit mir etwas zu tun! Das hat mit meinem eigentlichen Impuls zu tun, mit dem ich auf diese Erde gekommen bin. Es ist der Impuls der vollständigen Verwandlung der seelischen Verhältnisse. Es sind ganz andere Seelenhaltungen, ganz andere Seeleninhalte, ganz andere Seelenbedürfnisse als diejenigen, die im 19. Jahrhundert als der größte Triumph der Menschheit angesehen wurden.

Das geht jetzt von Generation zu Generation. Denn das, worauf Rudolf Steiner das zurückführt, beruht auf einem Ereignis, bei dem sich in der geistigen Welt selber etwas verändert hat. Wer heute auf dieses geistige Wesen hinschauen kann, kann bemerken, wer dieses geistige Wesen ist, man möchte sagen, was für eine Stellung dieser Erzengel Michael innerhalb des gesamten Kosmos der übersinnlichen göttlichen Wesen, Engel und Erzengel usw. einnimmt. Er ist gar nicht einer von den höheren und allerhöchsten Engelhierarchien, die ihre Namen aus der christlichen Tradition haben, sondern im Gegenteil, er ist einer von denen, die ganz nahe am Menschen sind. Die ganz intensiv mit den Menschen beschäftigt sind, nicht mit dem Kosmos, mit den Naturprozessen, mit dem Weltall usw., sondern ganz nahe am Menschen. Dasjenige übersinnliche Wesen, das am allernächsten an jedem Menschen ist, ist der Angelos, den jeder von uns hat. Aber gleich danach kommt diese nächste hierarchische Stufe, die Arch-Angelos-Stufe, die Erzengel, was schon in der alten hebräischen Tradition eindeutig bekannt war. Michael nimmt aber unter den anderen Archangeloi eine ganz zentrale Stellung ein, weil dieser Erzengel ganz bestimmte Seelenkräfte repräsentiert.

Wir können die Frage aufwerfen: Wo ist die Brücke zwischen uns irdischen Menschen und den göttlich-geistigen hierarchischen Wesen? Wir sind hier mit unserem irdischen Bewußtsein, sie sind in der geistigen Welt. Wo ist das Verbindende? Es ist die Tatsache, daß der Mensch Ideale hat. Hat er sie? Wenn er sie hätte, dann wäre er bereits das, was ihm als Ideal vorschwebt. Er ist das aber noch nicht. Was heißt das, wenn die Griechen unter Platon von den vier Tugenden sprechen: Weisheit, Besonnenheit – und die Griechen waren gar keine besonnenen Menschen –, Mut, Gerechtigkeit? Was sind das für merkwürdige Ideale, die in der Goethezeit aufgeleuchtet sind im deutschen Idealismus: Wahrheit, was man auch mit Wahrhaftigkeit variieren kann, Schönheit, Güte? Wer ist gut? Welche Seele ist schön? Welches Bewußtsein ist wirklich wahrhaftig bis in die Wurzeln? Dann die großen sozialen Ideale, Freiheit, Gleichheit, Brüderlichkeit. Und dann die großen christlichen Ideale des Paulus: Glaube, Liebe, Hoffnung. Oder des Johannes: Licht, Liebe, Leben. Aber wir haben Ideale. So oder so oder so, bei dem nüchternsten Atheisten oder bei den religiösen Menschen, bei dem jüngsten Jugendlichen und bei dem ältesten Menschen. Was heißt das, wenn im Neuen Testament das Wort ertönt: »Ich bin die Wahrheit, Ich bin das Licht, Ich bin das Leben?« Da ist das Ideal Realität. Aber bei wem? Bei einem Wesen, das göttlicher Natur ist, das aus einer göttlichen Welt kommt und gewissermaßen der Menschheit die Ideale als Realität mitbringt und darlebt.

Was für das Christuswesen gilt, gilt auch für übersinnliche Wesen. Wenn in uns Menschen das Ideal der Selbstlosigkeit seelisch aufleuchtet, so gibt es die Selbstlosigkeit selbst schon in dem Engel, der jeden von uns begleitet und in dessen Bewußtsein alle unsere vergangenen Inkarnationen lebendig sind. Er ist uns in seiner abgrundtiefen Selbstlosigkeit sogar sehr nahe. Dadurch haben wir Anschluß an die Selbstlosigkeit, auch wenn wir sie selber nicht haben, sondern anstreben. So könnte man Schritt für Schritt die menschlichen Ideale herausholen aus der Seele und den Gedanken daran entwickeln: Wo und bei welchem Wesen ist das Wirklichkeit? Die Ideale sind aber die Brücke zwischen uns und den übersinnlichen Wesen.

Man kann die Frage haben: Wo im Weltall ist dasjenige Ideal Wirklichkeit in einem Wesen, das nun keiner Verführung durch diejenigen göttlich-geistigen Mächte verfallen kann, die den Menschen verführen können? Das müßte in einem unbestechlichen Wesen sein, das ein ganz reines göttliches Bewußtsein hat, sowohl von sich selber wie von den Mächten, die den Menschen verführen können wie auch davon, was der Mensch eigentlich braucht, was ihm fehlt. Dann wäre dieses Wesen jeder Zeit in der Lage, Gedanken zu denken über die wahre Weltordnung der Zukunft, Gedanken darüber zu denken, wie die zukünftige Entwicklung des Menschenwesens in Zusammenhang mit den göttlichen Wesen werden soll.

Dieses Wesen hätte also auf der einen Seite ein umfassendes Bewußtsein von dem, wie die Vergangenheit bis heute entstanden ist, ein vollkommen durchschauendes Bewußtsein gegenüber den Mächten, die sich verhüllen und verführen, und ein vollkommen hingegebenes Bewußtsein an das, was die Zukunft will. Nach den Angaben der Geisteswissenschaft Rudolf Steiners ist das die michaelische Wesenheit im Weltall. Sie bildet eine Art Bewußtseinsmittelpunkt des Umganges der göttlichen Wesen miteinander, in göttlichen Gedanken – nicht menschlicher Art –, in Vergangenheits-, Gegenwarts- und Zukunftgedanken. Der Erzengel Michael hat eine ursprüngliche Beziehung zu den leuchtenden Göttergedanken. Er nimmt sie aber immer so auf und verbindet sich immer so mit ihnen, daß dieses selbstlose Bewußtsein von Weltvergangenheit und Weltenzukunft in ihm da ist. Wenn man das innerlich anzuschauen versucht, will man vor einer solchen kosmischen unbeirrbaren, leuchtenden Lauterkeit in die Knie gehen und sich gestehen: davon bin ich abgrundweit entfernt. Aber sie ist da. Sie steht vor dem inneren Auge.

Weil nach den Beschreibungen der Geistesforschung dieses göttlich-geistige Wesen des Erzengels Michael mit den Gedankenkräften der Götter lebt, in die die Gefühle und Willensimpulse der Götter fortwährend eingehen, hat er auch das unmittelbare Verhältnis zu derjenigen Gottheit, die nun das getan hat, was er nicht kann. Er muß sich halten in dem Bereich, wo die eine Widersachermacht unter seinen Füßen bleibt und die andere Widersachermacht fortwährend von ihrem Hochmut heruntergestürzt wird. Es gibt darüber noch ein göttliches Wesen, das Mensch geworden ist. Die Christuswesenheit. Und man kann ahnungsweise begreifen, wenn man dann von Rudolf Steiner hört, daß das, was die Menschen vor der Geburt im Himmel erleben, wessen sie da ansichtig werden an dem Erzengel Michael, dreierlei ist. Es ist einmal die Verwaltung der kosmischen Intelligenz, der geistigen Gedanken in bezug auf Vergangenheit, Gegenwart, Zukunft. Es ist zweitens seine Stellung zu dem auf Erden mit den Menschen lebenden Christuswesen. Es ist drittens seine Stellung zum Menschen: daß er nämlich den Menschen im Auge hat und das, was er für sich selber in der geistigen Welt als ein leuchtendes Bild repräsentiert, gewissermaßen auf den Menschen weitergeben möchte, so daß auch der Mensch auf Erden lebend in einer freien irdischen Individualität das entwickelt, was in der unmittelbar an die Erde angrenzenden geistigen Welt der Erzengel selber lebt. Es geht darum, die Widersachermächte durchschauen zu lernen; das Verhältnis, das die Menschenseele zu dem Christuswesen hat, verstehen und ergreifen zu lernen.

Wir können uns dann fragen: Ist das alles nur ungeheuer groß und ungeheuer weit und ungeheuer umfassend, oder ist es auch ganz nahe? Denn darum geht es. Wenn man den Menschen, so wie wir alle sind, ins Auge faßt, sieht man, daß wir Menschen in unserem gesamten Seelenleben Grenzbereiche haben; und wenn diese Grenzbereiche auch noch so sehr zugeschüttet, bedeckt und unbewußt sind, sie sind da. Sie sind dort, wo das, was wir aus dem Vorgeburtlichen auf die Erde mitbringen, sich regt als Sehnsucht nach einem besseren Dasein, nach einem höheren Dasein, nach einem reineren Dasein. Aber das fortwährende Erlebnis des »noch nicht«, der Unzulänglichkeit, bildet an der Grenze unseres Bewußtseins das eigenartige Gefühl der Betrübnis. Das, wonach wir uns im Tiefsten sehnen, es ist irgendwo unerfüllbar, unerreichbar. Wir können resignieren oder, wie heute gesagt wird, uns frustriert fühlen. Doch im nächsten Moment regt sich wieder die Sehnsucht im Menschenherzen und der Mensch sagt sich: Ja, darf ich denn nicht doch wenigstens hoffen, ersehnen und manchmal ahnen, daß ich mehr bin und mehr werden kann, als ich jetzt scheine? Daß meine Mitmenschen mehr sind und mehr werden können, als sie jetzt scheinen? Daß ich mit meinen Mitmenschen zusammen mich weiterentwickeln kann? Daß unser Streben und Fragen uns weiterführen wird? Ist es wirklich wahr, daß die Ideale im Jenseits sind und wir mit unserer kümmerlichen Sehnsucht »ewige Hungerleider«, wie Goethe sagt, sind, – oder sind wir doch mit dieser geistigen Welt, in die wir immer versuchen, hineinzudenken, wenn wir auch noch nicht hineinschauen können, verbunden? Ja, wir sind mit ihr verbunden dadurch, daß wir schlicht und einfach schlafen, weil wir jede Nacht das Engagement in dem Leib und in der Sinneswelt preisgeben und uns, wenn auch auf unbewußte Art, aber doch in die geistige Welt hinauferheben. Wir werden eine Ahnung davon bekommen, mit welchen Flügelarmen oder Armflügeln der Engel uns jeden Abend empfängt, wenn wir aus unserem Leib heraussteigen.

Unser Engel! Er bekommt dann zu sehen, was wir angestellt haben, doch er ist selbstlos und nimmt es auf. Er nimmt es auf und korrigiert es in Gedanken und am nächsten Morgen, wenn wir wieder aufwachen, bringen wir etwas von diesen Engelgedanken mit. Es ist also nicht wahr, daß wir ganz von der geistigen Welt abgeschnitten sind. Wir kommen im Schlaf wieder an das in uns heran, was vor der Geburt war, und auch an das, was nach dem Tode sein wird. Damit kommen wir an unser eigentliches Wesen heran und an die damit verbundenen geistigen Wesen. Die Folge davon ist, daß wir nicht nur ein starkes Lebensvertrauen haben, auch wenn wir manchmal total verzweifeln, sondern daß wir auch ein Bild, ein unbewußtes übersinnliches Bild in unserer Seele tragen von dieser göttlichen Stellung des Erzengels Michael im Weltall, jeder von uns auf seine Weise.

Warum berührt uns dieses Bildnis von dem Erzengel, der den Drachen unter die Füße tritt, so? Weil wir es kennen! Zeigen Sie das irgend einem Kind zum ersten Mal, es kennt das ganz genau. Es hat nicht den geringsten Zweifel darüber, was das bedeutet. Es wird es vielleicht nicht aussprechen können, aber es weiß Bescheid. In diesem Bild leuchtet etwas von dem auf, was die wahre Würde des Menschen ist und was der Erzengel meint in bezug auf das, was der Mensch eigentlich sein sollte. Das gilt für jeden von uns. Wenn wir R. Steiner fragen, was es heißt, michaelisch zu denken, gibt er eine sehr eindeutige Antwort auf diese Frage: »Wenn Sie heute Ihrem Nebenmenschen gegenübertreten, so treten Sie ihm eigentlich mit einem ganz materialistischen Bewußtsein entgegen. Sie sagen sich, wenn Sie dieses auch nicht laut, nicht einmal im Gedanken sagen, aber Sie sagen es sich eigentlich in den intimeren Gründen Ihres Bewußtseins: Das ist ein Mensch aus Erdenstoffen. Sie sagen sich das auch beim Tiere, Sie sagen sich das auch bei der Pflanze. Aber das, was Sie sich da Mensch, Tier, Pflanze gegenüber sagen, sagen Sie sich mit Recht nur dem Mineral gegenüber, nur der mineralischen Wesenheit gegenüber ... Was der Mensch von der äußeren mineralischen Welt mit sich vereinigt, das sehen Sie. Den Menschen, der das vereinigt, den sehen Sie nicht. Sie reden nur richtig, wenn Sie sich sagen: Dasjenige, was da vor mir steht, das sind die Stoffpartikelchen, die die menschliche Geistgestalt in sich aufspeichert, das macht mir das Unsichtbare, was da vor mir steht, sichtbar. Der Mensch ist unsichtbar, richtig unsichtbar. Sie alle sind hier, wie Sie hier sitzen, unsichtbar für physische Sinne. Nur sitzen so und so viele Gestalten da, die haben durch eine gewisse innere Anziehungskraft Stoffpartikelchen so angesammelt: die sieht man, diese Stoffpartikelchen. Man sieht nur Mineralisches ... Daß man sich mit vollem Bewußtsein in jedem Augenblick seines wachen Lebens so etwas sagt, das macht die michaelische Denkweise aus, daß man aufhört, den Menschen anzuschauen als dieses Konglomerat von mineralischen Partikelchen, die er nur in einer gewissen Weise anordnet. Die Tiere tun es auch, die Pflanzen tun es auch, nur die Mineralien tun es nicht. Daß man sich dessen bewußt wird: Wir wandeln unter unsichtbaren Menschen – das heißt ›michaelisch denken‹.«

Geht das von selbst? Nein, sondern das muß man sich anerziehen! Dazu muß man sich jeden Morgen auffordern, das muß man jeden Tag einige Male probieren. Das muß man versuchen zu verwirklichen, wenn einem ein Mensch entgegenkommt. Denn dadurch nämlich würde man tatsächlich das geistige Verhältnis untereinander herstellen. Man würde nicht per Kopf oder per Bauch oder Gliedmaßen miteinander umgehen, sondern man würde von Ich zu Ich miteinander umgehen. Das heißt aber, man würde Vertrauen zueinander haben. Denn wenn man das geistige Wesen eines anderen Menschen ins Auge faßt, dann weiß man ja, da kann man vertrauen.

An diesem einzigartigen Beispiel sieht man, wie wahr folgende Worte von Rudolf Steiner sind, die sinngemäß lauten: Der zugrundegehende Naturprozeß des Herbstes ist wie eine Aufforderung an den Menschen, sich aus seinem Verwobensein mit der Natur, das er ja im Frühling und im Sommer hat, zu lösen; sich auf sein eigenes Wesen zu besinnen und in dieser Selbsterkenntnis der eigenen Wesenheit dem Wesen sich zu verbinden, das gerade in dieser Herbsteszeit im Inneren des Menschen begegnet werden kann: das Bild des leuchtenden Erzengels, der auf der einen Seite die eine Widersachermacht herunterstürzt, auf der anderen Seite die andere Widersachermacht unter seinen Füßen hält, drittens immer wieder hinweist auf das, was dem Menschen eigentlich fehlt, nämlich: sein eigenes geistiges Wesen zu empfangen, das heißt seine Christusbeziehung herzustellen. Sein Blick geht auf den Menschen! Michael, oder Mikajahu, das heißt: Wer ist wie die Gottheit ein geistiges Wesen? Antwort: Der Mensch.

Wesen und Absichten der Widersachermächte[11]

Vor uns steht das große Bild aus der Offenbarung des Johannes im 12. Kapitel: Die übersinnliche Frauengestalt, mit der Sonne bekleidet, den Mond zu den Füßen, eine Krone mit 12 Sternen auf dem Haupt; sie ist schwanger und gebärt das Männliche, wie es im griechischen Text heißt. Dann das zweite große Bild: der Drache, diese merkwürdige Zwittergestalt aus Lindwurm oder Schlange und Vogel. Und das dritte große Bild: die Gestalt des Erzengels, der nun in einen Kampf eintritt. Man hat es ja nicht ganz leicht, diese Imaginationen, die Johannes der Apokalyptiker übersinnlich schauen kann, einfach so zur Kenntnis zu nehmen.

Man hat das Bedürfnis zu versuchen, sie anzuschauen. Wie sieht das aus, wenn man in die geistige Welt hineinschaut und mit einem Mal ein Erzengelwesen vor dem übersinnlichen Schauen steht, das einen Kampf mit seinen Scharen gegen ein Drachenwesen führt? Kann man das so denken, daß Michael nun irgend eine Anstrengung macht, oder vielleicht sogar zuschlägt? Das wäre viel zu menschlich gedacht. Man kommt dem Ganzen vielleicht etwas näher, wenn man sich vorstellt: so ein Wesen *ist* einfach, hat eine Qualität, ein Bewußtsein, aber vielleicht auch Gefühle, Empfindungen göttlicher Art, kosmischer Art, und vielleicht auch einen unerbittlichen Willen. Aber muß ein solches Wesen etwas unternehmen, um zu kämpfen, oder genügt es nicht eigentlich schon, wenn es das, was es ist, zur Offenbarung bringt? Ja, es genügt zu erkennen: So leuchtet sein Bewußtsein, so strömt sein Fühlen, so kraftet wesenhaft sein Wille!

In diesem Geistbereich, wo es vielleicht auch noch im Zusammenhang mit anderen göttlichen Wesen ist, ist für ein Bewußtsein, das nicht so ist, und für ein Fühlen, das nicht diese Qualität hat, und für einen Willen, der nicht von derselben Art ist, kein Raum, in dem sich daneben ein anderes Bewußtsein halten kann, in dem ein anderes Fühlen leben kann, in dem ein anderes Wollen sein kann. Und es entsteht ein Kampf, der ein geistiger Kampf ist. Albert Steffen hat das nach dem zweiten Weltkrieg in einem einfachen Gedicht einmal angedeutet, wenn er sagt:

»Dem Feind der Liebe und des Lichts,
ins Auge schauen, weiter nichts.
Der Geist ist selber das Gericht.«

Es wirkt nicht irgendeine Absicht, irgendeine Tätigkeit, sondern eine Wirklichkeit, ein Sein, ja eine Qualität, der gegenüber eine andere Qualität nicht standhalten kann. Indem dieses göttliche Wesen Michael aufleuchtet, sinkt einfach dadurch die andere Macht in die Tiefe. Sie kann sich nicht halten!

Dieser Erzengel Michael trägt ein Bild des Menschen in sich, wie seinem Wesen entsprechend der Mensch eigentlich beschaffen ist, wie er aber natürlich in der Verwirklichung noch nicht ist. Aber das ist nun gerade das Bewegende in diesem Entscheidungskampf, daß die geistige Gegenmacht zu Michael auf die Erde hinuntersinkt, dorthin, wo auch die Menschen hingehen, wenn sie sich aus der geistigen Welt entfernen und verkörpern. Diese Bilder, die in der Offenbarung des Johannes unmittelbar dem Apokalyptiker erscheinen in der geistigen Welt, haben wir irgendwie vor unserer Erdenverkörperung erlebt, haben wir gewissermaßen wie in einem geheimen Rucksack mitgebracht auf diese Erde. Sie können aufleben wie eine Art Erinnerung, wie eine Art merkwürdige Beziehung, wenn wir durch jemanden, der das kennt, darauf aufmerksam gemacht werden.

Wenn ich mich als Mensch anschicke, die geistige Welt zu verlassen und mich auf der Erde als Kind zu verkörpern, mache ich etwas durch. Das allererste, was geschieht, ist dieses, daß ich mein eigenes geistig-seelisches Menschenwesen aus der Gemeinschaft, in der ich mit den anderen noch nicht geborenen Menschen gelebt habe – auch aus der Gemeinschaft derer, die inzwischen durch den Tod gegangen sind und um mich herum sind, aber vor allem eben auch aus der Gemeinschaft der geistigen Wesen, die mich bis dahin begleitet haben –, herauslöse, daß ich mich gewissermaßen in mir selber zusammenziehe, daß ich fortwährend das wie wegstoße, was mich da umgibt, um mich in mir selber zu konzentrieren. Ich entwickle eine merkwürdige Intention nach einem Freiwerden von der geistigen Welt, nach einem Ablegen dieser ganzen Beziehungen, in denen ich da vor der Geburt lebe. Ich sehne mich nach einem Umhülltwerden mit einer materiellen Leiblichkeit. Man muß sehen, mit welcher Intensität so ein Embryo im Mutterleibe wächst und wächst, mit welcher Intensität ein neugeborenes Kind ins Leben herein will, mit welcher Intensität das Geistig-Seelische das Materielle ergreift, saugt, sich damit verbindet. Aber damit ist gleichzeitig eine merkwürdige Verdunkelung des Bewußtseins verbunden. Wir sterben wachend, aber wir werden schlafend geboren; irgendwie schlafen wir da ein und erwachen dann wiederum nach einer gewissen Zeit im Diesseits.

Wir bringen also etwas mit von dem, was wir vor der Inkarnation erlebt haben, was in uns tief hereingesunken ist. Dann inkarnieren wir uns und tauchen ein durch einen merkwürdigen Vorgang in diese Leiblichkeit, die uns überhaupt nur dadurch zugänglich wird, daß ein Zeugungsakt vollzogen wird zwischen einem Mann und einer Frau, daß da eine Art Leidenschaftsflamme aufbrennt. Vielleicht nehmen wir vor der Geburt diese Flamme wahr, und an ihrer Färbung erkennen wir sozusagen das Elternpaar, das wir suchen. Es ist ja diese Zeugung nicht einfach ein erschütternder Genuß, sondern es kommt da wiederum von der Erde her diesem sich verkörpernden Menschenkind etwas entgegen. Diese Urgewalt der Zeugungs- und Fortpflanzungskraft, die tief in das menschliche Wesen hineininvestiert ist, bildet die Empfängnis für das Kind. Da schlafen wir hinein, da tauchen wir in die Lebenskraft von zwei Menschen unter.

Langsam entsteht daraus für jeden einzelnen sich verkörpernden Menschen sein individuelles irdisches Seelenleben. Wir wissen, wie dieses Seelenleben des kleinen Kindes im wesentlichen ganz und gar dieses Hingegebensein an die äußere Welt, an die äußeren Eindrücke, an die erscheinenden Menschen ist, besonders an die Mutter. Dann die Möglichkeit der Nachahmung gerade dessen, was ganz äußerlich, stofflich, sichtbar, wahrnehmbar, an diese Kinderseele herankommt. Aber mitten in dieser Nachahmung in diesem ersten, zweiten, dritten, siebten Lebensjahr kommt dann plötzlich ein Einschlag, wo eben diese kindliche Seele nicht einfach nur ja sagt und sich hingibt, sondern wo sie eben konsequent auch einmal – und dann immer öfters – nein sagt. Ist das nun ganz natürlich, oder ist nur die Nachahmung ganz natürlich, und dieses Nein doch irgendwo ein Zusatz? Und wenn es dann in das zweite Jahrsiebent übergeht, in das Schulalter, sieht man: Das Schulkind würde überhaupt nicht erziehbar sein, wenn es nicht in sich die natürliche Bereitschaft hätte, sich führen zu lassen. Doch auch da wieder kann man, wenn man als Lehrer nicht aufpaßt, wenn man in die Klasse hereinkommt, die absolute Verweigerung erleben. Woher kommt das? Ist das Natur, oder ist da etwas Zusätzliches dabei? Wenn dann die Entfaltung der Persönlichkeit so richtig in Gang kommt im dritten Jahrsiebt bis in die Mitte der zwanziger Jahre hinauf, geschieht dieses Merkwürdige, daß da die Seelenkräfte sich wie auseinanderfalten und in zwei ganz verschiedene Richtungen gehen.

Die eine Richtung ist die, die das fortsetzt – auch seelisch fortsetzt –, was vorher lebensmäßig das ganz Natürliche war, nämlich das Ergreifen der Leiblichkeit, das Hineintauchen in die Begierden und Leidenschaften und Emotionen usw. Doch wie merkwürdig, nach der anderen Seite hin entfaltet sich dieses Seelenleben nach der Pubertät ganz in Richtung auf das Ideale, auch wenn das ganz verborgen bleibt. Das seelische Leben bekommt plötzlich zwei ganz verschiedene Richtungen. Schaut man genauer hin, so erlebt man, daß das jetzt das voll entfaltete menschliche Seelenleben ist, das ja das ganze Leben hindurch nachher weitergeht. Sieht man dem nun genau zu, dann steht man eigentlich unausgesetzt vor der Frage: Ist das nun Menschennatur, was da geschieht, oder spielt da fortwährend etwas Zusätzliches hinein?

Wenn man z. B. auf das menschliche Denken hinschaut, stellt man fest: ich kann denken, ich lerne ja durch die Sprache denken, ich kann mir Gedanken bilden. Aber die Lieblingsgedanken und das, was in das Gedankenleben als Phantasie hereinfließt, was die Gedanken so macht, daß sie nicht der Wirklichkeit sich anpassen, sondern daß sie das Eigene hervorbringen – ist das nun so, daß der Mensch das selber ist, der diesem Gedankenleben diese leichte Richtung nach der Seite gibt, wo es gerade weggeht von der Exaktheit, von der Genauigkeit, von der Schärfe, und mehr in die Phantasie, vielleicht sogar ins Spinnen gerät, oder auch nach der anderen Seite, manchmal schon ganz früh bei jungen Menschen bemerkbar, wo es ganz kalt, kritisch, nüchtern, exakt, oft sogar mit einer guten mathematischen oder logischen Begabung verbunden ist? Beides ist Denken, und man sieht, daß diesem Denken von der einen Seite her etwas zugegeben ist und von der anderen Seite etwas ganz anderes.

Noch stärker ist das beim Fühlen der Fall. Ich fühle, vielleicht Lust oder Trauer, aber ich fühle ja nicht nur, daß ich fühle, sondern ich fühle auch mich, während ich fühle. Also ein Selbstgefühl, das oft sehr tief geht. Wenn es vielleicht ein Mitgefühl mit einem anderen ist, dann ist mit diesem Mitgefühl oft noch Selbstgefühl verbunden, da kann dies Letztere bis zur Sentimentalität sich steigern. Oder wenn sich das Selbstgefühl steigert, z. B. in bezug auf Leistungen, Erfolge, oder wenn es ein umgekehrtes Selbstgefühl ist in bezug auf Versagen, Schwächen, Niederlagen, oder wenn es diese dauernde Selbstberührung ist bei einem eitlen Menschen, ist das alles Natur, oder kommt da fortwährend etwas hinein, was mit dem Gefühlsleben des Menschen sich verbindet und ihm diese Nuance gibt? Es kann aber auch ganz anders gehen. Das Gefühl kann mehr und mehr erkalten, selbst schon bei Jugendlichen. Es gibt extreme Fälle, wo man sieht, daß ein jugendlicher Mensch, sogar ein noch heranwachsendes Kind, mit einer Gefühlskälte Dinge vollzieht, die einem grausen machen können. Ist diese Gefühlskälte, diese absolute Unterdrückung des Fühlens, wiederum die menschliche Natur, oder ist da ein Zusatz?

Dasselbe kann man für das Wollen ausführen. Auch das Wollen kann in einer Selbstgenuß-Steigerung ausgelebt werden, so daß alles, was emotionell wollend, begehrend, wünschend, hoffend aus der Seele ausbricht, im wesentlichen doch sich auf sich selber bezieht. Auf der anderen Seite kann das Wollen sich ganz lösen von dieser Selbstbezogenheit und kann ganz auf die Welt ausgerichtet sein. Es gibt tatsächlich so etwas, daß das menschliche Wollen zu Machtkitzel aufgepeitscht werden kann, zur Herrschsucht, zur Brutalität.

Man kann auch im Wahrnehmungsleben des Menschen dieses konstatieren, daß das natürliche Wahrnehmen entweder so ist, daß der Mensch sehr stark von den Wahrnehmungen, die er hat, abhängig ist. Daß also die Seele hinausgesogen wird auf alles Wahrnehmungsartige, oder genau umgekehrt, daß die Wahrnehmungsfähigkeit immer abgestumpfter und plakatartiger wird, und man schließlich aufgepeitscht werden muß, um noch richtig anzukommen. Wir haben ja in der heutigen Medienwirtschaft diese beiden Extreme ganz deutlich vor uns. Das eine Extrem, wie fortwährend durch irgend ein Maschinenprodukt, das Geräusche oder Töne oder eine Art Musik hervorbringt, dermaßen die Sinnesfähigkeit abstumpft und kalt wird, daß schließlich die ganze Natur nur noch wie ein Plakat ist, und daß als zweites Extrem es dann notwendig wird, die Sinneswahrnehmungen aufzupeitschen durch wieder eine entsprechende Art von Musik oder ähnlichem.

Wie ist das eigentlich mit dem Menschen? Indem der Mensch aus der geistigen Welt kommt und sich auf Erden verkörpert, ist das nur menschlich, was in ihm vorgeht? Oder treffen wir bei unserer Inkarnation in all dem, was uns entgegengebracht wird als Verkörperungsmöglichkeit im Leib, im Leben, in der Seele, auf fremde Macht, die aber so genau angepaßt ist an das menschliche Seelenleben, daß sie fortwährend in dieses Seelenleben gewissermaßen hineinschlüpfen kann und dann dem Seelenleben einseitige Zusätze hinzufügt, die vielleicht nur ganz leise sein können, aber immer stärker werden wollen? Das ganze nimmt schließlich Ausmaße an, wo der Mensch sich selber einfach nicht wiedererkennt, wo er vielleicht einen Gedanken hat, wo er sich sagen muß, das bin ich gar nicht, da denkt etwas in mir mit und macht diesen Gedanken qualitativ so, daß ich sagen muß: das ist ja gefährlich.

Man erschrickt zunächst immer ein bißchen, wenn man den Mut hat, auf einen solchen Tatbestand hinzuschauen und sich zu sagen: Wir sind nicht allein mit unserer rein menschlichen Natur auf Erden verkörpert, sondern wir treffen da jene Mächte, die sich gegenüber Michael im Himmel nicht halten können, die aber dafür um so mehr die Möglichkeit haben, in uns Menschen auf der Erde mitzuleben. Es ist im Anblick der Michaelwesenheit mehr und mehr notwendig, daß die Menschheit zu einem Bewußtsein darüber kommt, welche Bedeutung die Widersachermächte im Menschen haben. Denn sehr leicht fallen wir in die alten moralischen Empfindungen zurück und sagen: Also bloß nichts mit dem Teufel zu tun haben! Wenn man aber genau hinschaut, muß man sich fragen: Wie willst du das fertigbekommen? Das geht nämlich gar nicht!

Die Einrichtung ist diese, daß der Mensch tatsächlich, indem er hier auf Erden sich entwickelt und entfaltet, das gar nicht richtig kann ohne Hilfe. Er braucht zum Beispiel die Hilfe, die seine eigenen Empfindungen, Stimmungen, Gefühle und Gedanken, die sich auf ihn selber beziehen, wie von der Seite her steigert, so daß sein Selbstgefühl nicht wie ein Naturprodukt in ihm entsteht, sondern wie etwas, was er mit Hilfe einer ganz bestimmten, ihn begleitenden übersinnlichen Wesenheit zustandebringt. Er braucht auf der anderen Seite die Hilfe, daß alles, was ihn mit der Welt verbindet, sein Welterleben, sein Weltgefühl, eine Form annehmen kann, durch die er in der Lage ist, sich selber als von dieser Welt isoliert zu erleben, aber gleichzeitig auch so, daß er diese Welt bearbeiten, durchdringen und beherrschen kann. Ich glaube, es wird jetzt schon etwas greifbar, wie das geht: daß nämlich der Mensch sowohl seelisch wie lebensmäßig von zwei Seiten her Begleiter hat, die mit ihm gehen.

Es gibt eine großartige Radierung von Albrecht Dürer, die heißt: »Ritter zwischen Tod und Teufel«. Dürer zeichnet das nicht etwa so, daß dieser Ritter die beiden wegschickt, sondern er beschreibt das so, daß die beiden Wesen mit diesem Ritter so mitgehen, daß das, was von dem einen ausgeht, dem Ritter mehr die Möglichkeit gibt, geharnischt zu sein, streng und kalt und kühl und wach, weil alle Kühle und Strenge und Kälte Todeskräfte sind, und daß das, was von dem anderen ausgeht – er sieht ja sehr merkwürdig aus auf diesem Bild – doch so wirkt, daß der Ritter eine Art ruhiges, warmes Selbstgefühl hat. Man kann eigentlich überhaupt nur begreifen, warum es möglich ist, daß die göttlichen Wesen für das Menschenleben auf Erden diese Mächte zugelassen haben, wenn man sieht, welche Bedeutung ihnen zunächst zukommt. Man möchte sagen, ihre ursprüngliche Natur ist zwar eine Einseitigkeit, aber eine Einseitigkeit, die gerade so wirkt, daß im Menschen eben auch Einseitigkeiten entstehen können, die den natürlichen Menschen steigern, die den natürlichen Menschen über sich hinausführen, die ihm sogar im Ringen mit diesen Wesen eine so unglaubliche Weiterentwicklung abverlangen, die er sonst nie gehabt hätte. Das bedeutet aber im gleichen Moment die Gefahr – die Gefahr, wenn der Mensch das nicht durchschaut –, daß dann diese Wesen stärker und stärker sich seiner bemächtigen, daß das eine ihn immer stärker aufpeitscht zum Selbsterleben, zur Subjektivität, zur Selbstbezogenheit bis zum Wahnsinn, und das andere ihn immer kälter und kälter werden läßt, immer konsequenter und konsequenter in ein Denken hineinführt, das überhaupt alles ausschließt, was nicht mit den rein irdisch materiellen Angelegenheiten und Vorgängen zu tun hat. Damit wird die Gabe zur Gefahr, und es entsteht ein richtiges Ringen der menschlichen Seelentätigkeiten Denken, Fühlen, Wollen, Wahrnehmen, Urteilen mit diesen Mächten, mit denen der Mensch verbunden ist. Weder hilft Angst, noch hilft Blindheit.

Es gibt in der Geisteswissenschaft Rudolf Steiners genaue Beschreibungen darüber, wie diese Wesen nun kosmologisch zu verstehen sind, wie sie zustandekommen in dem Weltentwicklungsprozeß gegenüber den anderen Wesen, vor allem aber auch darüber, welche Natur sie haben und wo ihre eigentlich gefährliche Eigenschaft für den Menschen vorhanden ist. Diese beiden hauptsächlichen Gefahren, die uns bedrohen, bestehen einmal darin, daß wir gesteigert werden im Selbstgefühl, in der Selbstbezogenheit, im Selbsterleben, in der Subjektivität, so daß wir die Welt verlieren, und auf der anderen Seite darin, daß wir gesteigert werden zu einem vollständigen Glauben an die Wirklichkeit der Materie, also der äußeren sinnenfälligen Welt, daß wir uns an diese Welt verlieren und uns selber damit verlieren.

Die Folge des letzteren ist zum Beispiel eine Buchveröffentlichung, in der zu lesen ist: »Weder in Unschuld noch in Asien wurde die Menschheit geboren. Die Heimat unserer Vorfahren war jenes Hochland, das sich vom Kap der guten Hoffnung bis zu den Seen des Nil erstreckt, also südliches und südöstliches Afrika; hier auf einer weit offenen Savanne voll der lauernden Gefahren begann unsere langsame Entwicklung; nicht als Bankrotteure und nicht als Bastarde begannen wir unseren Weg, die Abstammungslinie des Menschen ist legitim, unsere Wurzeln ruhen fest in der Tierwelt, der Mensch ist ein Teil der Tierwelt, unsere Geschichte ist ein Anhang an die Tierwelt. Die Ansichten über das Wesen des Menschen sind heute eindeutig fixierbar.« So fängt das Buch an, und es endet so: »Nicht in Unschuld, nicht in Asien wurde die Menschheit geboren. Wir sind ein Teil der Tierwelt, ihren Gesetzlichkeiten sind wir noch heute verhaftet. Wir sind die Söhne Kains. Wäre es nicht so, gäbe es wenig Hoffnung für die Zukunft der Menschheit.« Was ist das Ergebnis dieses Buches? Früher haben die etwas milder denkenden Anthropologen gemeint, wir stammen von Affen ab, die Gras gefressen haben und Obst; das waren die Pflanzenfresser, sie waren nicht schlimm, sie waren brav, lieb und unschuldig, und von ihnen stammt der Mensch. In diesem Buch wird aber eindeutig festgestellt, daß die Vorfahren des Menschen Mörderaffen waren. Sie hatten große Knochenwaffen in der Hand und haben ihre Territorien verteidigt und hatten innerhalb ihrer Affenfamilie eine absolut eindeutige hierarchische Ordnung. Das heißt: Der Hierarchietrieb, der Territorialverteidigungstrieb, der Nationaltrieb und der Trieb, den Kampf zu führen, die Aggression, ist im Menschen von daher veranlagt. Das Buch heißt: »Robert Audry: Adam kam aus Afrika.« Da gibt es den australopithecus australis und den australopithecus robustus, und der eine kommt noch aus der freundlichen Affensektion, und der andere kommt von den Mörderaffen und wird nachher zum Menschen. Der Autor macht sich sogar Gedanken darüber, daß der Mensch eine Intelligenz hat. Es heißt dann: Unsere Intelligenz ist vollkommen neutral, aber die Triebe bestimmen den Menschen, und immer wird irgend einer von den Trieben die Regierung haben, und die ganze Intelligenz wird nichts anderes tun, als diesem Trieb seine Berechtigung zuzudenken. Zuletzt wird gesagt: Der Marxismus hat einen großen Irrtum, indem er meint, die Urfamilie wäre friedlich gewesen; der Darwinismus hat einen großen Irrtum, indem er meint, daß die Selektion das Entscheidende war; S. Freud lebte in einem gewaltigen Irrtum, weil er meinte, daß die Selektion und die Fortentwicklung durch den Sexualtrieb zustandegekommen wäre.

Da hören wir, wie es uns schwer fällt, im Menschenwesen auseinanderzudenken und dann auch auseinanderzusehen, was in uns Mensch ist und was außerdem in uns Menschen, tief verbunden mit unserem Denken, Fühlen, Wollen, Erkennen, Urteilen usw., hereinwirkt. Aber es ist nicht so, daß das ein aussichtsloses Unterfangen wäre, ganz im Gegenteil: es ist gerade das, worauf es ankommt. Und vor uns leuchtet die Genialität des Alten Testamentes in der Hiobsage auf, oder auch die Genialität Goethes am Anfang seines Faust. Da treten diese merkwürdigen beiden Mächte auf, die selbstbezogene und die veräußerlichende Macht, oder wie sie anthroposophisch genannt werden: die luziferische und die ahrimanische Macht. Wir können sie bis in unser ganzes Leben und Seelenleben, ja sogar auch bis in Einzelheiten unserer Physiologie hinein verfolgen. Die Herausforderung ist aber das, was die Würde des Menschen auch ermöglicht, daß das Menschenwesen diesen Mächten ausgesetzt ist, ja sogar, daß sie an seiner Entwicklung mitbeteiligt sind, daß sie ihm Dinge vermitteln, die er von sich aus noch gar nicht haben könnte. Das heißt aber, daß ganz klar zu sehen ist, wie gefährlich die beiden Mächte dem Menschen sind. Erst dann tritt letzteres ein, wenn wir nicht den Mut haben, hinzuschauen darauf, daß diese Mächte eben tatsächlich da sind, daß sie übersinnlich selbständige Wesen sind, die mit uns Menschen verbunden sind.

Doch wir sind nicht alleingelassen. Denn gerade das Bild Michaels, das wir in der Seele tragen, macht uns frei. Wir können frei hinschauen auf das, was diese Wesenheit tut, indem sie auf der einen Seite das Wesen, das nicht in den Himmel gehört, herunterstürzt, aber nicht mit einer Gewalttat, sondern mit der Verstärkung des eigenen Wesens, und indem sie auf der anderen Seite das Wesen unter den Füßen hat, das immer wieder von unten herauf den Menschen ergreifen will und ihn in seinem Bewußtsein, in seinen Empfindungen und in seinem Lebensgefühl, an die Materie fesseln will. Indem dieses Bild da ist, sehen wir auch ganz scharf den Unterschied in der Beziehung, die wir Menschen zu den Widersachermächten einerseits und zu den guten Göttern andererseits haben. Die Widersachermächte brauchen keine Rücksicht auf unsere Freiheit zu nehmen, sie dürfen, sollen und können an uns heran; die guten göttlichen Wesen nehmen volle Rücksicht auf unsere Freiheit. Sie sind da, sie versuchen, sich uns so zu nähern, daß wir ihre Gegenwart zart empfinden lernen können, und aus dieser Nähe heraus dann in Freiheit uns ihnen anschließen können, um dadurch ihre notwendige Hilfe zu erfahren. Sie warten also immer auf unsere Einsicht, auf unsere Freiheit, auf unsere Entschlüsse. Die Geste oder das Antlitz Michaels ist so auf den Menschen hingerichtet, daß er sagt: Siehe, wo du bist und was dich bedroht; schau aber auch auf die Kraft, die in dir verborgen ist, die diese Bedrohung ergreifen kann, die mit dieser Bedrohung leben kann, die diese Bedrohung wenden kann.

Wir können das auch noch anders ausdrücken: Die wirkliche Wahrheit ist ein überwundener Irrtum, und die wahre Güte ist eine überwundene Bosheit, und die wahre Selbstlosigkeit ist ein besiegter Egoismus. Es ist gerade das eigentliche Geheimnis, daß der Mensch auf der einen Seite das ist, wozu ihn die Götter geschaffen haben, aber auf der anderen Seite nur dann wirklich Mensch ist, wenn er den Widersachermächten seine Existenz buchstäblich abringt, wenn er dem sich selber abringt, was die mit ihm tun, denn sie dürfen es. So schaut man das Antlitz Michaels, und man schaut in das Antlitz des Bösen im Hinblicken auf die Widersachermächte mit ihren ganz charakteristischen Zügen. Dadurch, daß der Mensch in der Lage ist, sein eigenes Gutes den Versuchungen des Bösen abzuringen, seine eigene Reinheit der Verunreinigung seiner Seele abzuringen, sein eigenes Wahrsein seinen Irrtümern abzuringen, dadurch ändert sich auch das Antlitz des Bösen. Wenn ein Mensch in der Lage ist, das, was ihm als brutale, nüchterne Kühle in seine Gedanken durch die ahrimanische Macht eingetrichtert wird, zu ergreifen, umzuwandeln und durchsichtig zu machen für das Geistige, das in der äußeren Sinnenwelt lebt, kann diese ahrimanische Macht nachgeben. Warum? Weil sie muß! Weil sie genau spürt: hier geht meine Macht zu Ende! Ich kann zwar diesem Menschen den wahnsinnigsten Materialismus einflüstern, z. B. daß er vom Tier stammt. Aber indem ich erlebe, daß er das nicht akzeptiert, sondern daß er das, was in ihm Tierheit ist, versteht, weil er auch versteht, was in ihm Gottheit ist und Geist, muß ich nachgeben, da hört meine Macht auf. Es findet dann etwas wie eine Art Lösung, ja, man kann vielleicht sagen eine Art Erlösung für diese Wesen im Menschen durch den Menschen statt.

Es findet also auch ein Kampf statt. Aber wiederum nicht ein Kampf dadurch, daß man zuschlägt, sondern dadurch, daß etwas Wesenhaftes in uns entsteht, indem wir z. B. ganz neue Gedanken über die geistige Welt oder über den Menschen denken lernen, die überhaupt nicht ahrimanischer Herkunft sind; indem wir ganz neue brüderliche Gefühle untereinander entwickeln lernen, die nicht die luziferischen Leidenschaften sind; indem der Mensch durch das, was er den Widersachermächten abringt mit Beistand der guten göttlichen Wesen, selber wesenhaft etwas wird und in sich etwas entstehen läßt, dadurch kommen diese Wesen in ihrer Wirksamkeit an die Grenze ihrer Macht. Da sie sehr hohe und intelligente Wesen sind, geben sie dann sofort nach, und der Mensch kann erleben, wie mit seiner Hilfe tatsächlich so etwas wie eine Befreiung von der mit ihnen verbundenen Weltaufgabe für diese Wesen zustandekommt.

Es gibt einen Mut, der darin besteht: »dem Feind der Liebe und des Lichts ins Auge schauen, weiter nichts. Der Geist ist selber das Gericht.« Das heißt also, mutig dem in sich selber zuzusehen und zu durchschauen, wo man in die Einseitigkeiten kommt. Was macht man zum Beispiel, wenn man ein eitler Mensch ist? Man sage sich: da steckt doch Luzifer dahinter. Ich kann mich von seinen Freundlichkeiten auch freimachen und eine ganz andere Selbsterlebnisart entwickeln als die, die er mir beibringen will. Ist Eitelkeit vielleicht mehr lebensschwächend, als es zunächst erscheint?

Doch es gibt nicht nur diesen Mut. Es gibt auch den Mut, sich mit den Widersachermächten in der richtigen Weise zu verbinden, dahin zu kommen, daß man sie in die Hand bekommt, daß man sie frei macht von ihren Pflichten, daß man sie an ihre Grenzen kommen läßt und dadurch eigentlich befreit und erlöst. Es gibt von Rudolf Steiner eine großartige Statue, die von dem Brand des ersten Goetheanums verschont geblieben ist und heute in Dornach/Schweiz im zweiten Goetheanum in einem Turmraum steht. Da sind diese beiden Widersachermächte dargestellt, aber jeder zweimal. Das eine Mal so, daß die betreffende Macht in voller Wucht und Überzeugung wirkt. Und dann steht neben diesen beiden Mächten der Mensch, aber der Mensch, der den Christus in sich trägt. Sinngemäß sagt Rudolf Steiner dazu, daß es die eigentliche künstlerische Aufgabe war, zu zeigen, wie dieser Christus-Mensch, dieser Menschen-Christus nicht gegen Luzifer auftritt, sondern seine eigene Selbstlosigkeit im Blick auf den Menschen voll wirksam werden läßt, und indem die luziferische Wesenheit das wahrnimmt, bricht sie sich selber die Flügel. Auf der anderen Seite tut dieser Menschen-Christus gegenüber der ahrimanischen Wesenheit den Schritt in die Sphäre des Todes hinein, so daß aus diesem Tod Leben wird. Von dem Christus-Mensch geht ein tiefes Erbarmen gegenüber der ahrimanischen Macht aus, die solches nicht erträgt und dadurch sich selber fesselt.

Es ist nun deutlich geworden: Wir werden mit diesen Mächten letzten Endes nicht zurechtkommen können, wenn wir nicht die Hilfe haben, die uns wesenhaft macht, so daß wir diesen Mächten etwas Wesenhaftes entgegensetzen können, also gerade nicht Streit oder Krieg. Lassen Sie mich diese Darstellung mit einem Wort Rudolf Steiners abrunden: »Wo Sinneswissen endet, da stehet erst die Pforte, die Lebenswirklichkeiten dem Seelensein eröffnet. Den Schlüssel schafft die Seele, wenn sie in sich erstarkt im Kampf, den Weltenmächte auf ihrem eigenen Grunde mit Menschenkräften führen; wenn sie durch sich vertreibt den Schlaf, der Wissenskräfte an ihren Sinnesgrenzen mit Geistesnacht umhüllt.«

Dieser Schlaf muß weg, und das Erwachen ist vielleicht erst einmal schreckhaft. Denn angenehm ist es nicht, sich sagen zu müssen: Von Kindesbeinen an begleiten mich Luzifer und Ahriman in den intimsten Vorgängen meines menschlichen Seelenlebens, und sie werden mich begleiten bis zu meinem Tode. Angenehm ist das zunächst nicht, aber wahr! Indem der Mensch den Mut hat, diese Wahrheit auszuhalten und sich ihr zu stellen, vertreibt er allmählich den Schlaf an den Sinnesgrenzen und sieht: Wie ist das Zusammenleben mit diesen Wesen? Welche Bedeutung, welche Gefahr und welche Möglichkeiten hat es? Denn diese Wesen sind konsequent, und sie sollen das und sie dürfen das auch, jedes in seiner Weise und mit seinen Helfersscharen. Wir dagegen sind frei, und indem wir frei sind, können wir sowohl die Kräfte wie auch die Wachheiten entwickeln, die wir brauchen für den Kampf, den diese Mächte auf den Gründen unserer Seele führen dürfen!

Christus [12]

In dieser Betrachtung soll versucht werden, mit den Mitteln, die uns heute zur Verfügung stehen, von der Wirklichkeit zu sprechen, in der wir leben. Das ist notwendig, weil diese Wirklichkeit, in der wir leben, nicht übereinstimmt mit unserem Bewußtsein. Wir haben in dem Bewußtsein heute als Menschen einen Ausschnitt aus der gesamten Wirklichkeit. Das, was wir wahrnehmen und erfahren, was wir vielleicht auch forschend wissenschaftlich untersuchen, was wir an uns selber erleben, an unseren Mitmenschen, an unserem Schicksal, ich glaube, daß dafür die Menschen mehr und mehr ein Gefühl, eine Ahnung bekommen, daß das eben tatsächlich nur ein Teil dessen ist, was wirklich ist.

Man kann versuchen, über diese Wirklichkeit Gedanken zu bilden so, daß man sie zunächst denkt, daß man sie irgendwie vorstellt, dann vielleicht aber auch – wenn diese Gedanken und Vorstellungen einigermaßen mit dieser unbekannten oder halbbekannten oder geahnten Wirklichkeit übereinstimmen – an diese Gedanken bestimmte Empfindungen anzuschließen. Die führen dann vielleicht mehr und mehr zur Erfahrung, zur Wahrnehmung, zum Erlebnis. Ich meine, man kann nicht mit Gewalt ein Michael-Erlebnis herbeiführen, man kann auch nicht ein Christus-Erlebnis herbeiführen. Man vergißt immer, daß man es dabei mit Wesen zu tun hat. Es ist nicht eine neutrale, eine sachliche Wirklichkeit, diese höhere Wirklichkeit, in der wir leben, die uns umgibt, die uns sogar durchdringt, sondern es sind Wesen. Man spricht von Personen, und das gebietet mir wirklich innerlich die Haltung von Respekt und Scheu. Man sollte über einen anderen Menschen nicht einfach reden, sondern sollte versuchen, in aller Ehrfurcht und allem Respekt die Wesenheit sich irgendwie seelisch nahezubringen.

Wenn wir des Erzengels gedenken, können wir es gar nicht anders tun, als daß wir in aller Scheu die Person im Auge und in der Seele haben, um die es sich dabei handelt. Das war ja der Versuch der vorangehenden Betrachtungen, aus der christlichen Tradition und aus der neuen Geisteswissenschaft heraus Bilder vor die Seele zu stellen, deren Größe, deren Leuchtkraft, deren im Tiefsten verehrungswürdige Qualität, dann – ich möchte sagen – das Herz berühren kann. So ist es einmal das Bild dieser Erzengelgestalt, das unbewußt jeder von uns aus der geistigen Welt mitbringt, weil er ihm dort begegnet ist. Mit diesem Bild kann man schon eher umgehen. Wenn man dann versucht, hinzuschauen auf die andere Wirklichkeit, in der wir uns befinden und die wir dann nicht so sehr mitbringen, sondern die wir vorfinden, dann begegnen wir diesen beiden Mächten, die eben einseitige Wesen sind. Sie haben besondere Kräfte und Fähigkeiten, die sich unmittelbar mit dem sich verkörpernden Menschenwesen verbinden, sowohl in seiner Seele wie in seinem Leibe. Sie sind auf der einen Seite hilfreich; aber gerade weil sie diese Einseitigkeit haben, auch sehr gefährlich, verführerisch, den Menschen fesselnd an das, was er gemeinsam mit ihnen sogar selber hervorbringt. Eine sehr merkwürdige Realität, in der wir leben.

Das führt dazu, daß dann in unseren Seelen als Menschen auf der Erde eben nicht Frieden ist, sondern daß da gekämpft wird, daß da ein Ringen erfolgt. Wer kennt nicht das Bild der ringenden Menschenseele? Man soll nicht etwa denken, daß dieses Bild der ringenden Menschenseele verständlich wird, wenn man das Hereinwirken dieser – nicht unmittelbar gegebenen, sondern nur zu erschließenden und zu erarbeitenden – Wirklichkeiten nicht mit einbezieht in das Menschenbild.

Auf der anderen Seite ist dann wieder die Wirklichkeit, in der wir leben, die Natur. Es entsteht sofort ein eigenartiges Problemverhältnis zwischen dem, was wir als Menschen innerlich durchzumachen haben, und dem, was wir äußerlich zu erleben, zu erleiden und zu schaffen haben. Dieses Erleben richtet sich zunächst tatsächlich auf die Natur, die uns als stoffliche, materielle Wirklichkeit entgegentritt. Es erfolgt sowohl eine Begegnung von außen durch alles, was wir mit den körperlich-leiblichen Sinnen wahrnehmen, wie auch von innen dadurch, daß wir in der Materie verkörpert sind, daß wir Leiber haben. Es ist jedoch sehr schwierig, in die eigene Leiblichkeit mit dem Bewußtsein unterzutauchen und herauszufinden, was ist das eigentlich, worin wir da stecken? Es scheint einfacher zu sein, hinauszuschauen und im Hinausschauen irgendeinem Stück Materie zu begegnen; das kann ein Stein sein, ein Stück Granit, ein Edelstein, eine Pflanze, ein Tier.

Sagen wir einmal, es ist eine Frucht. Also ein Stück Materie. Ich kann in einen Apfelgarten gehen und mir selber von dem Baum einen roten Apfel pflücken. Das Bild, das dieses Wesen mir darstellt für die Sinne, in Farbe und Duft und Geschmack, auch in einem gewissen Gewicht und in einer gewissen Weichheit und Schönheit, habe ich vor mir. Aber ich kann im nächsten Moment einen Weg gehen mit dem Gebilde Frucht und kann das machen, was z. B. die finnischen Bauern machen. Bei einer mißlungenen Ernte brennen sie, was auf den Äckern steht, nieder. Da brennen dann Buschfeuer. Wenn das Getreide durch den verregneten Sommer ausgewachsen ist, zünden sie alles an, denn sie können nichts damit anfangen. Das Ergebnis ist Kohle, Asche und Rauch. Auf der anderen Seite kann ich eine Frucht genießen – ich kann diesen Apfel verzehren; ich kann mich von ihm erfrischen, ernähren lassen; ich kann mich beköstigen durch ihn, und das ist ein ganz anderer Weg. Was ist nun die Wirklichkeit? Ist die Wirklichkeit das, was als Asche und Rauch und Kohle übrigbleibt, oder ist die Wirklichkeit das, was erfrischend und erquickend einen Menschenleib ernährt? Und denken Sie, der Dichter, z. B. Conrad Ferdinand Meyer, ist auch damit noch nicht zufrieden. Er hat es nun gerade nicht mit dem Apfel, sondern mit der Weintraube zu tun, und es ist gerade so vor der Weinlese. Da sagt er, vom Engadin kommend und in das Bergell hinunterwandernd, ins Veltlin: »Brütend liegt ein heißes Schweigen über Tal und Bergesjoch, Evoe und Winzerreigen schlummern in der Traube noch.« Das ist die Stimmung. Jetzt fängt er an zu reden mit der Traube. »Purpurne Veltlinertraube, kochend in der Sonne Schein, heute möcht' ich unterm Laube deine vollste Beere sein! Mein unbändiges Geblüte, strotzend von der Scholle Kraft, trunken von des Himmels Güte, sprengte schier der Hülse Haft! Aus der Laube niederhangend, glutdurchwogt und üppig rund, schwebt' ich dunkelpurpurprangend über einem roten Mund.« Er will selber eine Herbstfrucht sein, voll mit Reife und Süße, und schwebend über einem roten Mund, um sich dem zu essen zu geben. Was ist jetzt das für eine Wirklichkeit? Indem man so etwas zu Gemüte nimmt, fühlt man: auch das ist wahr.

In der ersten dieser drei Möglichkeiten, also in dem Bild der saftigen, duftenden, farbigen Frucht, ist das Geheimnis verborgen, obwohl es sichtbar ist. Aber dann, in der zweiten Möglichkeit, geht es in eine andere Wirklichkeit hinein: das ist der Weg, den heute das menschliche Bewußtsein konsequent geht gegenüber allem, was Stoff ist; es bleibt tatsächlich nichts übrig als Kohle, Asche und Rauch, ob das nun elektromagnetische Schwingung heißt oder Elementarpartikel oder Quanten oder Quasare oder Quarke. In dieser Wirklichkeit kann man Christus nicht finden! Aber in der dritten, wo der Dichter herankommt an das Ernährende und an das Einen-roten-Mund-Erquickende dieser Veltlinertraube und er da selber so etwas sein möchte in dieser Wirklichkeit, da kann man vielleicht den Christus ahnen. Im Sinnesbild ist alles verborgen oder auch alles sichtbar! Denn er benützt das Sichtbare, um die Kraft, die aus der Erde heraufgestiegen ist, und die Kraft, die vom Himmel heruntergeleuchtet hat, die sich in dieser süßen Frucht gesammelt hat und reif geworden ist, zu zeigen. Er braucht das nur auf sich selber zu übertragen. Kraft aus der Tiefe, Segen aus der Höhe, Reifung, Fruchtbarkeit. Das ist die Welt, in der der Christus leben kann.

Nehmen wir ein anderes Beispiel aus der Natur: das Wetter der vergangenen drei Tage. Zuerst hat es unglaublich geregnet. Die Menschen, die in diesem Sommer vom Regen restlos zuviel hatten, fingen gleich an zu jammern. Dabei vergaßen sie vollständig, daß die Sache auch anders aussehen kann. In der letzten Nacht um ein Uhr war der Orion am klaren Himmel leuchtend aufgegangen, und die Mondsichel hatte sich gestern abend in ihrer zarten ersten Bildung angekündigt. Heute hatten wir diesen wunderbaren Herbsttag: klares Licht, reiner Himmel, wenig oder kaum oder gar keine Wolken, und das späte, leicht graudunkel werdende Grün der Bäume, der Wälder, und dann das beginnende Goldgelb der Herbstfärbung, zurückstrahlend in die Atmosphäre. Wiederum ein Bild. Man kann jetzt von diesem Bild aus wieder sagen, das ist alles einfach: wir haben den Mechanismus der Drehung der Erde um die Sonne, wir haben die Neigung der Erdachse, die geht jetzt eben langsam weg von der Sonne, und es wird bei uns eben Herbst; die Tage werden kürzer, das Sonnenlicht läßt nach, Regen und Sonnenschein usw. sind doch nur das Ergebnis der Erwärmung der Atmosphäre durch die Sonne, und weil jetzt die Erwärmungssonne wieder nach Süden wandert, bekommen wir vom Norden eben mehr das Kalte herein. Das ist alles ganz einfach, aber in diesem Mechanismus kann der Christus auch nicht existieren.

Doch wir können das Folgende sagen: Wenn ich wirklich diesem Regen, diesem strömenden Wasser, das von oben kommt in größeren oder kleineren Tropfen, in stärkeren oder schwächeren Strömen, mich ein wenig hingebe, kann ich bemerken, daß mit diesen absteigenden physischen Stoffen und Kräften zugleich aus der Erde duftend, apernd, sich erfrischend, die Lebenskräfte der mütterlichen Erde aufsteigen. Das Regenwetter ist eine wunderbare Gelegenheit zu schmecken, was aus den Erdentiefen einem strömenden Regen entgegensteigt als die mütterliche Empfänglichkeit der lebendigen Erdenkräfte. Wenn es nachher heiter wird, kann man daraufhin hinschauen, wie das eigentlich mit dem Licht ist, das direkt von der Sonne kommt. Man braucht bloß ein bißchen in das direkt von der Sonne kommende Licht hineinzutreten und wird erwärmt.

Da strömt mit dem Licht Wärme. Wenn man dann um die Sonne herum den tiefblauen Himmel erlebt – wobei da die kosmische Finsternis durchschimmert als das Blau durch die erleuchtete Atmosphäre –, erscheint das Blau des Planeten Erde, eine zweite Lichtqualität. Man sieht dann, wie das vielleicht von einer Wolke oder von einem Nebelschleier reflektiert wird von dem Wässrigen, eine dritte Lichtqualität. Wenn man dann sieht, was von den Feldern und Wäldern der Erde zurückgestrahlt wird, lebendig, als eine vierte Lichtqualität, und sieht, wie die sich alle verweben zu dem Bild von Himmel und Erde, von Pflanze, Tier und Mineral, von Berg und Wald und Feld und Hügel und Fluß: ja, in diesem Bereich der Lebenskräfte, da kann der Christus leben. Es hängt also bereits davon ab, wie schaue ich auf diese Herbstfrucht: mit dem Blick des Materialisten, mit dem Blick des Genießers, des ernährungsbedürftigen Wesens, oder mit diesem merkwürdigen Blick einer Dichterseele, oder mit den mechanistischen Vorstellungen der heutigen Astronomen und Physiker? Oder ob man sieht, wie in Regen und Sonnenschein, in Nacht und Tag, in Sternenhimmel und Morgenglanz das Leben, die Seele der Erde und der Welt pulsiert.

Die Natur kennt keine Konflikte, sie kennt auch kein Ringen, sondern sie ist das selbstlose Götterwerk, das dasteht, das darlebt die Wirklichkeit von den Sternen bis zu den Steinen. In ihr – wenn sie als eine lebendige, als eine beseelte Wirklichkeit erlebt wird vom Menschen –, kann der Auferstandene, der mit der Erde Lebende, der die Erde Durchlebende und Durchwaltende, gefunden werden. Wenn man dieses ruhige Bild – ich kann vielleicht auch sagen, diese ruhige Stimmung – vor die Seele rückt und dann sieht, mit welcher Selbstverständlichkeit die Sonne und die Sterne und die Planeten und das ganze Erdendasein in Mineral, Pflanze, Tier, einschließlich Mensch, eine Art Offenbarung seiner selbst ist – wenn man nur wirklich hinschaut, dann kann man mit Goethe sagen in seiner göttlichen Harmonie: »Wenn im Unendlichen dasselbe sich wiederholend ewig fließt, das tausendfältige Gewölbe sich kräftig ineinanderschließt, strömt Lebenslust aus allen Dingen, dem kleinsten wie dem größten Stern, und alles Drängen, alles Ringen, ist ewige Ruh' in Gott dem Herrn.«

Jetzt wendet sich der Blick auf den Menschen hin und wir sind wieder bei der ringenden Menschenseele, bei dem kämpfenden Menschengeist, angekommen. Indem man das ins Auge faßt, kommt man auf ganz bestimmte, deutlicher und deutlicher werdende Grundfiguren, jetzt nicht der Beziehung des Christuswesens zu dem Kosmos und zur Natur, sondern der Beziehung des Christuswesens zum Menschen. Ich habe in der letzten Betrachtung davon gesprochen, wie das so merkwürdig ist bei dem Kind, das von Natur aus in den ersten sieben Jahren – und das ist ja ein großartiges Ergebnis der modernen Geisteswissenschaft – seiner Konstitution nach vollständig ein selbstlos nachahmendes Seelenwesen ist und wie das gewissermaßen durch die Organisation der menschlichen Entwicklung nach der Geburt zustandekommt. Gleichzeitig macht sich bereits mit dem dritten Lebensjahr der Trotzkopf geltend, der eben nicht bereit ist, unmittelbar und unbedingt nachzuahmen, der eine gewisse Distanzierung vollzieht gegenüber dem, was seine Organisation ihm gibt. Woher kommt das? Wenn man dann auf die zweite Entwicklungsstufe des Menschen sieht, auf die Schulalterstufe von 7 bis 14 Jahren, sieht man wiederum, wie die eigentliche Organisation das vollständige, vertrauensvolle Hingegebensein an eine Menschenpersönlichkeit – Eltern oder Lehrer –, die führt, anbietet. Durch deren Autorität hindurch wird die heranwachsende Kindesseele an die Welt herangeführt, um sie zu erfassen, kennenzulernen, zu begreifen. Aber man schaue sich heutzutage so eine Schulklasse an, bis vom Lehrer die Autorität hergestellt wird. Was geht da vor? Und schließlich, wenn das Astralisch-Seelische sich mit der Pubertät löst und jetzt das eigentliche Jugendalter kommt: ahnend taucht das herunter bis in die Tiefen der Leidenschaftlichkeiten, der seelischen Liebe usw. Aber auf der anderen Seite gibt es da die Ideale, die Ahnung des höheren eigenen Wesens und der höheren Welt. Wiederum ist die Organisation eigentlich dazu veranlagt, daß der junge Mensch träumend in diesem Bereich auflebt und seine Seele ganz mit Idealen, Gedanken und Vorstellungen erfüllt. Das tut auch mancher, aber dem gegenüber steht auch der Revoluzzer, nicht nur die Verweigerung, sondern die echte, handfeste Opposition.

Mit einem Mal sehen wir, daß in dem Menschenwesen tatsächlich zwei Strömungen durch das Leben gehen: die eine, die gewissermaßen naturhaft diese Siebener-Rhythmen hervorbringt, und die gehen ja auch nach dem 21. Jahr noch weiter; und auf der anderen Seite etwas, was dem widerspricht – »Ich bin kein ausgeklügelt Buch, ich bin ein Mensch mit seinem Widerspruch« –, was mit sich selbst und zu sich selbt und außerdem auch noch mit der Umwelt in Opposition gerät, in Spannung gerät, in Kampf gerät. Das führt dazu, daß es auf der einen Seite die Individualität, die Persönlichkeit, die Seele befreit und ihr eines Tages das Freiheitserlebnis verschafft. Es führt aber auf der anderen Seite unerbittlich dazu, daß in der Organisation Schädigungen auftreten, einfach Krankheiten, Pathologien. Die Organisation, die durch das selbständig-werdende und luziferisch angeregte Persönlichkeitsbedürfnis immer wieder gestört wird in ihrem ruhigen, behäbigen Sich-Entfalten, schlägt zurück. Das gerade sich-freimachende, freikämpfende, triumphierende Ich steht dieser Organisation und ihren Gesetzen und ihrem ruhigen Sich-Weiterentwickeln gegenüber und hat dann eben die Schwäche-Erlebnisse. »Ich lechze nach dem Ideal, und bekomme es nicht herein in meine Organisation.« Der Konflikt, die Spannung ist da! Und der Mensch fühlt, es fehlt etwas. Es fehlt an einer Kraft, die diese Persönlichkeitsbildung, Ich-Bildung, Subjektivität beruhigt und geduldig macht, so daß sie nicht fortwährend reißt an der Organisation, in die sie verkörpert ist und die nun um so schwieriger und um so kränker macht, so daß die Persönlichkeit ruhig und geduldig etwas Neues, etwas anderes in sich hereinbildet, hereindenkt, hereinfühlt, hereinentwickelt an echter Seelen- und Geisteskultur. Dafür ist eine Kraft notwendig, die stärker ist als die Organisation.

Wo liegen die Möglichkeiten für die Christus-Erlebnisse in der

Menschenseele? Sie liegen immer dort, wo diese einen existentiellen Mangel fühlt, eine Ohnmacht, eine Schwäche, eine Unfähigkeit. Weil nämlich unmittelbar aus der geistigen Welt, das heißt aus der Christuswelt, aus der Christussphäre herein in die Menschenseele eine Kraft einströmen muß, die eben die Persönlichkeit erfüllt, die in diese die Christusimpulse, die Christuskraft hereinströmen läßt. Aber eine Gewalt darüber hat man nicht, sondern man kann eigentlich immer nur sich aufmachen, immer nur das herbeirufen, herbei-beten. Man kann auf der einen Seite die Garantie haben, daß es kommt. Aber es gibt keine Garantie darüber, wann. Denn man hat es, auch in dem Christuswesen, mit einem selbständigen Wesen zu tun, und ich kann nicht das, was ich dringend von einem anderen Menschen brauche, ihm einfach abfordern, sondern ich muß an ihn heran und muß fragen. Ich kann die Gewähr, die Gewißheit haben, daß Er bestimmt geben wird; aber vielleicht erst dann, wenn meine Frage, wenn mein Wunsch, wenn meine Sehnsucht selbstlos genug geworden ist. Dann kann ich erleben unmittelbar direkt aus der Gegenwart des Christus heraus etwas, was das Herz berührt, gnadevoll, als Geschenk. Und dann immer so, daß dieses gnadevoll gegebene Geschenk ganz anders und viel besser ist, als man sich das vorher in der Phantasie oder im Wunsch oder in der Sehnsucht vorgestellt hat. Vor allem viel näher, viel intimer, viel freier.

Das hat einen sehr tiefen Zusammenhang. Man kann auf der einen Seite von diesem Gesichtspunkt her die Christusbedürftigkeit des Menschen anschauen, indem man sagt: da ist das Persönlichkeitselement des Menschen, das ihn in Gegensatz bringt zu seiner natürlich sich entfaltenden Organisation, und aus diesem Gegensatz entspringen ganz bestimmte Ohnmachts- und Schwächeerlebnisse; die muß der Mensch ertragen, durchmachen und aus ihnen heraus das Bedürfnis nach der Hilfe, nach dem Heil suchen und empfangen.

Es gibt aber auch noch etwas anderes: ein tief charakteristisches, negatives Erlebnis unseres heutigen Menschenzustandes, das ist das Einsamkeitserlebnis, das Erlebnis der Isolierung in sich gegenüber der Welt. Wie man vorhin mehr das Erlebnis der Ohnmacht und Schwäche der eigenen Organisation gegenüber hat, so hier die Isolierung des Menschen von der Welt. Und wieder interpretieren wir das meist falsch. Wenn wir einsam werden, interpretieren wir das so, als ob die Welt sich von uns zurückgezogen hätte, als ob wir von den Mitmenschen und von Gott verlassen wären. Die Wahrheit ist aber: Wenn der Mensch wirklich eine autonome Individualität sein will – und das will er, das soll er –, dann muß er selber Vater und Mutter, Bruder und Schwester, Weib und Kind, Haus und Hof innerlich verlassen; nur sind die meisten Menschen sentimental und feige. Die Realität aber ist durchschaubar dahingehend, daß man bemerkt: Wer zieht sich denn da auf sich selber zusammen und versucht sich in sich zu festigen, zu erkraften, zu behaupten? Das ist das Ich des Menschen, aber indem der Mensch das tut, trennt er sich selber von der Welt und hat schließlich nichts anderes in seinem Inneren zurückbehalten als diese Ichbewegung, diese Ichkonzentration, und der gesamte Inhalt ist weg. Ein unheimlicher Zustand, vor dem die Menschen große Angst haben.

Wie will man ein selbständiges Wesen auf dieser Erde sein, eine Persönlichkeit, wenn man nicht diesen bitteren Weg geht? Dann kommt man aber von einer ganz anderen Seite her wiederum an eine Art merkwürdiges Christus-Erlebnis heran. Das besteht darin, daß man nicht nur Vater und Mutter, Bruder und Schwester, Weib und Kind, Haus und Hof selber weggestoßen hat, sondern auch Ihn. Keiner hat das besser zum Ausdruck gebracht als Blaise Pascal in seinem Memorial, wo er direkt in diese Worte ausbricht: »Nicht Du hast mich verlassen, ich habe Dich verlassen.« Der Mensch bekommt plötzlich ein Gefühl dafür, daß er selber mitbeteiligt ist an der Zurückweisung und Abweisung der göttlichen Liebe, und dieses negative Erlebnis, dieses Ohnmachts- und Schwächeerlebnis des Menschen führt ihn dazu, daß er bemerkt – man darf es vielleicht ganz einfach ausdrücken –: der Zurückgestoßene liebt mich dennoch. Es ist eben anders, als wenn ich einen Menschen zurückstoße, es ist eben ganz anders. Dieses Gefühl, bei dieser Verletzung nicht nur eine Vergebung zu empfangen – das könnte ja auch ein Mensch mir gegenüber tun –, sondern über diese Vergebung hinaus gerade in diese meine isolierteste Einsamkeit einen Strom von Kraft hineinzuempfangen, das bedeutet wiederum ein Christus-Erlebnis. Ich habe mir erlaubt, für diese Betrachtung nur diese beiden Bilder des Herannahens der Menschenseele an das Christus-Erlebnis zu entwickeln. Denn gerade diese Erlebnisse zeigen uns, wie nahe die Christus-Wirklichkeit an unseren Herzen ist. Es ist oft nur wie ein Hauch eines Hauches, der die Berührung, das Erlebnis, die Begegnung herbeiführt.

Man soll nicht denken, daß das irgendwie dramatisch vor sich gehen muß. Das geht ganz ruhig vor sich; das kann in einer Gedankenerhebung zu Ihm schon Wirklichkeit sein, wenn es aus der Ehrlichkeit dieser Einsamkeits- und Schwächeerlebnisse hervorgeht. Darf ich das einmal so formulieren: Es ist solch ein Erlebnis, das uns Menschen tatsächlich fehlt, und das wir absolut brauchen, weil es uns überhaupt erst wirklich zum Menschen macht. Wenn gefragt wird: Wie lebt der Christus mit der Natur? kann man nur sagen: Er lebt wirklich nur in der lebendigen Natur; in ihren Seelen- und Ätherkräften kann Er gefunden werden. Wenn man aber die Natur als einen reinen Mechanismus auffaßt oder als eine reine materialistische Angelegenheit, da wird man den Christus bestimmt nicht finden. Läßt man aber die Natur selber sprechen bis dahin, wie Dichter es formulieren, dann ist Christentum darin. Auf der anderen Seite steht die Frage: Welcher Mensch kann den Christus erleben? Bestimmt nicht der Mensch, der von seinem existentiellen Defizit nichts weiß, obwohl er es hat, der also nicht in der Lage ist, dasjenige, was ihm tief fehlt, in sein Bewußtsein heraufzuholen. Denn bevor die Menschenseele an das Christuserlebnis herankommt und diese Begnadung, diese Begabung erfährt, diese Nähe erlebt, diese Vergebungs- und Heilkraft empfindet, hört ja der Mensch meistens unbewußt fortwährend folgendes: O Mensch, du hast verloren dein eigentliches Wesen, du lebst in einer tiefen Entbehrung, in einer tiefen Betrübnis. Aber gerade das ist die Voraussetzung dafür, daß der Mensch nun an das herankommt, was für ihn etwas ganz anderes, etwas Neues ist.

Wir erleben die Wirklichkeit des Auferstandenen, die Wirklichkeit des Christus an den Stellen – so hat das auch Novalis z. B. ausgesprochen –, wo wir wund sind, d. h. wo wir offen und unvollkommen sind, wo etwas in uns fehlt, das durch das Wesen und durch die Kraft Christi verwirklicht werden kann. Es handelt sich dann eben nicht mehr nur um Ideale, sondern es geht um die Kraft der Verwirklichung der Ideale. Diese Kraft ist es, die auch die christliche Dichtung durchzieht. Es gibt ja ein ziemlich unbekanntes und kleines Werk des schwäbischen Dichters Hölderlin. Er überschreibt das Gedicht mit dem Wort »Patmos«, und dann heißt es da:

»Nah ist und schwer zu fassen der Gott.
Wo aber Gefahr ist, wächst das Rettende auch.«

Dann spricht er davon, wie die Adler in den Klüften wohnen und wie in den Alpen die leichtgebauten Brücken über die Abgründe führen und wie er sich sehnt, – »so gib unschuldig Wasser, o Fittiche gib uns, treuesten Sinns hinüberzugehn und wiederzukehren, so sprach ich, da entführte mich schneller, denn ich vermutet und weit, ... ein Genius.« Er kommt nach Patmos. Patmos ist die Insel, wo Johannes der Seher die Apokalypse schaut und sieht, wie das, was in dem himmlischen Weibe geboren wird, zunächst an den Thron Gottes versetzt und nicht der irdischen Welt überliefert wird. – »Gegangen mit dem Sohne des Höchsten, unzertrennlich, denn es liebte der Gewittertragende die Einfalt des Jüngers und es sahe der achtsame Mann das Angesicht des Gottes genau.« Der achtsame Mann, der Jünger Johannes, der das Gesicht des Gottes genau sieht, der gewittertragende Gott liebt die Einfalt des Jüngers. »Und es sahe der achtsame Mann das Angesicht des Gottes genau, da, beim Geheimnisse des Weinstocks, sie zusammensaßen, zu der Stunde des Gastmahls und in der großen Seele, ruhig ahnend den

Tod aussprach der Herr, und die letzte Liebe, denn nie genug hat er von Güte zu sagen der Worte, damals, und zu erheitern da er's sahe, das Zürnen der Welt. Denn alles ist gut.« Der achtsame Mann, der das Antlitz des Gottes genau sieht, genau in die Seele aufnimmt, der achtsame Mann, die achtsame Menschenseele, die heute achtet darauf, wo wir alle miteinander mit unseren Einsamkeiten, mit unseren Schwächen, mit unseren Schwierigkeiten, mit unseren seelischen Spannungen und Kämpfen stehen, egal ob wir jung oder alt sind. Und dann die Nähe Dessen, Der uns trösten und erfüllen kann, wenn wir nur geduldig genug die Einsamkeiten und die Ohnmächte und die Schwächen aushalten und uns nicht bedauern, sondern sehen: ja, im Grunde haben wir das doch selber gemacht! Also die Dichter. Man sehe doch, wie Hölderlin einfach über das Mysterium von Golgatha und von einem Jünger, dem Seher auf Patmos, so spricht, daß sofort das Herz davon berührt wird. Dieser Herzenston durchzieht ja auch die Christusdichtungen des Novalis:

»Gehoben ist der Stein, die Menschheit ist erstanden, wir alle bleiben Dein und fühlen keine Banden. Der herbste Kummer fleucht vor Deiner goldnen Schale, wenn Erd' und Leben weicht, im letzten Abendmahle.«

Man kann die Evangelien lesen und im Herzen davon berührt werden, man kann die guten christlichen Dichter lesen und im Herzen davon berührt werden, denn diese Menschen wurden berührt; sie hatten das Christuserlebnis. Sie haben die unendliche selbstlose Güte und Nähe dieses Wesens wahrgenommen. Warum? Nun, weil Er eben selber Mensch war und weil Er das, was in uns schwierig ist, an sich selber erlebt und durchgemacht hat. Er hatte ja diese Menschenerfahrungen nicht, als Er aus der Himmelswelt kam, aber Er hat sie gesucht. Er hat sich zu einem Menschen gemacht. Wie sagt der Apostel Paulus: »ekenosen heauton« – Er hat sich entleert, Er hat sich hingegeben und hat sich erniedrigt – »etapeinasen heauton« – bis zu dem dienenden Wesen.

Wir können sagen: Ich kenne mich selbst bis zu einem gewissen

Grade, ich kenne meine Mitmenschen bis zu einem gewissen Grade, ich kenne Menschliches so, wie ich es nach meinen eigenen persönlichen Möglichkeiten erlebe und an meinen Mitmenschen durch sie erfahren habe – oft schmerzlich genug –, aber so, wie Er uns kennt, kennen wir uns selber noch nicht. Denn Er kennt nicht nur, was schwierig und bedürftig ist, was der Hilfe bedarf, sondern Er kennt auch die verborgenen herrlichen Möglichkeiten, die mit Seiner Hilfe aus den Menschen in der Zukunft hervorgehen werden. Das Dunkelste in uns wird leuchten können durch Ihn, das Kälteste in uns wird warm werden können durch Ihn, das Schwerste in uns wird tragende Flügel bilden durch Ihn. Das weiß Er mit all denjenigen, die es erleben durften, und darum ist letzten Endes die eigentliche Wirklichkeit, in der wir Menschen heute leben, der Christus.

Michael und Christus[13]

Ich möchte mir erlauben, das Thema, das aus der kurzen Formel »Michael und Christus« besteht, zu verbinden mit dem Gesamtthema dieser Tagung, das heißt aber: Michael, Christus und der Mensch.

Schauen wir zunächst auf den Menschen. Jeder von uns vollzieht sein Menschsein zunächst als Kind. Dieses kindliche Dasein, dieses Kindsein, lebt das Menschsein aus auf eine völlig naive, direkte, unbefangene und selbstverständliche Weise. Man kann ein Motiv beobachten, auf das Rudolf Steiner hingewiesen hat: man sehe, wie für das Kind eigentlich zwischen Mensch und Mensch kein Wertunterschied vorhanden ist. Das Kind erlebt, was Menschenantlitz hat in einer ursprünglichen Gleichheit mit sich selbst. Er hat davon gesprochen, daß das Motiv der Gleichheit von allem, was Menschenantlitz trägt, für das kindliche Dasein des Menschen ebenso selbstverständlich ist wie sein eigenes. Ein Kind wird niemals auf die Idee kommen, sich selbst in Frage zu stellen. Weder die Welt noch der Mensch noch es selber ist für das Kind ein Problem.

Dieses wird grundlegend anders für jeden einzelnen Menschen während seines Heranwachsens bei der Annäherung des Kindesalters an die Erdenreife. Schon vorher beginnt in der Seele leise der Gegensatz zwischen sich und dem anderen. Wenn dann der Übergang zum Erdenreifwerden erfolgt in der Pubertät, dann beginnt im Menschen das allmähliche Fragen nach sich, nach der Welt, nach den Rätseln. Das braucht nicht ganz bewußt zu werden, aber das Lebensgefühl als Existenzgefühl des Menschen wird verändert. Die natürliche Selbstverständlichkeit löst sich auf und die Rätselfragen des Daseins beginnen bewußt, halb bewußt oder träumend in jedem Menschen aufzubrechen. Der Mensch erlebt, daß ihm Schranken gesetzt sind, daß er an Grenzen seiner menschlichen Existenz stößt. Vielleicht werden ihm zunächst die andern Menschen zum Problem. Aber es bleibt nicht aus, daß jeder Mensch auch sich selber zur Rätselfrage wird. Und diese Rätselfragen steigen dann allmählich in das Bewußtsein, je nachdem, wie die Begabung, die Eigenschaften, die Konstitutionen, aber auch das immer deutlicher sich meldende Schicksal diese Rätselfragen der Existenz konfigurieren: Ich weiß nicht, woher ich komme, ich weiß nicht, wohin ich gehe, ich weiß nicht, wer ich eigentlich bin, ich weiß nicht, welchen Sinn mein Dasein hat.

Es ist in dieser Weise scharf formuliert, aber es wird von zahllosen Seelen so ausgesprochen. Im Untergrund des Selbstgefühls und Daseinsgefühls leben diese existentiellen Rätsel auf: das Rätsel der Welt, das Rätsel des Menschen, das Rätsel der Gottheit, das Rätsel des Bösen sind es. Damit stößt der Mensch fortwährend an Grenzen an, die zunächst für sein irdisches Bewußtsein nicht zu durchbrechen sind: Die Grenze der Geburt – bis wohin geht meine Erinnerung?, die Grenze des Todes – was kommt danach?, die Grenze der Tiefen der eigenen Seele – woher stammen meine Lebensimpulse?, die Grenze des Höheren in mir – wie ist das mit meinen Idealen?, und rings um mich herum auch die Grenze der Sinneswelt, beginnend mit der konfigurierten Grenze meines eigenen Leibes und dann hinaus in das, was um mich ist.

Wir haben also vor uns die ringende Menschenseele, die fragende Menschenseele, die um ihre Existenz kämpfende Menschenseele. Und wir fragen uns: Gibt es jemanden, der auf diese Fragen antworten kann? Gibt es die Möglichkeit, daß wir im schlafenden Zustand Nacht für Nacht mit jemandem zusammen sind, der uns kennt, der weiß, woher wir kommen? Ein solcher müßte mit jedem von uns vor seiner Inkarnation und Geburt zusammen gelebt haben, und indem er Nacht für Nacht mit unseren schlafenden Seelen lebt, auch wissen, wie das nach dem Tode weitergeht, auch wissen, was in den unbewußten Tiefen der Menschenseele aus den geistigen Welten mitgebracht ist und da wirkt und als ganz persönliche, aus dem tiefsten eigenen Wollen herausströmende Lebensimpulse auftritt. Ein solcher müßte aber auch überschauen, welche Zukunftsmöglichkeiten dieses Menschenwesen hat, um sich weiter und weiter zu entwickeln und zu entfalten; und ein solcher müßte wissen, mit wem dieses Menschenwesen als Wesen der Erde – ohne es wahrnehmen zu können – als mit Elementarwesen, mit Wesen der Hierarchien – den göttlichen Engeln und Erzengeln –, mit Wesen des Bösen zusammenlebt.

Ein solcher Jemand ist der Angelos, der Engel! Er ist ein höheres geistiges Wesen, das sich einmal entschlossen hat, mit einer ganz bestimmten Menschenseele mitzuwandeln von Inkarnation zu Inkarnation und dabei das zusammengefaßte, zusammengehaltene totale Bewußtsein von jedem einzelnen Menschen zu haben, zu verwalten. Für dieses Wesen ist es nicht so, daß diese fünf Grenzen unserer irdischen Bewußtseinsbegrenztheit, die ich vorher genannt habe, absolute Mauern sind. Er weiß, daß die Erinnerung, indem der Mensch innerlich einen Zusammenhang hat mit seinem vorgeburtlichen Dasein, nicht nur vom Alter zurück durch die Jugend und Kindheit bis zu einem bestimmten Bewußtseinsgrad geht, sondern daß in dieser Erinnerung verborgen eine höhere Erinnerung an die moralische Welt des vorgeburtlichen Daseins lebt, die als Stimme des Gewissens im Menschenherzen spricht. Er weiß, daß die Pforte des Todes nicht absolut zugeschlossen ist, sondern daß der Mensch eine Kraft in seiner Seele hat, die er Hoffnung nennt und in der, wenn auch verborgen, doch schon etwas von dem lebt, was dieser Mensch in der Zukunft sein wird. Er weiß auch, daß in den tiefen Untergründen der niederen Seelenkräfte des Menschen – derjenigen, die mit dem Leibe verbunden sind: Triebe, Begierden, Leidenschaften, Schwächen –, daß auch da der Mensch etwas wie Ahnung haben kann darüber, daß vielleicht noch tiefer als die Schuld die Unschuld sitzt. Er weiß, daß, indem der Mensch ein ringendes, strebendes Wesen ist, die Ideale – und die sind bei jedem einzelnen verschieden – als die Sehnsucht seines Herzens auch da sind. Und er weiß schließlich, daß diese scheinbare dunkle Mauer der Materie des eigenen Leibes und der materiellen Außenwelt doch für den Menschen fortwährend Antlitzcharakter bekommen kann, so daß der Mensch fühlt: auch in einem toten Stein, in einer Blüte, in einer Wolke schaut mich jemand an. Die fünf Mauern des eingekerkerten irdischen Menschenbewußtseins sind geheime Tore. Und sie heißen Gewissen, Hoffnung, Ahnung, Sehnsucht und Weltvertrauen.

Durch solche Erkenntnisse wird das Gefühl wahrgenommen, daß in dem Ringen und Kämpfen der Menschenseele um ihre Existenz und damit um die der Mitmenschen etwas enthalten ist, was nicht nur den Blick des Engels jedes einzelnen von uns auf uns beinhaltet, sondern daß dieses Angeloswesen aufschaut zu einem höheren Wesen. In den geschriebenen Angaben Rudolf Steiners über Michael heißt es: »Michael erhält als Wesen aus der Hierarchie der Archangeloi seine Eindrücke mit Hilfe der Wesen aus der Angeloi-Hierarchie.« Das heißt, daß mein Engel nicht nur auf mich schaut, mich geleitet, mich kennt und im Schlafzustand jede Nacht mit mir spricht, sondern daß dieser Engel auch aufschaut zu dem Zeitgeist, zu dem höheren Wesen, das nicht mehr nur den einzelnen Menschen betreut, sondern aufgestiegen ist zur Führung und Betreuung der Menschheit. Das ist für die heutige Zeit der Zeitgeist Michael.

Und was schaut Michael? In den Augen, in den eurythmischen Gesten, in den Farben und Lichtglanzprozessen des Angelos, was schaut Michael da in bezug auf mich? Er sieht, vermittelt durch den Engel, daß ich zu den Menschen gehöre, bei denen aus der gesamten individuellen Menschenproblematik, aus der ganzen ringenden Menschenseele heraus eine brennende Frage aufleuchtet. Die Frage: Ist das, was ich in meinem irdischen Bewußtsein habe, alles? Ist diese materielle Welt die einzige? Oder gibt es eine geistige Welt? Mit Hilfe des Engels schaut Michael, ob ein Mensch diese Frage so existentiell in seinem gesamten menschlichen Ringen hat oder noch nicht hat. Und er schaut auch mit Hilfe des Angelos, gewissermaßen durch den Angelos hindurch, wie diese Frage gestellt ist: Ob sie gestellt ist als eine allgemeine Frage, vielleicht sogar okkultistischer Neugier, oder ob diese Frage wirklich existentiell brennt; ob sie tatsächlich aus dem innersten Ich dieses Menschen aufleuchtet und so gestellt ist, daß in dieser Frage die Sehnsucht enthalten ist, über diese geistige Welt erkennend zu wissen, um sie dann fühlend zu erleben und tätig ins Leben zu bringen.

Die Menschen aus der ganzen Menschheit, aus allen Geschlechtern und Rassen und Völkern und Stämmen und Nationen, bei denen Michael diese Frage wahrnimmt – so gestellt wahrnimmt –, diese Menschen beginnen, sich aus den Gruppenzusammenhängen ihres irdischen Daseins herauszulösen. Und sie hören mehr oder weniger deutlich das Christuswort: »Wer nicht verläßt seinen Vater und seine Mutter« – wir können hinzufügen: seine Rasse, sein Volk, seinen Stamm –, »seine Brüder und seine Schwestern, und sich in seinem Innersten mir zuwendet, der wird mich noch nicht finden.«

Rudolf Steiner hat diejenigen einzelnen Menschen, die sich durch die Michaelfrage, das heißt also durch die modern gestellte Frage nach der Wirklichkeit einer geistigen Welt und ihrer Erfahrbarkeit im Denken, als einzelne Menschen auf diese Weise aus allen Gruppenzusammenhängen, seien sie noch so großartig und schön, innerlich beginnen herauszulösen, die »Michaeliten« genannt. Man kann einen Michaeliten daran erkennen, wie diese Frage in seinem Herzen und in seiner Seele lebt. Denn diese Frage ist die Brücke, die den einzelnen Menschen durch seinen Angelos mit dem Zeitgeist des Archangelos Michael verbinden kann. Man soll nicht etwa denken, daß das michaelische Zeitalter heute in diesem Sinne für alle Menschen angefangen hat. In einem andern Sinne schon. In diesem Sinne hat es für die angefangen, die erwachen wollen, die aus ihrem eigenen Inneren heraus die Morgenruf-Frage stellen, aber existentiell, und nicht theoretisch.

Indem die Michaelwesenheit das bemerkt, kann sie sich dem einzelnen Menschen zuwenden und kann dieses fragende Menschenbewußtsein im individuellen Menschen verstärken, so daß sich zunächst einmal auf diese Frage dem Menschen die Antwort nahelegt, die in ihm selber aufkeimen kann: Ja, wo soll ich die geistige Welt suchen, wenn nicht zunächst in mir? In diesem Augenblick beginnt ein Weg. Es beginnt ein Weg, den das Evangelium die enge Pforte, den schmalen Weg, nennt. Er ist deshalb eng und deshalb schmal, weil in dem Maße, in dem das Menschenwesen anfängt sich zu besinnen: Wo bin ich denn ein geistiges Wesen und Zugehöriger einer geistigen Welt? – dann der Mensch ganz bestimmte innere Leiden und Kämpfe durchmachen muß, die ihm dazu helfen, die illusionären Lebensempfindungen abzubauen, die darin bestehen: als ob mein Ich mit meinem Leibe identisch wäre, als ob dieser Leib das wäre, was ich bin. Was aber noch schwerer ist, es gilt auch die Identifikation mit der eigenen Seele abzubauen, als ob ich meine Seele wäre. Die Leiden und die Kämpfe helfen ihm, herauszufinden, wie in diesem Leibe und in dieser Seele etwas noch ganz anderes da ist: dieses merkwürdige, zunächst unfaßbare, und dennoch alle Selbstbezogenheit des Menschen bewirkende Ich.

Als Rudolf Steiner einmal gefragt wurde, was heißt denn eigentlich michaelisch denken? Da hat er die Antwort gegeben: »Wir haben nicht mehr zu rechnen darauf als Menschen, daß uns aus unserer Leibesentwicklung herauf noch irgendein Aufschwung kommt. Wir müssen den Aufschwung ergreifen dadurch, daß wir auf den Menschen hinschauen lernen in dem, wodurch er aus der Erdenentwicklung hinaus zu den folgenden Gestalten der Erdenentwicklung führt ... Sie reden nur richtig, wenn Sie sich sagen: Dasjenige, was da vor mir steht, das sind Stoffpartikelchen, die die menschliche Geistgestalt in sich aufspeichert, das macht mir das Unsichtbare, was da vor mir steht, sichtbar. Der Mensch ist unsichtbar, richtig unsichtbar. Sie alle sind hier, wie sie hier sitzen, unsichtbar für physische Sinne ... Daß man sich mit vollem Bewußtsein in jedem Augenblick seines wachen Lebens so etwas sagt, das macht die michaelische Denkweise aus.«

Das heißt aber: Wo ist in mir dieser unsichtbare Mensch, dieses Ich, wie in jedem anderen Menschen auch? Um durch wahre Selbsterkenntnis das eigene Ich-Erleben herauszulösen aus der Identifikation mit dem Leibe, aber auch – was sehr viel schwerer ist – herauszulösen aus der Identifikation mit der Seele, um das zu finden da drinnen, wo ich in der Lage bin, mich auch meiner Seele, auch meinem Leibe innerlich gegenüberzustellen und zu diesem Hüllenmenschen »du« zu sagen als jenes geistige Ich, das dieses »du« spricht; das ist der enge Weg, die enge Pforte, der Weg zum Ich. Der französische Denker Jacques Lusseyran drückt es so aus: »Das Ich hat die merkwürdige Eigenschaft, daß es überhaupt nur von seinen eigenen Bewegungen lebt.« Der deutsche Denker Fichte sagt: »Das Ich ist nur dann zu fassen, wenn es in der Lage ist, gegen sich selbst aufzustehen und sich selber als reines geistiges Wesen zu setzen.« Also das heißt nicht: hinzusetzen, sondern das heißt: sich zu wollen, und zwar das zu wollen, nichts anderes zu sein als ein Ich.

Dieses von Michael angeregte, fortgesetzte schmerzliche Erüben der Selbsterkenntnis, die aber gleichzeitig das vollständige Ja zur eigenen Existenz, auch zur eigenen Umhüllung, auch zum eigenen Schicksal beinhaltet, dieses führt zur ersten Ahnung der Wirklichkeit einer geistigen Welt in dem menschlichen Ich. Es führt aber dann auch zu einer inneren Unabhängigkeit und individuellen Souveränität, die überhaupt nichts zu tun hat mit Hochmut oder Stolz oder Eigensinn, wenn dieses Erlebnis existentiell realistisch zustande kommt, das heißt aber, michaelisch ist. Das führt dazu, das wahre Freiheitserlebnis zu haben. Denn nur in der inneren Erfahrung des sich so befreienden Ich ist Freiheit volle Wirklichkeit.

Warum ist es so schwer, diese Geburt des eigenen Ich in der eigenen Seele zu erreichen? Sind es wirklich nur die Geburtswehen, die die Seele wie eine Art Frau, wie eine Art Mutter durchmachen muß, um das Männliche, das Ich, das Geistige hervorzugebären? Sind es wirklich nur die schmerzlichen Verzichte, die schmerzlichen Selbstbesinnungen, das Erlebnis des Abgrundes der eigenen Freiheit und der absoluten Selbstverantwortung, oder gibt es auch noch etwas, was an dieser Stelle dazugehört? Mit der Erfahrung der Geistigkeit des eigenen Ich, mit der Erfahrung der Freiheit des eigenen Ich ist ein Drittes unabdingbar verbunden, und das ist die Erfahrung der Einsamkeit, die Erfahrung der Vereinsamung des Menschen. Vor dieser Erfahrung, die der Mensch unbewußt auf sich zukommen sieht, schreckt er zurück. Er schreckt zurück, den Adel dieser Einsamkeit seines eigenen Ich wirklich zu ergreifen, den Schritt zur vollständigen Isolierung in dem Sinne: »Wer nicht Vater und Mutter verläßt, Bruder und Schwester ...« diesen Schritt zu tun. Ahnungsvolle Seelen haben das gewußt. So schreibt Christian Morgenstern:

»Die zur Wahrheit wandern,/wandern allein,/
keiner kann dem andern/Wegbruder sein./

Eine Spanne gehn wir,/scheint es, im Chor, .../
bis zuletzt sich, sehn wir,/jeder verlor./

Selbst der Liebste ringet/irgendwo fern;/
doch wer's ganz vollbringet,/siegt sich zum Stern,/

schafft, sein selbst Durchchrister,/Neugottesgrund –/
und ihn grüßt Geschwister/*ewiger* Bund.«/

Man mag das nicht, man will das nicht! Dieses wirklich sich hinstellen und bemerken, was wahre geistige Einsamkeit des Menschen-Ich bedeutet. Sie bedeutet nicht irgendeinen Hochmut, sondern sie bedeutet letzten Endes das tief zu bestaunende Wunder, daß ich tatsächlich ein autonomes geistiges Wesen, das heißt ein Ich sein darf. Und daß ich das erfahren kann, daß ich das sein darf! Und ich glaube, man sieht ja jetzt mit einem Blick, daß das bereits eine Art Selektion ist. Wir brauchen nicht zu wissen, warum der eine dazu kommt und der andere nicht, warum der eine eben Vater und Mutter verlassen kann und der andere noch nicht. Aber die, bei denen das geschieht, die durch ihr inneres Sein und inneres Suchen und Fragen da herankommen, können sicher sein, daß ihnen geholfen wird. Und zwar geholfen wird dadurch, daß nun der Erzengel nicht nur diese Auswahl erlebt von seinen Michaeliten, sondern daß dieser Erzengel auch diesen Menschen ein Licht, eine Wärme zuhauchen will von der Art, wie er sein Ich erlebt.

Rudolf Steiner hat auch darüber keinen Zweifel gelassen, wie die Michaelwesenheit selber ihr göttliches übermenschliches Ich erlebt, nämlich so: daß sie sich nur bejaht, weil sie die Göttergedanken und den Götterwillen der mit ihr verbundenen geistigen Wesen in sich tragen will, und daß sie deshalb dem Menschen nicht nur die Kraft, die Geduld, auch den Mut vermittelt, sich hinzuarbeiten zur wahren Selbsterkenntnis, sondern daß sie auch den Menschen hinweist darauf, welche Bedeutung die Einsamkeit eigentlich hat. Da hat Rudolf Steiner einmal uns folgendes anvertraut: Diese Einsamkeit des menschlichen Ich ist – so sagt er – eine große Kraft, wenn sie ausgehalten wird. Weil nämlich dadurch der Mensch aufmerksam gemacht wird wiederum durch etwas, was die Michaelswesenheit ihm vermittelt, auf die wahre Bestimmung dieses in die Einsamkeit geratenen Ich. Und was ist das für eine Bestimmung? Das ist eben die Bestimmung des Ich für den Inhalt und die Substanz, die dieses Kristallgefäß, dieses kühle klare Kristallgefäß des Menschen-Ich mit warmem Licht, mit warmem Blut erfüllen kann, wenn dieses Ich dem Winken der Michaelwesenheit nachspürt und dann merkt, wie dort, wo die Ideale leben in der Sehnsucht nach dem Höheren und Wahren, die Christussehnsucht des menschlichen Ich lebt. Zur Michaelfrage kommt die Christussehnsucht dazu. Und diese ist das eigentlich michaelische Wirken heute: Indem diese Michaelwesenheit dem Menschen hilft, bis zur Einsamkeit zu kommen und den Mut zu haben, da nicht fortzulaufen vor diesem menschlichen Ereignis, und auf der anderen Seite mit milder, liebevoller Hand auf den Christus hinweist. Eine Geste, die der einsame Mensch in seinem Herzen fühlen kann, diesen Hauch der Michael-Flügel zu dem Christus-Herzen hin.

Der Blick Michaels als eines Zeitgeistes fällt auch darauf, woher das kommt, daß es dem Menschen so leicht fällt, sich mit seinem Leibe und mit seiner Seele zu verwechseln, daß es dem Menschen aber so schwer fällt, die ganze sinnliche Welt als Antlitz zu erfahren: weil der Mensch mit seinem Hüllenwesen in einen Bereich heruntergestiegen ist, der für Michael unter seinen Füßen liegt. Das ist der Bereich Ahrimans, das ist der Bereich der Materie. Und indem der Mensch heute auf Erden geboren wird, steigt er mit seinem ganzen Seelen- und Leibeswesen so herunter in die Materie, daß er – ich drücke es einmal so aus – existentiell Materialist ist und sein muß; weil zunächst diese materielle Welt seine Wirklichkeit ist, die als Realität imponiert, der gegenüber ein gewisses Vertrauen da ist, auf die der Mensch bauen kann, die er manipulieren kann, mit der er arbeiten kann. So wie Michael das menschliche Ich schützt vor den Anwandlungen von Hochmut, so auf der anderen Seite entreißt Michael durch die Hilfe zur Selbsterkenntnis den Menschen den Händen der ahrimanischen Macht, dem materialistischen Erdenbewußtsein. Und zwar dadurch, daß der Mensch in seinem Inneren sich als geistiges Wesen in seiner Einsamkeit erfahren kann. »Die zur Wahrheit wandern, wandern allein!«

Ich glaube nicht, daß es irgend einen Menschen gibt, dem das Christus-Erlebnis nicht zunächst in der Einsamkeit seines Ich zuteil geworden wäre. Wenn aber folgendes merkwürdige Erleben möglich wird: Um mein Ich herum ist Er anwesend, der Tröster, der Heiland; in mein Ich hinein will Er das Licht und die Wärme seines eigenen Wesens einströmen, einfließen lassen. Dann darf ich auch empfinden, daß durch mein Ich hindurch aus dem kühlen Kristall, aus der geöffneten, sich füllenden Schale allmählich, langsam, ganz langsam, eine Sonne wird, daß das christliche Herz sonnenhaft wird. Von da aus kann dann der Mensch sich wieder zurückwenden zu dem, was er auf dem Wege zunächst zurücklassen mußte, um die Einsamkeit zu finden. Er kann sich wieder zurückwenden zu seinen Hüllen, zu seiner Seele, zu seinem Leibe, weil jetzt das Ich in der Lage ist, was an dieser Seele schwierig ist, was an diesem Schicksal problematisch ist, was an diesem Leibe krank ist, zu tragen, das Kreuz auf sich zu nehmen. Darin besteht die Nachfolge. Die Bereitschaft: von dem Christus-berührten, vielleicht sogar Christus-erfüllten und Christus-durchdrungenen Ich aus wieder hineinzusteigen in das, was dunkel, schwer, krank, problematisch, sündhaft ist, es zu ertragen und im Ertragen-wollen damit zu arbeiten, um allmählich das Dunkel mit Licht, die Schwäche mit Kraft erfüllen zu lassen.

Von da aus kann ebenso auch die neue Zuwendung geschehen zu dem, was Christian Morgenstern »Chor« genannt hat, zum eigenen Familienkreis, zu den Freunden, zu den Verwandten, zum Volk, zur Gruppe, zur Rasse, zum Kulturboden; weil jetzt das Ich paulinisch geworden ist und nicht mehr sagt: Ich bin Amerikaner, sondern ich kann als Christ den Amerikanern ein Amerikaner und den Deutschen ein Deutscher sein. So wie Paulus den Juden ein Jude und den Griechen ein Grieche sein konnte. Das Menschheitliche fängt an zu leuchten, jenes Menschheitliche, das dann schließlich dazu führen kann, daß wir erleben können: Ja, was ich auf dem Wege der Gralsuche, der Christus-Sehnsucht, des Christus-Ahnens und Christus-Berührtwerdens und vielleicht sogar immer stärkeren Christus-Findens durchgemacht habe, es gilt für jeden anderen Menschen genauso. »Brüder, hört das Wort!« sagt Christian Morgenstern. Auf dem Weg über das kindliche Gleichheitsgefühl der naiven Existenz, über das Erlebnis des Freiheitsgefühls in der Einsamkeit des Herzens geht der Weg zur Brüderlichkeit, zur Schwesterlichkeit, weil man in jedem anderen Menschen durch das Christuswesen eigentlich sich selber erkennt. Diejenigen Menschen, die das Walten und Weben und Wirken Michaels und des Christus in sich fühlen, die »dürfen sich vereinigt fühlen« zum Beispiel in einer Christengemeinschaft, »in einer Kirche, der alle angehören, die die heilbringende Macht des Christus empfinden«.

Christian Morgenstern sagt es in einem Gedicht, das mit dem Wort »Brüder« anfängt, so:

»Brüder!« – Hört das Wort!
Soll's ein Wort nur bleiben?
Soll's nicht Früchte treiben/fort und fort?

Oft erscholl der Schwur!
Ward auch oft gehalten –
Doch in engem, alten/Sinne nur.

Oh, sein neuer Sinn!
Lernt ihn doch erkennen!
Laßt doch heiß ihn brennen/durch euch hin!

Allen Bruder sein!

Und dann endet er:

»Liebt das Böse – gut!«
lehren tiefe Seelen.
Lernt am Hasse stählen –/Liebesmut!

Das Menschen-Ich zwischen Himmel und Erde[14]

Wir haben als Motiv für unsere Betrachtung das menschliche Ich. Doch sogleich, wenn man das ausspricht, »das menschliche Ich«, muß man fragen: Weiß man denn eigentlich, was das ist? Man kann die Wissenschaft zu Rate ziehen: Anthropologie oder Psychologie oder Soziologie, und dann gibt es verschiedene wissenschaftliche Auffassungen über das Ich und damit über den Menschen. Aber eigentlich nützt einem das nicht viel. Wenn man wirklich erfahren will, was das ist mit diesem geheimnisvollen Ich, dann ist es eigentlich notwendig, daß jeder Mensch versucht, einen Weg zu gehen, um dieses geheimnisvolle Etwas in uns selber bei sich zu finden. Ich möchte deshalb keine Ich-Theorie entwickeln, sondern versuchen, daß wir gemeinsam einen Weg gehen, der immer wieder eine Anregung zur Selbstbeobachtung ist, damit jeder die Möglichkeit hat, bei sich selber das zu suchen und zu finden in dem eigenen inneren Wesen, das man dann mit diesem Wort »Ich« bezeichnen kann.

Wir brauchen für diesen Weg viel Geduld. Dafür möchte ich ein Bild benützen. Wir stellen uns vor, jemand hat eine Stecknadel in einem Strohhaufen verloren. Er sucht seine Stecknadel in dem Strohhaufen, aber wenn er das Stroh beiseite räumt, ist die Stecknadel schon wieder weiter heruntergefallen. Er probiert, die nächsten Strohhalme wegzuräumen, um die Stecknadel zu finden, und dabei fällt die Stecknadel noch weiter herunter. Er muß eigentlich den ganzen Strohhaufen beiseiteräumen, um vielleicht ganz unten auf dem Fußboden die kleine Stecknadel zu finden, besonders dann, wenn sie einen gelben Kopf hat. Jetzt wollen wir so ein Suchen miteinander durchführen.

Jeder Mensch kann bei sich selber aus der Erinnerung heraus eine Art biographischen Weg gehen, um an der eigenen Erinnerung etwas von dem zu finden, was in Richtung auf das Finden des Ich im Menschen geht. Man kann sich vorstellen, wie dieses Ich eines jeden Menschen vorhanden ist, wenn der Mensch von einem Vater und einer Mutter gezeugt wird und dann als Embryo in dem Leibe seiner Mutter lebt. Zuerst ist er ganz klein, dann wird er immer größer und größer, bis er schließlich so groß ist, daß er herauskommen kann aus dem Schoß. Wo ist da das Ich? Und sowie das Kind geboren ist, kann man sehen, daß dieses Menschenwesen, während es sich im Leibe der Mutter entwickelt hat, einen Kopf und eine Gestalt und Hände bekommen hat, die sehr schnell nach der Geburt etwas zeigen. Was denn?

Wir stellen uns vor, wir haben eine Serie von Photographien von einem Menschen, wie er ausgesehen hat nach der Geburt, wie er ausgesehen hat nach 2, 3 Jahren – besonders das Gesicht, das Köpfchen –, wie er aussieht, wenn er 7 Jahre alt ist, 20 Jahre alt ist, 30, 40, 50 Jahre, und wenn er ganz alt wird. Da sieht man: Schon ganz von Anfang an ist der Mensch individuell geformt. Wenn man z. B. einen Menschen gekannt hat, als er 40, 50 Jahre alt war und man sieht eine Photographie von dem Kind, dann sieht man: das ist er! Man kann es identifizieren! Das heißt, das Ich hat schon während der Embryonalzeit etwas getan und tut das das ganze Leben hindurch weiter: daß es den Körper, den materiellen Leib ergreift, die Materie durchdringt und die individuelle Physiognomie herstellt. So können wir sagen, daß in dem physischen Körper eines Menschen sich etwas von seinem Ich zeigt. Auch wenn das Kind vielleicht Ähnlichkeit mit dem Vater oder mit der Mutter, mit dem Großvater oder dem Onkel oder der Tante hat, das individuell-physiognomische Charakteristikum ist immer schon da. Das kann nur vom Ich kommen! Denn jeder Mensch hat nicht nur im Antlitz, im Haupt, sondern in seiner ganzen Gestalt die ganz individuelle Physiognomie.

Jetzt bekommt dieses kleine Kind, wenn es etwa gegen ein Jahr alt geworden ist, aus seiner eigenen Umgebung den gewaltigen Impuls, sich aufzurichten. Beim Aufrichtenlernen steht es fortwährend auf, fällt wieder hin, steht wieder auf, fällt wieder hin, und so fort. Und das geschieht ganz individuell.

Man sieht also, daß dieses Ich schon im physischen Körper etwas macht: die individuelle Physiognomie und diese Kraft, den ganzen stofflichen, materiellen Körper zu ergreifen und aus dem Kriechzustand, aus dem Liegezustand aufzurichten. Schließlich erlebt es diesen befreienden Moment, wo dann dieser kleine Mensch tatsächlich steht und geht. Mit dem Aufrichten fängt gleichzeitig die Sprache an. Und jetzt hört man, wie die ganze Sprachorganisation, die Lautbildung durch den Kehlkopf, die Zunge usw. ergriffen wird durch das Hören der Sprache, und wie dann wiederum unverkennbar schon bei diesem kleinen Kind, das anfängt zu sprechen, ein ganz spezifisches, individuelles Timbre in das Wort kommt. Und wir haben vor uns die zweite gewaltige Tätigkeit dieses Ich im kindlichen Menschen: daß nämlich nicht nur die materielle Körperlichkeit, der physisch-materielle Körper ergriffen und individuell physiognomiert wird, sondern daß auch die Lebenskräfte von diesem Ich ergriffen werden und in den individuellen Sprachprozeß hineinfließen. Man hört sofort das ganz individuelle Timbre in der Sprache. Und ein Drittes passiert so früh. Nämlich daß jetzt alles, was dieses kleine Kind wahrnimmt und innerlich seine Vorstellungen werden, daß es mit diesen Gedanken, die aus der Sprache heraus als Vorstellungen und aus der Sinnenwelt als Wahrnehmungen entstehen, in seiner Phantasie ganz individuell umgeht. Jedes Kind hat diese eigenartige Kraft in sich, daß das, was es erlebt, innerlich ergriffen wird und zu etwas anderem wird als es draußen ist. Es kann aus einem Stück Holz eine Eisenbahn phantasieren, es kann aus einem Stäbchen einen Menschen, eine Puppe phantasieren.

So hat man gewissermaßen die erste Offenbarung des Ich in der physischen Körperlichkeit, in der Physiognomie, in der Aufrichtung, die zweite in der subjektiven persönlichen Sprache, und die dritte in der Art, wie die Vorstellungen in einem Menschen bewegt werden, wie da fortwährend eine Phantasietätigkeit eingreift, die ganz aus dem eigenen Ich kommt. Schließlich entsteht der merkwürdige Moment, wo gewissermaßen diese tätige Ichkraft so zusammengefaßt wird, daß sie sich abgrenzt von der ganzen übrigen Welt. Alles, was zu diesem Kind gehört, sein Leib und sein Seelenleben und seine Lebensvorgänge werden zusammengefaßt, und der Moment kommt, wo dieser kleine Mensch zum ersten Mal ein inneres Ich-Erlebnis hat und dann sagt: Ich.

In diesen ersten 2, 3 Lebensjahren sehen wir so diese eigenartige, fundamentale Tätigkeit eines verborgenen geheimen Wesens, das die körperliche Stofflichkeit, die Lebenskräfte, das ganze Seelenleben und schließlich das Bewußtsein ergreift bis dahin, wo dann schließlich dieses Wesen »Ich« sagt. Was ist das für ein Moment? Beim genauen Hinschauen bemerkt man: da ist Wille tätig, ein umfassender, aktiver, das ganze irdische Menschenwesen ergreifender Wille. Dieser Wille äußert sich in dem, was man – anthroposophisch gesprochen – den physischen Leib, den ätherischen Leib, den Astralleib nennt, bis das innere Ich-Erlebnis irgendwie zustandekommt, aber auch das ist ein Willensvorgang. Denn der kleine Mensch, wenn er zum ersten Mal anfängt, Ich zu sagen, fängt auch an, selbständiger zu sein und sich abzusetzen, sogar von so nahestehenden Menschen wie von der eigenen Mutter. Auch der eigenen Mutter kommt dieses junge Herrschaftswesen manchmal sehr komisch vor: was es schon wieder will!

Dieser Ich-Wille, als Willenskraft sichtbar, die von dem Ich ausgeht und ganz individuell den Menschen ergreift, arbeitet nun in der ganzen Kindheit weiter und die Kinder haben dazu ein ganz naives und unschuldiges Verhältnis. Ist das nicht das wunderbar Zauberhafte der Kindheit, daß da in jeder kleinen menschlichen Person dieser ganz individuelle Ich-Wille darinnen steckt und sich durch die ganze Kindheit hindurch bis zum 12., 13., 14. Lebensjahr betätigt? Ich weiß nicht, wieviel Erinnerung jeder von Ihnen noch an diese Zeit hat. Jetzt kommt allmählich aus diesem naiven, unschuldigen, kindlichen Verhältnis des irdischen Menschen zu seinem eigenen Ich eine Phase, da fängt der jetzt jugendlich werdende Mensch an, dieses Ich, das in ihm wirkt, zu fühlen. Das ist in der Pubertät dann ganz deutlich der Fall, daß der jugendliche Mensch das unbefangene Verhältnis zu seinem Ich-Willen verloren hat, und jetzt auch erlebt, daß er sich fühlt bei dem, was er will. Das tut das Kind auch schon teilweise, aber jetzt bei der Pubertät wird das ganz deutlich, so daß man solche Formulierungen finden kann wie diese: Ich fühle – irgend etwas, Freude oder Leid, aber ich fühle auch, daß ich fühle, und ich will – aber ich fühle auch, daß ich will. Als Kind will ich nur, aber jetzt fange ich an zu fühlen, daß ich will. Oder ich denke, aber ich fühle jetzt auch, daß ich es bin, der da denkt, sich etwas vorstellt und etwas lernen will. Wir haben hier das zweite Element: das Ich-Gefühl, das subjektive Ich-Erlebnis.

Wenn nun der jugendliche Mensch durch die Jugendzeit langsam hindurchgeht, kommt etwas Neues hinzu: Daß jetzt der Mensch immer stärker bei allem, was er tut, bei allem, was er erlebt, sich auch erinnert an etwas, was früher war. Diese Erinnerung geht zurück bis zum 3. Lebensjahr, wo der Mensch zum ersten Mal »Ich« sagt. Wir erinnern uns, und die Erinnerung bedeutet: was auch immer ich mich erinnere, ich weiß, daß ich dabei war; also es ist nicht nur zum Beispiel die Ostsee oder die Nordsee, an die ich denke, sondern ich weiß auch, daß ich sie gesehen habe. Oder da ist nicht nur ein Mensch gewesen, der mich erfreut oder geärgert hat, sondern ich weiß auch, daß ich dabei war bei dem, der mir das angetan hat. Durch die Erinnerungskraft kommt dieses zustande, daß der Mensch sich verbunden fühlt mit dem, was er erlebt hat. Aus dem Sich-Verbunden-Fühlen mit dem Ich-Gefühl und dem Ich-Willen entsteht das Ich-Bewußtsein: Ich-Wille, Ich-Gefühl, Ich-Bewußtsein. Jetzt kommt der Moment, wo dieser Mensch sein Ich-Bewußtsein soweit ergreifen kann, daß er anfängt, sich zu sagen: Für das, was ich will, fühle, tue, denke, ist es nicht nur, daß ich dabei bin, sondern es ist auch so, daß es von mir abhängt, daß ich mit meinem Ich bei dem dabei bin, weil ich es will. Dieses ergibt dann das eigentliche Ich-Bewußtsein der eigenen Autonomie und der menschlichen Selbständigkeit bis hin zur juristischen Mündigkeit. Drei gewaltige Stufen der Ich-Wirkung im Menschenwesen stehen so vor uns: der Ich-Wille, der am Anfang da ist und mächtig weiterwirkt; das Ich-Gefühl als Selbstgefühl in der Seele ist da und wirkt ganz mächtig; als drittes ist das Ich-Bewußtsein da, wo der Mensch dann langsam anfängt, bei diesem Ich anzukommen.

Jetzt darf ich die Frage stellen: Ist dieser Ich-Wille das Ich, oder ist das etwas, was das Ich tut? Ist dieses Ich-Gefühl das Ich, oder ist das etwas, was das Ich erlebt? Ist dieses Ich-Bewußtsein, dieses Selbstbewußtsein das Ich selber, oder ist es etwas, was sich in das gewöhnliche Bewußtsein hereinspiegelt, hereinreflektiert? Haben wir wirklich in dem Ich-Willen, dem Ich-Gefühl, dem Ich-Bewußtsein schon das Ich, oder etwas anderes? Die zweite Frage dazu ist diese: wie ist es möglich, daß dieses letztere Ich-Bewußtsein überhaupt zustandekommt? Es muß doch irgendwo in diesem neu geborenen, kindlichen, jugendlichen und mündig werdenden Menschen die Wirklichkeit des Ich dahinterstecken. Wo ist sie? Wie kommen denn die Ich-Erlebnisse zustande?

Scheinbar sieht es so aus wie eine Kontinuität: Gestern war ich in meinen Erlebnissen in mir, vorgestern war ich in mir, vor zwei Jahren war ich in mir, vor 70 Jahren war ich darin, usw. Es ist aber gar keine Kontinuität, denn in diesen 70 Jahren habe ich jede Nacht geschlafen. Was erlebt man, wenn man vom Wachen auf den Schlafzustand hin, sowohl bevor man einschläft, wie nachdem man aufgewacht ist frühmorgens, hinschaut? Man entdeckt, daß dieses merkwürdige Ich, mit dem man während des Tages umgeht, nicht mehr da ist. Wo ist es? Wie weg! Und trotzdem hat man das paradoxe Gefühl: auch im Schlaf bin ich da! Auch wenn ich während des Schlafens keine Inhalte mehr habe für mein Ich-Bewußtsein, ist das Ich trotzdem vorhanden.

Es ist eine tiefe Rätselfrage, sich vorzustellen, daß dieses Ich in mir, das als Ich-Wille, Ich-Gefühl, Ich-Bewußtsein tagsüber da ist, ausgelöscht wird in der Nacht. Es hat kein Bewußtsein, es hat keinen Inhalt – und trotzdem existiert es. So wird die Kontinuität in dem gewöhnlichen Bewußtsein meines Ich jede Nacht unterbrochen mit einem dunklen Fleck. Aber in diesem dunklen Fleck existiert mein Ich weiter, jetzt eben nicht in der irdischen Gestalt mit Ich-Willen, Ich-Gefühl, Ich-Bewußtsein, sondern übersinnlich, geistig. Das Geistige des Ich verschwindet jede Nacht in eine dunkle Finsternis und entzündet sich jeden Morgen neu in eine diesseitige Helligkeit und Bewußtheit.

Dies ist die Wahrnehmung unseres Ich. In dem Ich-Willen, Ich-Gefühl, Ich-Bewußtsein haben wir gar nicht das wirkliche Ich. Das wirkliche Ich ist verborgen und wir nehmen es nur indirekt dadurch wahr, daß es keinen Inhalt und kein Bewußtsein mehr hat und in den Schlafzustand übergeht. Trotzdem haben wir die deutliche Sicherheit im Gefühl: ich existiere auch im unbewußten Schlafzustand, aber wo?

Das ist das, wovon wir eine fortwährende indirekte Wahrnehmung haben, so daß der Geistesforscher Rudolf Steiner – sinngemäß – formuliert: wir nehmen unser Ich indirekt wirklich wahr, direkt aber nicht; direkt nur dort, wo es etwas tut, hereinkommt, hereinerscheint in die Wirklichkeit, in der wir es täglich erleben. Damit stehen wir vor der merkwürdigen Tatsache, daß das Ich ein Mysterium ist und deswegen so schwer für die Wissenschaft zu erfassen ist. Das Ich ist nicht so ein Objekt wie zum Beispiel der Leib oder irgend ein Gegenstand; dadurch entzieht es sich der Wissenschaft. Der Mensch aber kommt auf dem Wege der Selbstbeobachtung dahin, zu merken, wie in ihm tief darinnen das Geheimnis seines eigenen wahren Wesens, sein wirkliches Ich sitzt. Also hinter der Offenbarung und der Bewußtseinsspiegelung des Ich hält sich das wirkliche Ich verborgen. Wir haben ja gesehen, wie die Offenbarungen dieses Ich und seine Spiegelungen im Bewußtsein des Menschen aussehen. Damit aber stehen wir noch einmal vor der Frage: wie kommen wir an das eigene Ich erlebnismäßig heran? Gibt es irgendwo im Menschen eine Stelle, wo der Mensch erleben kann, daß da sein Ich direkt und unmittelbar in das gewöhnliche Leben hereinwirkt? Ja, diese Stelle gibt es.

Und um das deutlich zu machen, muß ich wiederum anknüpfen an etwas, was wir Menschen im gewöhnlichen Leben naiv tun; aber wir reflektieren gewöhnlich nicht, was das eigentlich heißt. Ich sage zum Beispiel: Mein lieber Freund, mit dem ich jahrelang zusammengelebt und zusammengearbeitet habe, hat mich betrogen. Oder: Ich habe da draußen auf dem Felde eine Pflanze gefunden, die hatte ich noch nie gesehen. Dann bin ich zu einem Botaniker gekommen und habe gefragt: sagen Sie, was ist das? Und er hat gesagt: das ist ein Colchicum autumnale, eine Herbstzeitlose. Und ich habe diese Herbstzeitlose angesehen und habe gesagt: sie ist violett und blüht im September.

Sehen wir, wie wir da fortwährend etwas tun? Wenn man versucht, dieses Tun herauszulösen aus allem anderen, dann sehen wir, daß wir zum Beispiel auch etwas anderes tun können. Wir können nämlich erfahren, daß ein anderer kommt und sagt: Du hast dich geirrt, dein Freund hat dich nicht betrogen, das stimmt nicht! Oder, daß der andere kommt und sagt: Diese Pflanze, die dir als Colchicum genannt wurde, ist gar kein Colchicum, das ist etwas anderes. Wir nennen ja diesen Vorgang das Urteilen. Versuchen wir einmal – wenn es vielleicht auch nicht ganz leicht ist –, aus unserem gewöhnlichen Seelenleben das Urteilen herauszusehen. Was machen wir da? Da geschieht etwas Fundamentales, etwas ganz Ursprüngliches. Wir sagen entweder: Ja, das ist so, und das ist dies, und das war dies, und das wird dies sein; oder wir sagen: Nein, das ist das nicht, das war das nicht und das wird das nicht sein. Woher kommt das? Woher kommt dieser allerfundamentalste »actus purus« im Menschen, diese allerletzte und allererste Bejahung oder Verneinung?

Da ist nämlich der Punkt, wo mein Ich direkt in mein gewöhnliches Menschensein hineinschlägt, denn nur mein Ich kann ablehnen oder zustimmen. Im Seelenleben kann ich Sympathie oder Antipathie haben, Zuneigung oder Abneigung, aber dieser dezidierte, ursprüngliche, fundamentale Akt des Menschen, daß er entweder ja sagt oder nein, daß er entweder zustimmt oder ablehnt, da kommt die Ich-Aktivität direkt in das Seelenleben herein aus dem innersten Hintergrund des lebendigen, individuellen Ich. Nur ein individueller Mensch kann selber ja oder nein sagen. Die Christen haben in der Bibel eine Stelle, wo Christus sagt: »Wenn ihr Menschen aus dem Ich heraus reden wollt, dann gibt es nur zwei Möglichkeiten: entweder ja oder nein, entweder Bejahung oder Ablehnung, entweder Anerkennung oder Verneinung.« Alles andere ist nicht aus dem Ich. Alles andere ist aus der Gewohnheit, alles andere ist aus der Neigung, alles andere ist aus Sympathie und Antipathie, allein das Urteil, die Zustimmung oder Ablehnung kommt direkt aus dem Ich herein.

Man kann sagen, so wie wir die Offenbarungen des Ich haben in dem Ich-Willen, Ich-Gefühl, Ich-Bewußtsein als Spiegelung, so haben wir als Menschen im tiefsten Inneren eine Stelle, wo wirklich unser Ich, und zwar nur unser Ich, das heißt wirklich wir selbst ja oder nein sagen können. Darum formuliert Christus eben so im Matthäus-Evangelium, Kapitel 5, Vers 37: »Eure Rede sei ja oder nein, alles andere ist nicht mehr aus dem Ich.« Wenn man aber auf dem Wege, das eigene Ich zu suchen, an diese Stelle kommt und bemerkt, wo es ist, kann gesehen werden, welche gewaltigen Dimensionen dieses Problem hat. Nehmen Sie zum Beispiel die Schicksalsfrage. Ich habe irgendein Karma, irgendein Schicksal. Ich kann aber aus meinem Ich heraus dieses Schicksal bejahen, oder ich kann es verneinen, also ablehnen. Sowohl die Bejahung wie die Verneinung gegenüber irgendeinem Schicksal, ob es ein glückliches, ein gutes, ein schönes, ein schweres oder ein gewaltiges ist, kommt aus dem Ich. Die Menschen machen sich das nicht klar, was das heißt, daß wir fortwährend im gewöhnlichen Leben urteilen, daß wir rekurrieren auf den tiefsten Untergrund unseres eigentlichen individuellen Menschseins und daß wir von da heraus die Möglichkeit haben, an das wirkliche Ich heranzukommen.

Damit kommen wir an den zweiten, sehr merkwürdigen Punkt bei der Ich-Frage, nämlich den, daß das Urteil, die urteilende Ich-Tätigkeit des Menschen auf eine geheimnisvolle Weise verbunden ist mit dem, was das Gewissen ist. Wir merken plötzlich, daß dort in uns darin – man könnte sagen im tiefsten Punkt unseres Menschenwesens – auch das Gewissen sitzt, und daß von da aus das Gewissensurteil über uns selber zustandekommt. In allen anderen Urteilen kann ich irgend etwas oder irgend jemanden bejahen oder verneinen, ich kann auch mein eigenes Schicksal bejahen oder verneinen. Aber da, wo die Stimme des Gewissens im Menschen spricht, da sitzt dasjenige Ich, das sich selber beurteilt und alles das, was es tut. An dieser Stelle sind wir im Innersten des Menschen bei dem wirklichen Ich angekommen.

Von da aus begreift man zwei Dinge. Man begreift nämlich, daß dieses verborgene, an der Stelle des Gewissens hereinwirkende wahre eigene Ich auf der einen Seite etwas tut: es überleuchtet vor der Geburt in der Konzeption den materiellen Menschenkeim. Das tut es nur deshalb, weil es ja selber aus einer geistigen Welt kommt. Es ergreift aus der geistigen Welt mit dem Ich-Willen die physische Leiblichkeit, gestaltet sie aus, läßt das Kind geboren werden und die Physiognomie bekommen, die es individuell hat, läßt es sich aufrichten und da sein. Für das menschliche Ich ergibt sich so das erste Bild: das Bild des Sternes. Ein Stern ist ein Wesen, das aus einer jenseitigen geistigen Welt herüberleuchtet, hereinblitzt, hereinwirkt in die irdische Sinneswelt. Wenn man das menschliche Ich richtig verstehen will in der Phase, wo es bei dem Kinde auftritt, dann kann man gar kein anderes Bild dafür verwenden als dies: es ist ein Stern! Er hat Strahlen, die eingreifen und der Ich-Wille sind. Über jedem Kind leuchtet so der Stern von Bethlehem. Wie damals über dem Jesuskind sein Stern, sein Ich geleuchtet hat, so daß die Könige diesem Stern nachgehen konnten und schließlich das Kind fanden, dessen Stern da leuchtet und dessen Strahlen in dieses Kind hineinstrahlen und hineinwirken. So ist das bei jedem Menschen. Über jeder Wiege sollte man sich einen Stern vorstellen, dann hat man das Ich dieses Kindes vor sich, das da unten als der Ich-Wille in die physische Leiblichkeit hereinwirkt und das Menschenkind vorwärtsbringt. Dieser selbe Ich-Stern strahlt herein in das, was nachher aus dem Kind als die Sprache und als die schöpferische Phantasie der Gedankentätigkeit hervorgeht. Er bildet den irdischen Menschen im ersten Zustand aus. Das Ich wirkt vom Himmel auf die Erde.

Wenn das Kind jetzt seinen Ich-Willen ergreift und anfängt, bis zur Pubertät hin in diesem naiven, unschuldigen Verhältnis zu seinem eigenen Stern zu stehen, dann sieht man, daß dieser Stern seine Strahlen abgibt an diesen einzelnen Menschen und daß in dem Innersten dieses Menschen das zweite Bild für das Ich entsteht. Das ist jetzt nicht mehr das himmlische Bild des Sternes, sondern es ist jetzt das irdische Bild dessen, was in dem Kind sich heranbildet: ein kleines goldenes Ich-Kästchen entsteht da in dem Herzen des Kindes. Der aus dem Stern wirkende Ich-Wille geht allmählich in das Ich-Gefühl des goldenen Kästchens über.

Aber auch dabei bleibt es nicht, sondern allmählich nimmt diese Ich-Bildung, die von dem Stern ausgegangen ist und an den irdischen Menschen abgegeben wurde, immer selbständigere Gestalt an. Das Ich erscheint immer irdischer und wird autonom. Nicht mehr kann man sagen: der Stern; nicht mehr kann man sagen: das kleine goldene Edelsteinkästchen; man muß jetzt sagen: ein Kristall entsteht, ein harter, klarer, irdischer Kristall. Dieses irdische kristalline Selbstbewußtsein bedingt gerade die Autonomie des Menschen. Die irdische Persönlichkeit wird jetzt zum Ich-Bild.

Damit ist die Ich-Krisis da. Man kann nicht über das Ich reden zwischen Himmel und Erde, ohne die Ich-Krisis scharf ins Auge zu fassen, in die jeder Mensch kommt. Diese Ich-Krisis kann ich auch anders benennen: die Einsamkeit des Ich. In dem Maße, wie der Mensch aus den Strahlen seines Ich-Sternes heraus das goldene Kästchen bildet und in dem Maße, wie er aus diesem goldenen Kästchen den klaren Kristall bildet – die irdische Autonomie, Antiautorität, Selbständigkeit, Freiheit –, in dem Maße wird der Mensch einsam. Er löst sich von den anderen Menschen, von der Welt und landet bei diesem klaren, inneren Kristall seines eigenen Ich, und davor haben die Menschen Angst. Es ist ein merkwürdiger, paradoxer Zustand. Auf der einen Seite möchte man ein Ich sein, selbständig sein, selber das Leben führen, selber etwas tun, auf der anderen Seite hat man Angst vor dieser Autonomie, weil man spürt: dann aber muß man den Mut haben, einsam zu sein; und das möchte man nicht. Die Ich-Krise besteht in dieser merkwürdigen paradoxen inneren Spannung zwischen dem Ich-Willen, dem Kristallbildungswillen und der Furcht vor der Einsamkeit. Ist dieser Kristall schon das Ich? Nein, er ist es nicht.

Wenn jetzt das Ich bei seiner Einsamkeit und Kristallbildung angekommen ist, wenn der Mensch wirklich selbständig sein kann, dann hat er immer das Gefühl: ich möchte die Einsamkeit vermeiden, ich möchte in die Gemeinsamkeit hinein. Dann flüchtet man in diese Gemeinsamkeit, verliebt sich, heiratet, hat Freunde, macht Gesellschaften, macht Kommunen. Denn jede Kristallbildung ist ein Schmerzprozeß. Diese Isolierung des Ich, dieses Einsam-Werden des menschlichen Ich ist ein Schmerzprozeß. Man möchte diesen Selbstwerdeschmerz immer wieder auflösen und den leichteren Weg irgend einer noch so schönen oder noch so weniger schönen Gemeinsamkeit gehen.

An dieser Stelle geht im Menschen die Ich-Krise in die Frage über: Ist diese Einsamkeit meines Ich absolut, oder gibt es an dieser Stelle in dieser Einsamkeit eine Gemeinsamkeit? Einen anderen Menschen kann ich in mein Ich nicht mitnehmen, der hat ja seines. Ich kann ihm gegenüberstehen, ich kann ihn anschauen, ich kann mit ihm fühlen, ich kann mit ihm reden, ich kann alles Mögliche, aber in mein Ich kann ich ihn nicht hineinnehmen, da bin ich allein.

Gibt es denn wirklich nichts in der Welt, was diese Sehnsucht nach Gemeinsamkeit im Ich aus seiner Einsamkeit heraus auflösen könnte? Das Herzbewegende ist, daß dieser Sehnsucht nach Gemeinsamkeit im Ich eine Botschaft entgegenkommt, eine Verkündigung. Auf der einen Seite entsteht in der Einsamkeit des Menschen-Ich die Frage, und dieser Frage, dieser Sehnsucht, dieser Ahnung, dieser Hoffnung kommt eine Botschaft entgegen, und sie lautet: »Ich in eurem Ich und euer Ich in mir.« Das ist die Botschaft.

Ob das Paulus ist, der sagt: »Nicht ich, sondern der Christus in meinem Ich.« Ob das Paulus anders ausdrückt, wenn er sagt: »Als irdisch gewordenes Selbst, als irdisch gewordenes Ich habe ich mich abgetrennt von meinem wahren Ich und bin einsam geworden.« Könnte ich diesen Kristall nicht umschleifen in eine Schale? Könnte ich dieses Bild vom Stern über das goldene Kästchen bis zu dem Kristall nicht weiterführen und aus dem Kristall heraus eine Schale bilden, eine Schale, die offen wird, die sich auftut in der Einsamkeit?

Die Einsamkeit ist die Voraussetzung dafür. Ohne den Mut und die Geduld zur individuellen Einsamkeit entsteht nicht diese Art Frage, nicht diese Art Sehnsucht, die die Frage nach dem Christus ist. Die Stelle, an der im Menschen die Christusfrage aufleuchtet und die Christussehnsucht sich entzündet, ist genau die Stelle, vor der die Menschen Angst haben, der sie ausweichen möchten, die sie nicht aushalten können. In dem Maße, wie diese Botschaft, diese Verkündigung, dieses Evangelium aufgenommen wird in die Einsamkeit des Menschenherzens, hört man, wie Johannes der Täufer schon damit angefangen hat, davon zu sprechen: »Höret, hier spricht es in der Einsamkeit der Menschenseele: bereitet dem Herrn den Weg!« In der Einsamkeit der Menschenseele! In der Einsamkeit des menschlichen Herzens entsteht dieser merkwürdige Zustand, wo der festgewordene Kristall – gerade wenn man ihn wirklich als Kristall akzeptiert und bejaht und nicht davonläuft – schmelzen kann, umgeschmolzen werden kann in eine Schale, und dieses Gefäß eine ganz charakteristische, einzigartige Bestimmung hat. Die Schale gibt die Voraussetzung dafür, daß sich das auftut. Paulus sagt: »nicht ich, sondern der Christus in mir.« Paulus sagt: »wir sind von unserem Stern abgestorben, unser Stern ist bei Christus, der ist gar nicht bei uns.« Der Kristall ist bei uns. Der Stern ist in der Hand Jesu Christi. Und was geschieht, wenn der Mensch sein Herz aufmacht, wenn der Mensch den Kristall umschmilzt, wenn er eine Schale daraus werden läßt in seinem tiefsten Inneren? Dann fängt er nämlich an, den Christus zu fühlen als denjenigen, der diese Schale füllt, der in sie etwas hineinfließen lassen kann. Was ist das? »Ich in euch und ihr in mir, ich im Vater und der Vater in mir.« Und man kann ja statt diesem euch und mir das Wort »Ich« hinsetzen. »Ich in eurem Ich und euer Ich in meinem Ich.« Es ist nichts anderes als die Christusliebe. Das Herzblut der Christusliebe füllt diese Schale mit einem realen Inhalt, und der Mensch versteht nun, warum er zuerst diesen Kristall bilden mußte. Denn hätte er ihn nicht vorher gebildet, wäre der Mensch nicht vorher in diese Einsamkeit hineingekommen, dann wäre etwas anderes in ihm entstanden und nicht die Sehnsucht danach, in dieser Einsamkeit die Gemeinsamkeit mit dem Christus zu finden.

Die Einsamkeit des Kristalls ist die Voraussetzung für die Gemeinsamkeit in der Schale. Indem in diese Schale – als das vierte Bild des Ich – hineinströmt die Liebekraft Christi, wird das menschliche Ich in sein letztes Bild übergeführt – die Schale wird zur Sonne. Das Ich, in das die Christuswirksamkeit einziehen kann in den Menschen, wird sonnenhaft, warmleuchtend, liebefähig. Wieviel Sorten Liebe haben wir? Seelische Liebe, freundschaftliche Liebe, sexuelle Liebe usw. Das kommt aber alles nicht aus dem Ich. Aus dem Ich kommt die Christusliebe hervor. Sie ist es, die den Menschen sonnenhaft macht, die das menschliche Ich erfüllt mit seiner eigentlichen Bestimmung. Wir haben den Stern, nämlich das menschliche Ich. Er wirkt aus der geistigen Welt zur Erde, geht aber nicht in den Menschen hinein, sondern umkraftet ihn. Seine Strahlen haben dieses Ich als Ich-Wille, als Ich-Gefühl, als Ich-Bewußtsein des Erdenmenschen hergestellt. Dadurch entsteht das goldene Kästchen und der Kristall. Wo ist der Stern? Der Stern bleibt bei Christus. Und indem der Mensch aus dem Zustand der Einsamkeit, der Kristallbildung heraus die Christussehnsucht, das Christusverlangen entwickelt und die Christuskraft sucht, verwandelt er sich zur Schale und der Stern zieht in diese ein. Das menschliche Ich selber kommt erst in seiner Christusbeziehung wirklich zur Erde. Was ist das aber, was da zur Erde kommt? Der Himmel kommt zur Erde! Das menschliche Ich zwischen Himmel und Erde ist diese geheimnisvolle, rätselhafte Fundamentalbewegung des wahren Menschen, des Menschen, der als Himmelsmensch anfängt, als Erdenmensch sich weiterentwickelt und in diesen Erdenmenschen den Himmelsmenschen aufnehmen kann. Dieses ist eigentlich die Botschaft des Evangeliums: »Nicht ihr habt mich geliebt, sondern mein Ich hat euer Ich geliebt.« Dadurch, daß der Christus das Menschen-Ich liebt – und Sie können die Gewißheit haben, daß es keinen einzigen Menschenkristall auf der Erde gibt, der nicht von dem Christus geliebt wird –, dadurch, daß diese Christusliebe sich auf das einsam gewordene, als Kristall verhärtete irdische Menschen-Ich mit seinem eigensinnigen Eigen-Ich-Willen bezieht, kann man die Botschaft Johannes des Täufers begreifen. Aber vor allem begreifen wir die Wirklichkeit dessen, was das Mysterium von Golgatha für das menschliche Ich bedeutet. Es macht uns zur Sonne.

Das Menschen-Ich zwischen Gut und Böse[15]

Wir haben in der letzten Betrachtung gesehen, daß die Frage nach dem menschlichen Ich etwas von dem Schwierigsten ist, mit dem der Mensch sich in seinem Bewußtsein beschäftigen kann. Wir gingen zunächst den biographischen Weg und sahen, wie im Laufe der Entwicklung des heranwachsenden Menschen allmählich dieses Ich-Erlebnis als Ich-Wille, Ich-Gefühl und dann Ich-Bewußtsein zustandekommt. Das kleine Kind sagt noch: Ich will; der Mensch, in dem das Ich-Bewußtsein aufleuchtet, kann dann sagen: Ich bin, oder auch: ich bin ein Ich, ich bin Ich. In dieser Phase der Jugend kann die Ich-Krise schon beginnen; sie wird aber erst im mittleren Alter ganz aktuell. Sie ist eigentlich das Mysterium der Einsamkeit, wo das Ich ganz auf sich selbst steht und sich von allem anderen ablöst, und wie dann in dieser Ich-Krise eigentlich der Moment kommt, wo der Mensch die Sehnsucht bekommt, das Ich wirklich zu finden, und dann kommt die Botschaft: das menschliche Ich hat einen Gott, einen eigenen Gott, den Gott des Ich, das Christus-Wesen. Und wie dann aus der Christusbeziehung dieses entsteht, daß das zum Kristall gewordene Ich aufgeschmolzen werden kann, daß es zur Schale, zum Kelch werden kann für die Christuskräfte, von denen alle Menschen, die wirklich Christen waren und sind, eigentlich sprechen.

Die wirkliche Menschwerdung ist ein wunderbares Menschengeheimnis. Wir wollen versuchen, in dieser Betrachtung uns mit der zweiten Frage zu beschäftigen, die lautet: Das Ich zwischen Gut und Böse; was heißt das eigentlich? Wir müssen die menschenkundliche Selbsterkenntnis noch ein bißchen weiterführen. Man kann ja sehen, daß dieses Ich in uns so wirkt, daß wir von der Geburt, von der Konzeption angefangen bis zum Tode fortwährend uns verändern. Nicht nur, daß wir uns verändern von einem Jahr zum anderen, wir werden eigentlich anders auch von einem Tag zum anderen. Der Mensch, als der ich heute morgen aufgewacht bin aus dem Schlaf, ist ein anderer, als der ich gestern eingeschlafen bin. Natürlich ist das Innerste, die innerste Identität die gleiche, denn ich bin es ja. Aber was mit mir geschieht, was ich tue, was ich erlebe, was ich lerne, das strömt fortwährend weiter. Die Art, wie mein Ich als Erdenmensch wirkt, zeigt eben dieses, daß ich mich fortwährend verändere, daß in mir etwas anders wird.

Man kann die Frage haben: warum ist der Mensch eigentlich ein Wesen, das sich so verändert? Wenn wir zum Beispiel bedenken, daß eine Blume sich nur so lange verändert, bis sie blüht. Wenn sie geblüht hat, vergeht sie. Oder wenn man sieht, wie ein Tier, jedes Tier, eigentlich in dem Moment, wo es geschlechtsreif geworden ist und sich fortpflanzen kann, nichts anderes mehr wird als was es vorher schon war.

Beim Menschen ist das anders. Auch der älteste Mensch kann von einem Tag zum anderen, von einer Stunde zur anderen sich noch sehr verändern. Man kann die Frage haben, woher kommt das? Dieses, daß wir uns fortwährend als Menschen verändern, liegt darin, daß jeder Mensch eine Zukunft hat. Der Mensch hat eben nicht nur die Vergangenheit, aus der heraus er wird, sondern in jedem Menschen ist etwas wirksam, was er werden will, was er werden kann, was er werden soll. Es gibt überhaupt nicht einen einzigen Menschen auf dieser Erde, der nicht aus seiner Vergangenheit heraus durch seine Gegenwart hindurch seine Zukunft hätte. Aus dem vergangenen Menschen in uns steigt fortwährend etwas wie ein zukünftiger Mensch herauf, und daher kommt es, daß die Art und Weise, wie das Ich im Menschen wirkt, Veränderungen herbeiführt.

Man kann vielleicht leicht meinen, daß diese fortwährende Veränderung des Menschen von seiner Vergangenheit in seine Zukunft hin, daß das so wie ein Strom dahinfließen würde, so wie das Wasser in einem Fluß immer strömt und strömt, immer weiter, aus der Quelle bis in die Mündung. So ist das beim Menschen nicht. Beim Menschen ist die Vergangenheit mit der Zukunft durch einen Atem verbunden, durch einen gewaltigen Rhythmus, weil eben der Mensch nicht nur die Vergangenheit hat, die von seiner Geburt her kommt, sondern weil der Mensch eine Vergangenheit hat, die vor seiner Geburt schon da war: der vorgeburtliche Mensch, das noch nicht inkarnierte Wesen. Aus dieser vorgeburtlichen Vergangenheit kommt der Mensch in das irdische Dasein herein. Aus dieser sternenhaften Vergangenheit strömt das Ich in das irdische Leben herein. Und dieses Ich hat eine Zukunft, die vollständig da ist in dem Moment, wo der Mensch stirbt, ganz gleich, wie alt er geworden ist. Er hat eine vorgeburtliche Vergangenheit, ein irdisches Leben und eine nachtodliche Zukunft.

Wenn man sich klarmacht, was das real heißt, daß eben die menschliche Entwicklung in diesem gewaltigen Rhythmus verläuft, dann fängt man an, die Anthroposophie zu verstehen, die davon spricht, daß dieser vorgeburtliche Mensch selber schon einmal und mehrere Male in früheren, irdischen Verkörperungen Mensch war, und daß die Vergangenheit dieses Menschen von weit her kommt. Ich weiß nicht, wie das ist: wenn man sich diese Idee der wiederholten Erdenleben ganz neu klar macht, ob man daraus dann schon eine Empfindung, ein Gefühl entwickelt dafür, daß man ja viel mehr ist, als was man schon von sich weiß? Ich weiß von mir das, was ich weiß eben von meiner Geburt oder von meiner Kindheit angefangen bis zu meinem heutigen Tage, und ich weiß vielleicht ungefähr, wie der Rest meines Lebens noch verlaufen wird, aber das ist ja nicht alles! Diese meine Vergangenheit, die auf viele Erdenleben zurückgeht, auf viele Zeiten zwischen Tod und neuer Geburt, und auf der anderen Seite meine eigene Zukunft, die in wiederholte Erdenleben übergehen wird, das ist ja ein Atem, ein Rhythmus, in dem ich in ganz verschiedenen Zuständen mich befinde.

Wenn man dieses Gefühl der wiederholten Erdenleben nicht nur als Gedanke, sondern auch als Empfindung in sich langsam belebt, kann man sagen: ja, was war da schon alles mit mir! Und was wird noch alles mit mir sein? Jetzt versteht man auch, daß die Realität dieser beiden ganz verschiedenen Zustände – vorgeburtlicher Mensch, irdischer Mensch, nachtodlicher Mensch –, daß das ja konkret bedeutet: Ich bin vor meiner Geburt in einer anderen Welt gewesen, ich bin in der geistigen Welt gewesen. Was heißt denn das? Ich war doch vor meiner Geburt zusammen, und zwar bewußt zusammen mit höheren Wesen, mit Engeln. Ich habe diese Engel erlebt, und diese Engel haben mich erlebt. Indem ich diese Engel angeschaut habe, was habe ich denn da gesehen? Was hat mir denn aus einem solchen Engel entgegengeleuchtet? Wenn ich mir sagen kann, daß ich in diesem meinem vorgeburtlichen Zustand auch höhere göttlich-geistige Wesen erlebt habe, z. B. die Erzengelwesen, was habe ich denn da erlebt? Was habe ich denn da gesehen? Kann man denn denken, daß das spurlos an meiner Seele vorbeigegangen ist, oder muß man nicht denken, daß das, was ich dort geschaut habe und an diesen Engeln, Erzengeln und noch höheren geistigen Wesen, erlebt habe, doch auf mich als Mensch gewirkt hat? Das hat meine Seele und mein Ich ergriffen und erfüllt, und das ist doch irgendwo in mir darinnen. Natürlich habe ich das bewußtseinsmäßig vollständig vergessen, denn ich bin schlafend in die Inkarnation hineingegangen, in die Konzeption, die Schwangerschaft meiner Mutter, die Geburt, die ersten Kindheitsjahre. Doch das, was vorher war, ist in mir darinnen. Wenn ich mir dann bewußt mache, was das heißt, daß ich in wenigen Jahren gestorben bin, daß ich nicht mehr auf der Erde lebe, daß ich meine irdische Inkarnation verlasse, dann komme ich doch zu denselben Wesen wieder zurück, ich treffe sie wieder, und indem ich sie wiedertreffe, kommt mir die Erinnerung an sie wieder auf. Ich erwache für die Erinnerung, wie das mit diesen Wesen war vor meiner Geburt, und ich vergleiche dann das, was ich damals erlebt habe, was ich damals aufgenommen habe mit dem, wie es jetzt für mich aussieht, wenn ich diese Wesen wiederfinde.

Die Idee der Reinkarnation des Menschengeistes ist etwas, was man zunächst theoretisch entgegennehmen und sagen kann: das ist eine vernünftige Idee und man kann vieles damit verstehen. Aber wenn man diese Idee mit seinem eigenen Menschengefühl verbindet, kommt man zu folgendem: In mir ist irgendwo ganz tief verborgen oder ganz hoch über mir in einem Unterbewußtsein oder in einem Überbewußtsein das darinnen, was vor der Geburt in der geistigen Welt war, und das wieder herauskommen wird nach dem Tode. Da haben wir den großen Atem, den das menschliche Ich durchmacht, wo es mit den göttlichen Ichen zusammenlebt und von ihnen etwas in sich aufnimmt und mitbringt auf die Erde.

Bei dieser immerwährenden Verwandlung des Menschenwesens muß doch in ihm etwas darinnen sein, was ihn dazu bringt, sich fortwährend zu wandeln und seine eigene Zukunft zu ergreifen. Wir kommen jetzt dazu, zu sehen, daß eigentlich jeder irdische Mensch genau das ist, wovon Goethe spricht, als Faust am Ostertag seinen Spaziergang beendet hat und mit Wagner auf offener Szene zusieht, wie die Sonne untergeht und die Nacht kommt. Faust hat im Anblick dieser untergehenden Sonne plötzlich ein Gefühl, das er so ausspricht: »Zwei Seelen wohnen, ach! in meiner Brust« – zwei Seelen!

Der auf der Erde lebende Mensch hat zwei Seelen: die eine Seele, der gegenüber man sagen kann, das ist nun dieser irdische Mensch, so wie er durch sein eigenes Ich geworden ist, aber die andere Seele in uns, das ist ja gerade die, in der das lebt und aus der das bewußt werden kann, was vor der Geburt war und auch etwas Ahnung werden kann, Vorgefühl werden kann für das, was nach dem Tode sein wird. Der Mensch ist ein gewordenes und zugleich ein werdendes Wesen. Ist das nicht wunderbar! Es ist diese zweite Seele in uns, die uns zu Werdenden macht, in der etwas enthalten ist, das vielleicht unbewußt ist, weil wir es vergessen haben von vor der Geburt. Es bewirkt für uns Menschen diese eigenartige Spannung zwischen der einen Seele und der anderen Seele in uns, zwischen dem Menschen, der in der Sündenlast steckt, der Schwächen, Abirrungen, Verleugnungen hat, und dem anderen Menschen in uns, der Ideale hat. Was ist ein Ideal?

Es gibt Menschen, die behaupten: ich brauche kein Ideal! Trotzdem darf ich sagen, daß es überhaupt keinen Menschen gibt, der nicht in sich irgend etwas hätte, was diese merkwürdige Natur des Ideals hat, das heißt aber etwas, was noch nicht ist. Dieser irdische Mensch hat ganz bestimmte Schwächen, Gebrechen und Sündhaftigkeiten. Man schaue z. B. auf den Egoismus hin, den jeder Mensch hat, und man sieht, wie diese Kraft des Egoismus auf der einen Seite dahin geht, sich nach außen zu richten auf das materielle Dasein, um Habgier zu entwickeln, oder nach innen gehen kann, in das Seelische hinein, und zur Selbstsucht wird. Demgegenüber steht aber sofort ein Ideal da. Also den beiden Seiten des egoistischen Lebens im Menschen steht das Ideal der Selbstlosigkeit gegenüber. Oder wenn man hinschaut auf solche Schwächen wie diejenigen, die hervorgehen aus unserer zu starken Selbstbezogenheit, aus unserer zu starken Subjektivität. Wenn man sieht, wie diese Subjektivität nach außen geht und in Machtgier, Geltungssucht und Ehrgeiz sich äußern kann, oder wie sie nach innen schlagen kann und dort zu Eitelkeit und Hochmut wird. Sofort tritt auch hier dazwischen das Ideal der Sachlichkeit, der Objektivität. Oder wenn man die Schwierigkeiten sieht, die dem Menschen entstehen dadurch, daß er nicht ganz wahrhaftig ist, dann sieht man wieder, wie dieses unwahrhaftige Element entweder nach außen geht und zur richtigen Lüge wird, oder wie es nach innen gehen kann und dort schwärmerische Illusion bildet. Aber sofort tritt zwischen diese beiden Schwächen der menschlichen Seele das Ideal der Ehrlichkeit, der Wahrhaftigkeit.

Der Apostel Paulus zählt in seinen Briefen im Neuen Testament die schrecklichsten Laster auf; doch es gibt ja auch die Ideale des Menschen, die schon Sokrates nennt: Weisheit, Besonnenheit, Tapferkeit, Gerechtigkeit ... Oder schauen wir die Kulturideale an, wie sie z. B. der deutsche Idealismus entwickelt hat – Wahrheit,

Schönheit, Güte. Wir können bemerken: Die Ideale sind ja tatsächlich etwas, was mit dem Menschen zu tun hat.

Woher kommt das, daß wir Ideale haben können und nicht von vorneherein zufrieden damit sind, daß es eben Egoismus gibt? Daß neben dem empirischen Menschen fortwährend ein idealischer Mensch aufkeimt, ein Mensch, für den Ideale etwas sind, dem er sich mit seinem ganzen Herzen, mit seinem ganzen Menschen hingeben möchte? Es gibt ja Menschen, die sagen: das ist die größte Illusion, denn Ideale kann man nicht verwirklichen. So kann nur jemand sprechen, der nicht weiß, daß es Engel gibt. Wir fragen: wo sind die menschlichen Ideale Realität? Wo ist zum Beispiel das Ideal der Selbstlosigkeit ein Wesen, eine Wirklichkeit? Da muß ich auf den Engel schauen. Daß wir als Erdenmenschen überhaupt so etwas wie das Ideal der Selbstlosigkeit fassen können, das liegt daran, weil wir es gesehen haben ganz konkret in der Zeit vor der Geburt. Da waren die Engel und wir haben gesehen, was Selbstlosigkeit ist. Die Anthroposophie klärt uns darüber auf, indem sie sagt, ein Engel, das ist ein Wesen, das sich entschlossen hat, mit einem ganz bestimmten Menschen durch alle dessen Inkarnationen hindurch zu gehen und die Garantie dafür zu sein, daß in allen diesen Inkarnationen ein Zusammenhang entsteht. Auch wenn der Mensch das immer wieder vergessen muß, sein Engel aber, der ein Bewußtsein davon hat, tut das, weil er vollständig selbstlos ist.

Man muß nicht fragen, ob es Engel gibt oder nicht, man muß auf die menschlichen Ideale hinschauen. Dann sieht man, daß diese zweite Seele in uns gar nicht möglich wäre, wenn nicht die Ideale in uns da wären. Warum haben wir sie, als wir zur Erde kamen, zunächst vergessen? Damit sie aus der Tiefe unseres eigenen Wesens so aufsteigen können, als hätten wir sie selber konzipiert und wir dadurch die Freiheit haben, das Ideal zu ergreifen und zu verwirklichen, oder auch nicht. Im Vorgeburtlichen haben wir die idealen Impulse bekommen und bringen sie herein; und wir verstehen, wie dann im jugendlichen Alter diese Ideale plötzlich herauskommen. Der junge Mensch weiß gar nicht, woher sie kommen, aber sie steigen in seiner Seele auf und sind da. Nun vergleicht er fortwährend die Ideale, die in ihm auftreten, mit der vorhandenen Welt und sieht, daß es nicht zusammenpaßt. Eine weitere Frage ergibt sich: Sind in uns nur diejenigen Ideale wirksam, die wir aus dem Vorgeburtlichen mitbringen?

In der letzten Betrachtung habe ich auf den Tatbestand hingewiesen, daß wir schlafen. Die Tatsache, daß wir schlafen, bedeutet, daß wir eigentlich jede Nacht in diese Welt hineinkommen,in der wir vor der Geburt waren und in der wir nach dem Tode sein werden, nämlich in die Welt der Ideale, in die Welt der Engel. Dr. Steiner spricht darüber, wie diese Engel jede Nacht mit der Seele von uns Menschen sich verbinden und in unsere Seelen auch Bilder hineinleuchten lassen, die wir unbewußt aufnehmen wie einen Atem, wie einen Trank, wie eine Speise. Wenn wir nachher auf der Erde aufwachen, dann steigt dieses Ideal wie aus mir selber auf – es stammt eigentlich vom Engel –, und ich kann es erfassen. Zum Beispiel das Ideal der Brüderlichkeit der Menschen untereinander. Mein natürlicher Mensch ist noch weit davon entfernt, dieses Ideal verwirklichen zu können. Trotzdem steigt es auf, und mein Herz bewegt sich, wenn dieses Ideal in mir aufleuchtet.

Was heißt aber: Das Menschen-Ich zwischen Gut und Böse? Ich darf vielleicht das Wagnis machen, die Frage ein wenig anders zu stellen. Wie ist denn das mit dem Christus-Ich zwischen Gut und Böse? Nun, ich glaube, es fällt uns hier das Evangelium ein, jene Stelle, wo das Christuswesen, das Christus-Ich selbst herunterkommt auf die Erde in den Menschen Jesus bei der Jordantaufe. Wen findet dieses Christuswesen nach der Taufe und nach 40 Tagen und 40 Nächten der Einsamkeit in der Wüste? In dieser Einsamkeit nach 40 Tagen und 40 Nächten tauchen diejenigen Mächte auf, die das Böse wollen. Man braucht ein bißchen Hilfe von der Anthroposophie, um richtig zu verstehen, was da eigentlich geschehen ist, als das Christus-Ich auf der Erde ankam. Die Reihenfolge, in der das Matthäus-Evangelium die ganzen Vorgänge beschreibt, die ist so, daß es zunächst einmal heißt: »Es hungerte ihn und da trat der Widersacher vor Ihn und sagte: Bist du Gottes Sohn, so laß durch die Kraft deines Wortes diese Steine sich in Brot verwandeln.« Dann kommt das zweite: »Da entrückte Ihn der Widersacher in die heilige Stadt und stellt Ihn auf die Zinne des Tempels und sprach: Bist du der Sohn Gottes, so stürze dich in die Tiefe.« Und dann kommt das dritte: »Und wieder entrückte Ihn der Widersacher. Er führte Ihn auf einen sehr hohen Berg und zeigte Ihm alle Reiche der Welt und den Glanz ihrer Kräftespiele, und sprach: Dies alles stelle ich dir zur Verfügung, wenn du mich anbetest.« Durch die Ergebnisse des Geistesforschers wird deutlich, daß der Evangelist die Vorgänge in seinem Bewußtsein gespiegelt hat, und daß die Reihenfolge, in der die Begegnung des Christus mit dem Bösen stattgefunden hat bei der Versuchung, umgekehrt war als die, die der Evangelist beschreibt.

Das allererste Ereignis bestand in dem, was im Evangelium als drittes beschrieben wird: der hohe Berg, der Blick hinaus in die Weiten der Reiche der Herrlichkeit der geistigen und seelischen Welt und ihr Glanz, und aus diesem Glanz heraus aufsteigend ein Wesen, das sagt: bleib hier, in diesem Reich bin ich Herr. Ich stelle es dir zur Verfügung, wenn du mich als den Herrn dieses Seelen- und Geistesreiches anerkennst. Man sieht geradezu mit Augen, wie das aus der geistigen Welt herunterkommende Christus-Ich noch gar nicht ganz in dem Leibe des Menschen Jesus darinnen ist, sondern noch wie darüber ist, und daß da schon das erste böse Wesen Ihm begegnet und sagt: bleib hier, geh nicht da hinunter! Dann heißt es: Er führte Jesus nach Jerusalem auf die Zinne des Tempels. Das ist ein geistiges Bild, genau wie das erste auch, und Jerusalem ist die Erde, und der Tempel ist der Menschenleib, und indem das Christus-Ich ankommt an der Spitze des Menschenleibes, tritt jetzt eine andere Versuchung heran und sagt: stürze dich hinunter! Er antwortet: Nein, das tue ich nicht, sondern ich werde ganz langsam Schritt für Schritt und Stufe um Stufe mich mit meinem geistigen Ich in diese leibliche menschliche Hülle hineinbegeben. Und dann erst kommt die dritte und letzte Versuchung. Das Wesen, das ganz von außen jetzt herantritt an das Christuswesen und sagt: Mach aus den Steinen Brot, wende dich so zu der materiellen irdischen Welt, daß du als ein großer Zauberer und Magier auftrittst! Nein, sagt Er, Ich werde das nicht tun! Beachten wir, wie in diesem dreimaligen Nein das göttliche Ich spricht. Das Christus-Ich zwischen Gut und Böse. Wo ist das Gute?

Jetzt möchte ich Ihnen eine andere Stelle vorbringen. Sie finden sie im Lukas-Evangelium im 18. Kapitel, und es heißt da: »Einmal fragte Ihn einer von den Obersten des Volkes: Guter Meister, was muß ich tun, um das ewige Leben zu erlangen? Und Jesus sprach zu ihm: Warum nennst du mich gut? Keiner ist gut außer dem Vater in den Himmeln.« Jetzt kann man sagen: Ist denn der Christus nicht gut? Wieso kommt er dazu zu sagen: Warum nennst du mich gut? Das Christus-Ich zwischen Gut und Böse, das göttliche Christus-Ich zwischen dem Guten – das ist aber der Vater – und zwischen dem Bösen, das den Menschen entweder nach der einen oder nach der anderen Seite – die Anthroposophie nennt das die luziferische und die ahrimanische Seite – wegziehen will von dieser Verbindung, von woher das Gute kommt. Die Welt der Engel, der Erzengel, der Archai ist die Welt der guten Wesen. Jedes dieser Wesen hat etwas Gutes von dem Vater. Ein Wesen hat die Selbstlosigkeit, ein anderes Wesen hat die Wahrhaftigkeit, ein anderes Wesen hat die Brüderlichkeit usw. Sie haben also alle Anteil an der Güte des Vatergottes.

Zwischen dieser Gütewelt des Vatergottes, der Welt der Engel- und Erzengelhierarchien und den Widersachermächten, die den Menschen wegziehen wollen von dieser Güte, die dem Menschen beibringen wollen, daß es Illusion ist, Ideale zu haben und denen nachzuleben, die den Menschen wegreißen wollen von seiner Verbindung mit den guten göttlichen Wesen, mit den Engelwelten, zwischen denen steht das göttliche Christus-Ich. Also zwischen dem Vater mit der Vaterwelt als dem Guten und den beiden Abirrungen, die den Menschen verführen wollen nach der einen oder nach der anderen Seite, mehr nach außen oder mehr nach innen, als dem Bösen. Welche Aufgabe hat das Christuswesen gegenüber dem menschlichen Ich, – indem dieses letztere der Träger des idealischen Menschen in uns ist, der die Ideale von den Göttern in sich hat – welche Aufgabe hat das Christuswesen? Dr. Steiner wirft einmal sinngemäß die Frage auf: Wenn der Mensch nach Idealen sucht, wenn der Mensch aus dem unbewußten, vorgeburtlichen und nachtodlichen, schlafenden Anblick der Götter Ideale konzipiert, genügt das? Und seine Antwort lautet: es genügt nicht! Sondern der Mensch braucht eine Kraft in sich, die ihn dazu befähigt, seine Ideale zu verwirklichen, zu realisieren. Der Mensch kann im Anblick der Engel das Ideal der Selbstlosigkeit konzipieren und er kann diesem Ideal nachstreben und versuchen, dieses Ideal in seinem eigenen Egoismus zu verwirklichen, es geht aber nicht. Das ist ja etwas von dem Schmerzvollen, daß unser guter menschlicher Wille nicht ausreicht, das Gute, was wir wollen, auch Wirklichkeit werden zu lassen in unserem irdischen Leben. Da sagt Dr. Steiner dann an dieser Stelle: »Ja, der Mensch braucht die Christuskraft als Hilfe, um selber in seinem Wesen die Kraft zu entwickeln, die Ideale allmählich Wirklichkeit werden zu lassen.« Also ohne die Christuskraft geht das nicht. Der menschliche Wille ist ohnmächtig gegenüber der Verwirklichung der Ideale. Das aber führt gerade dazu, daß viele Menschen über die Ideale spotten, indem sie sagen: Ihr seid verrückt, das geht gar nicht, was ihr da wollt! Da bin ich doch viel lieber selbstverständlich der größte Egoist, und dann habe ich, was ich will. Ich darf noch einmal sagen, wer so redet, weiß das eine nicht, er weiß nämlich nicht, daß die Ideale Wirklichkeit sind, und daß die Ideale in der geistigen Welt als geistige Wesen vorhanden sind, daß sie da erscheinen, daß sie da wirken. Er weiß aber auch das andere nicht: er weiß nicht, daß es ein Wesen gibt, das dem Menschen hilft, ihm die Kraft vermittelt, das Ideal zu verwirklichen.

So muß man sagen: Das Menschen-Ich zwischen Gut und Böse steht an derselben Stelle, wo auch das Christus-Ich gestanden hat, als es von der göttlich-geistigen Welt auf die Erde kam. Nur mit dem Unterschied, daß Er eben die Kraft hatte, die Ideale in dem Menschen Jesus zu verwirklichen. Es ist allerdings herzbewegend, diese Kraft nämlich an der Stelle zu sehen, wo sie Jesus Christus gefangen genommen haben, als sie Ihn zunächst bei Hannas, dann bei Kaiphas, dann bei Herodes und schließlich bei Pilatus gehabt haben, und wie Pilatus sich nicht mehr helfen kann und Ihn den Kriegsknechten übergibt. Diese schlagen Ihn, setzen Ihm eine Dornenkrone auf das Haupt, hängen Ihm einen Purpurmantel um, geben Ihm einen Rohrstab in die Hand, und jetzt geschieht das, was ich »herzbewegend« nenne: jetzt schiebt Pilatus Ihn hinaus und sagt: »idou ho anthropos, siehe der Mensch.« Der Mensch! Sieht denn der Mensch so aus? Wieso kann Pilatus so etwas sagen: das ist der Mensch?

Er kann das aussprechen, denn dieser Mensch Jesus ist nur darum so weit gekommen, wie es jetzt aussieht, weil er eben auf eine Kraft und Herrlichkeit nicht verzichtet hat, sondern sie aufrecht erhalten hat: die Kraft und Herrlichkeit, Ideale zu verwirklichen, auch unter den furchtbarsten Lebensverhältnissen. Wir dürfen fragen: welche Kraft ist das? Denn die Ideale sind ja in Wirklichkeit die Engel, die Götter, aber die Kraft, die Christus gibt, um das Ideal zu verwirklichen, ist genau dieselbe Kraft, von der ich in der vorangehenden Betrachtung schon gesprochen habe: es ist die Kraft, die das Ich erfüllt, ja das Ich zur Sonne macht.

Erst die Liebe des Menschen zu Christus und die Liebe des Christus zu dem Menschen gibt uns Menschen die Kraft, die Ideale in uns hereinzulieben. Dann bekommt unser menschlicher Wille, unser menschliches Ich die Fähigkeit, die Kraft, das Ideal nicht nur zu ersehnen, zu erwünschen, zu erhoffen, sondern das Ideal ganz langsam in uns Wirklichkeit werden zu lassen. Durch die Christusliebe kann das Ideal der Selbstlosigkeit, das ich an meinem Engel erlebt habe, auch in mir, so schwach es ist, Wirklichkeit werden.

Wie ist das also mit dem Menschen-Ich zwischen Gut und Böse? Lassen Sie mich folgende Bilder bringen. Das menschliche Ich kann zum Kristall werden, und dieser hat die Möglichkeit, das zu tun, was zum Beispiel ein Diamant tut: Daß er nämlich das Sonnenlicht auffängt und durch sich hindurchgehen läßt und farbig aufsprühen läßt; dieses Ich kann das tun, was eine Tauperle tut, sie kann das Sonnenlicht in sich hereinnehmen und farbig aufsprühen lassen; das menschliche Ich kann Ideale, die es von den geistigen Wesen vermittelt bekommt – im Zeitalter der Freiheit indirekt, so daß diese Ideale wie aus dem Menschen selber aufsteigen, als hätte er sie konzipiert oder erfunden –, ergreifen oder ablehnen. Wenn aber das Ideal Wirklichkeit werden soll, nachdem dieses Ich Brennpunkt-, Fokus-, Tauperlencharakter bekommen hat, bedarf es noch der Aufschmelzung, um die volle, warme Christusliebe in sich aufnehmen zu können. Das sind die Mysterien des menschlichen Ich. Auch wenn der Mensch immer wieder fragt: habe ich denn daran wirklich Anteil? Da kann nur geantwortet werden: ja, du darfst es bemerken, und wenn du es bemerkst, siehst du auch, daß es stimmt. Und es kommt nur darauf an, jetzt, wo unser Jahrhundert immer weiter voranschreitet und die Nöte der Menschen immer furchtbarer und furchtbarer werden, daß Menschen da sind, die mehr und mehr bewußt werden, mehr und mehr empfinden und wahrnehmen: Die Engel sind da, und der Christus auch.

Das Menschen-Ich zwischen Michael und Christus[16]

In der ersten Betrachtung haben wir versucht, uns innerlich heranzubewegen an das Ich-Erlebnis im Menschen. Wo ist das? Indem ich sage: ich spreche, ich denke, ich gehe, ich arbeite, ist das Ich immer dabei, doch nicht direkt. Erst wenn man sich innerlich auf den Weg macht, im eigenen menschlichen irdischen Bewußtsein dieses merkwürdige Mysterium des Menschen bei sich selber zu suchen, sieht man, wie dieses Ich im Lauf des Lebens sich verwandelt: Wie es zunächst wie ein Stern über dem kleinen Kind leuchtet und dann allmählich in dem Menscheninnern immer mehr Realität wird bis dorthin, wo der Mensch dann die Ich-Krisis erlebt, also wo er ganz bei sich selbst ankommt und ganz allein mit sich ist. Denn mein Ich ist nicht mein Leib und auch nicht mein Leben, und auch nicht die Welt. Und hier entsteht diese eigenartige Krisis, wo das Ich wie ein Kristall ganz hart und klar bei sich ist. Da ist dann die Möglichkeit, daß in dieses einsame Ich die Botschaft kommt von dem, der das hartgewordene Ich aufweichen kann und das zur Schale werdende Ich erfüllt mit der Kraft der Christusliebe.

In der zweiten Betrachtung haben wir versucht, nun den Menschen wieder daraufhin anzuschauen, daß der Mensch eben ein werdendes Wesen ist, nicht einfach nur ein Ich, das da ist, sondern ein werdendes Wesen, daß der Mensch seine Zukunft hat, und wie er dadurch in die große Spannung, in den großen Konflikt kommt zwischen dem natürlichen Menschen – die Philosophen sprechen dann von dem empirischen Menschen – und zwischen dem zukünftigen, dem idealischen Menschen, der noch gar nicht ist, sondern werden will. Auch da entsteht wiederum eine Krisis im Menschen, nämlich: wie kann ich den idealischen, den zukünftigen Menschen, nach dem ich strebe, den ich suche, wie kann ich den real machen, so daß die Ideale in mir, wenn auch ganz anfänglich, Wirklichkeit werden können? Und auch da kommen wir an den Punkt, wo dieses menschliche Ich eine Hilfe braucht, um die Kraft zu finden, die Ideale in seinem Leben Realität werden zu lassen. Diese Kraft steht dann in diesem bewegenden Bild vor dem Menschen, das der Pilatus vor die Juden hinstellt und sagt: Das ist der Mensch! Aber dieser Mensch wäre ja nicht dahin gekommen, wenn eben nicht in ihm wiederum die Christusliebe da wäre, die dann uns Menschen auch die Kraft gibt, unsere Ideale zu verwirklichen.

Nun haben wir jetzt in der dritten Betrachtung das Thema: Der Mensch zwischen zwei geistigen Wesen. Diese geistigen Wesen haben Namen. Das eine Wesen heißt Michael und das andere heißt Christus. Und die Frage ist: Was haben diese beiden geistigen Wesen mit dem Menschen zu tun?

Auf der einen Seite haben wir das alte Bild und die alte Imagination von diesem Erzengelwesen Michael. Sein Name ist aus der hebräischen Sprache: Wie dieses Wesen in der geistigen Welt übersinnlich als Imagination dem Menschen erscheinen kann, leuchtend, und wie diese Imagination immer verbunden ist mit einem anderen Bild, mit einem ebenfalls geistigen Wesen, dem Drachenwesen. Die mittelalterlichen Maler haben das oft so dargestellt, daß das Michaelwesen eine Lanze oder ein Schwert gegen diesen Drachen richtet. Im eigentlichen ist das Bild so, daß dieses ahrimanische Drachenwesen immer unter den Füßen der Gestalt dieses Erzengels in der Imagination auftritt. Die Imagination stammt aus dem Alten Testament und aus dem Neuen Testament, nämlich der Offenbarung des Johannes. Und die Frage ist: Was bedeutet dieses Bild, diese kosmische Imagination?

Die anthroposophische Geisteswissenschaft Rudolf Steiners hat dieses Michael-Mysterium aufgegriffen und hat versucht, uns heutigen Menschen zu zeigen, daß diese Michael-Gestalt aus der geistigen Welt heraus auch etwas hineinleuchten läßt, hineinbringen will

in den Menschen. So, wie ich das versucht habe, in der zweiten Betrachtung zu zeigen, daß das nicht so direkt geht, daß da plötzlich der Erzengel davorsteht und er mir befiehlt, daß ich dies oder jenes tun soll, sondern das wirkt aus dem Unbewußten und aus dem Überbewußten von uns Menschen herein in unsere Seele, in unser Bewußtsein und entwickelt da bestimmte Impulse. Die Geisteswissenschaft zeigt, daß diese Impulse etwas zu tun haben mit der Art und Weise, wie der Mensch mit seinen Gedanken umgeht, wie er seine Gedankenkräfte benützt und mit ihnen arbeitet. Man kann das überhaupt nur verstehen, wenn man zunächst einmal darauf hinschaut, wie wir Menschen denken: Was geschieht da eigentlich, wenn wir denken? Wir denken den ganzen Tag. In dem Moment, wo ich morgens aufwache, fängt es an. Es ist natürlich nicht nur das Denken, sondern ist immer auch das mit Gedanken verbundene Vorstellen, Erinnern, vielleicht auch Phantasieren. Immer ist in allen Vorstellungen diese Gedankentätigkeit irgendwie darin. Wie kommt das zustande, was machen wir da, was können wir da?

Jetzt möchte ich mir erlauben, Ihre Phantasie ein bißchen anzuregen, sich vorzustellen, wie das ist, wenn ein Mensch neu geboren und eben aus dem Leibe der Mutter hervorgekommen ist, und wie er, nachdem er geboren ist und die ersten Atemzüge getan hat, bei dem ersten Schreien jetzt anfängt, in seinem halb schlafenden und halb wachenden Zustand fundamentale Erlebnisse zu haben. Man kann vielleicht sagen, das fundamentalste Erlebnis, das dieses neugeborene Menschenkind hat, das ist ein rosenroter Hügel mit einer kleinen Knospe, die daran sitzt und die genau in den Mund von diesem kleinen Kind hineinpaßt. Man braucht nur diese Knospe an den kleinen Kindermund anzulegen, und schon beginnt die erste Aktivität. Über dieser Brust ist ja der Kopf von der Mutter, und um diese Brust herum sind ihre Hände. Dann erlebt der kleine Mensch, wie diese Hände an ihm arbeiten, ihn wickeln oder waschen oder trockenlegen, und das geht so von oben bis unten. Das wiederholt sich jeden Tag: Gestern war das so, daß das an der Brust so gut geschmeckt hat, und heute ist es wieder so, und morgen ist

es wieder so, sogar am selben Tag mehrere Male, und immer ist damit verbunden diese merkwürdige Wärme und diese Hände, die berühren. Allmählich taucht das Gesicht mit den Augen auf, und dann kommen die ersten Sehprozesse zustande für die Augen und die ersten Hörprozesse für die Ohren, die kommen zu den Berührungen mit den Händen dazu. Sie bemerken, daß ich versuche, mich in so einen kleinen Menschen ganz hineinzuversetzen. Tun Sie es bitte auch! So geht das eine Woche, zwei Wochen, drei Wochen, vier Wochen. Nach drei, vier Wochen kommt ein sehr merkwürdiger Moment: Daß nämlich das eine Auge in das andere Auge hineintaucht, und mit einem Mal lächelt dieses Menschenkind. Und aus den diffusen körperlichen Berührungen und Begegnungen entsteht ein Kontakt, eine Begegnung Auge in Auge. Man kann sich doch vorstellen, wie es der Mutter zumute ist, wenn dieses kleine Wesen sie zum ersten Mal anlächelt! Was geht in dem kleinen Wesen vor, das jetzt plötzlich lächeln kann? Haben Sie schon einmal eine Kuh lächeln gesehen? Oder eine Biene? Das gibt es nicht! Aber beim Menschen gibt es diesen eigenartigen Moment, wo in diesem Lächeln von Person zu Person eine Begegnung vor sich geht. Und sie fängt an zu wirken, wo jetzt nämlich erlebt wird, daß diese Brüste und diese Hände und diese Stimme und diese Augen und dieses Gesicht von dieser Mutter immer mehr und mehr so werden, daß das eine mit dem anderen zusammenhängt und daß das, was da als Person durch die Augen hereinleuchtet, so daß man das anlächeln kann, mehr und mehr erlebnismäßig eine Einheit wird. Und dann kommen die Impulse von diesem kleinen Menschen, sich aufzurichten; und sich immer wieder dieser Bezugsperson – so nennt man das in der Psychologie – intensiv zuzuwenden. Natürlich sind auch noch andere Dinge um dieses kleine Kind herum, die allmählich entdeckt und wahrgenommen werden, doch sie sind alle sehr merkwürdig. Nicht merkwürdig jedoch ist die Mutter, sie ist ganz selbstverständlich.

Wenn dieser kleine Mensch fortwährend hört, wie da gesprochen wird – vor allem von der Mutter in der Muttersprache –, dann geht

allmählich das Sich-Aufrichten über in das erste Sprechen. Zunächst kommen nur Laute hervor, und dann bildet sich ein Wort heraus, man möchte sagen ein Ur-Wort. Das heißt ganz einfach »Mama«. Aus dem Lächeln mit dem etwa vier Wochen alten Kind wird etwa nach einem Jahr, nach anderthalb Jahren vielleicht, ein Wort. Was ist in diesem Wort eigentlich darin? In diesem Wort ist ein Begriff, ein Gedanke. Dieser Gedanke faßt die Wahrnehmungen: die Hände, die Brüste, die Wärme, die Stimme, das Angesicht zusammen zu einem Namen, zu einem Wort, zu einem Begriff – und ein Gedanke ist da!

Zwischen der Wahrnehmung, der Wahrnehmung, die sich langsam zu einem Wesen zusammenfügt, das man anlächeln kann und zwischen dem Gedanken, Begriff »Mutter« oder »Mama« ist das Wort, und das vermittelt. So geht das immer weiter. Und dann gibt es vielleicht in der Familie ein Tier, das hat vier Füße und einen Schwanz und macht »wau-wau«, und dann geht dieser kleine Mensch, wenn er ein Großstadtkind ist, eines Tages hinaus auf das Feld, und da ist dann so ein Zaun, und hinter dem Zaun sind da so merkwürdige Wesen, die gehen auch auf vier Füßen herum, aber man kann sie melken. Dann sagt der kleine Mensch »wau-wau«. Man sieht, er hat einen allgemeinen Begriff, einen allgemeinen Gedanken von all dem, was auf vier Füßen geht und einen Schwanz hinten hat, so oder so aussehen kann, so verschieden wie eine Kuh und ein Hund; aber der Gedanke, der Begriff, der in dem Wort »wau-wau« enthalten ist, der ist da. So lernt der Mensch durch die Sprache Gedanken denken, Begriffe fassen. Er lernt das sogar auf eine sehr interessante Weise so, daß er einen Begriff durch den anderen versteht.

Wenn zum Beispiel der Herr Vater diesem Zweijährigen oder Dreijährigen sagt: Du warst zwar gestern abend sehr brav, aber heute morgen bist du es nicht. Dann hat das Kind vielleicht »zwar« und »aber« noch nie realisiert, aber es hat es verstanden. Es weiß ganz genau, daß dieses »zwar« eine Einschränkung ist und das »aber« ebenfalls. Woher weiß das Kind das?

Sehen Sie, so kommt der Mensch in eine ganze Welt. Er lernt von Kind auf eine Fülle von Begriffen und Gedanken mit Hilfe der Sprache denken und verstehen, und auf diese Weise bekommt die ganze Welt, die uns als Menschen umgibt, in unserem Denken eine Repräsentanz. Es gibt nichts in der ganzen weiten Welt, von den Sternen bis zu den Steinen, was wir nicht in unserem Denken mit den Begriffen wie eine Art Repräsentanz abbilden können. Also dieses unser menschliches Denken hat den Charakter, daß es gewissermaßen die äußere Welt, die Wahrnehmungen und alles, was unsere Sinne und unser Erleben erfüllt, abbildet in Form von Gedanken, Begriffen. Aber auch das, was wir innerlich erleben, bekommt solche Gedankenbilder: Bilder, und zwar gedanklich abstrakte Bilder von der Welt erfüllen unser denkendes und sprechendes Bewußtsein.

Allmählich lernt der Mensch im Satzbau, die Worte miteinander in Verbindung zu bringen. Jetzt fängt das Merkwürdige an, daß diese Gedanken und Begriffe in uns anfangen, Verbindungen zueinander zu haben, und man nennt das in der Philosophie »die Logik«. Diese ganze Gedankenwelt, die der Mensch von Kindesbeinen an ausbildet, ist nicht nur ein Bild der Welt, sondern hat auch eine Beziehung, eine Verbindung mit sich selber. Das sieht man am besten in den mathematischen Begriffen: 2 und 2 ist eben 4, das ist logisch, das geht gar nicht anders. Das Wort »und« bringt in den Zusammenhang von einer Zwei und der anderen Zwei eine ganz bestimmte Beziehung, die logisch ist. Das menschliche Denken bildet auf der einen Seite die Welt ab, auf der anderen Seite ist es logisch. Wenn der Mensch jetzt seine logischen Gedanken wieder auf die Welt anwendet, z. B. seine mathematischen Gedanken, konstatiert er, daß die Welt genau so funktioniert, wie seine logischen Gedanken funktionieren. Daß der Mensch etwas, was er in seinem Geiste denkend erfaßt, mit Hilfe der Sprache anwenden kann auf die Welt – und zum Beispiel eine so furchtbar komplizierte Maschine machen kann wie einen Computer –, ist schon sehr beachtenswert. Wieviel logische Konsequenz, wieviel mechanische Ordnung ist durch die Konstrukteure z. B. in das Auto hineingebaut!

In der letzten Betrachtung wurde angeführt, daß, wenn wir Menschen nach unseren Idealen fragen, wir diese Ideale eigentlich nicht beim Menschen suchen müssen, sondern in der geistigen Welt, bei den geistigen Wesen. Eben solches finden wir bei den Gedanken. Man muß schon sagen: Nicht nur die Menschen denken! Daß die Menschen denken, ist sehr schön, aber die geistigen Wesen denken auch. Wie denkt ein Engel? Denkt er auch so wie wir Menschen? Wie denkt ein Erzengel? Denkt er auch so wie wir Menschen? Wir können sehen, daß, wenn ein Engel denkt, wenn er zum Beispiel das Ideal der Selbstlosigkeit denkt, er damit sofort etwas tut, indem er es an den schlafenden Menschen heranbringt. Der fundamentale Unterschied zwischen dem menschlichen Denken und dem Denken der übermenschlichen, hierarchischen Engelwesen besteht darin, daß der Mensch mit seinem Denken die Welt abbildet, abstrakt über die Welt denkt, daß aber die geistigen Wesen schöpferisch wirken. Wenn sie denken, dann geschieht etwas! So kommen wir aus dem Reich der menschlichen Gedanken in das Reich der Göttergedanken, wir kommen aus dem Reich der menschlichen Intelligenz in das Reich der Hierarchien-Intelligenz, der kosmischen Intelligenz.

Jetzt muß man ein Bild zu Hilfe nehmen, wenn man sich hineinleben will in das, wie Götterintelligenz funktioniert. Wenn göttliche hierarchische Wesen denken, dann werden ihre leuchtenden Gedanken sofort Ideen, aus denen heraus die Welt entsteht. Die göttlichen Gedanken sind nicht solche Gedanken, die die Welt abbilden, sondern das sind Gedanken, die die Welt hervorbringen und schaffen. Wir fragen dann: wo sind denn diese Göttergedanken, kann man sie irgendwo sehen? Ja, das kann man. Wir brauchen nur herzugehen und die Sonne anzuschauen. Wir sehen, daß aus dem kosmischen Wesen Sonne das Sonnenlicht hervorgeht mit der Sonnenwärme. Was wir da wahrnehmen mit unseren Augen ist nur die Außenseite, aber was wir nicht sehen, ist etwas ganz anderes. In diesen Lichtkräften, die von der Sonne in den Kosmos herausstrahlen, ist nicht nur die materielle Außenseite elektromagnetischer

Schwingungen enthalten, sondern in diesem Licht und in dieser Wärme wirken übersinnlich, für die Sinne des Menschen unsichtbar, göttliche Gedanken. Die anthroposophische Geisteswissenschaft kann uns sagen, zu welcher göttlichen Hierarchie wir aufsteigen müssen, wenn wir die Wesen im Kosmos finden wollen, aus denen diese Gedanken hervorgehen, die so stark sind, daß sie äußerlich sichtbares Sonnenlicht werden, daß sie aber innerlich Gedanken und Begriffe enthalten. Diese sind jetzt nicht abstrakt, gedanklich, begrifflich – wie das menschliche Denken –, sondern die in diesem Sonnenlicht verborgenen Gedanken leben und greifen in die Materie ein. Dabei gibt es z. B. solche Sonnenlicht-Gedanken, die im Samenkorn von einer Sonnenblume im Laufe eines Jahres die Materie so bewegen, daß diese Materie hereingeholt wird in den Gedanken »Sonnenblume«. Nachher, wenn die Sonnenblume dasteht mit ihrem Stengel, ihren Blättern, ihrer Blüte, können wir dann äußerlich sichtbar an der Materie sehen, wie im Frühling unsichtbar im Sonnenlicht dieser Bildgedanke der Sonnenblume enthalten war. Sonst würde keine Sonnenblume da herauswachsen. Ich habe jetzt nur ein einziges Beispiel herausgegriffen. Versuchen wir uns einmal intensiv vorzustellen, was in dem Sonnenlicht lebt, das im Februar, März, April, Mai herunterströmt von der Sonne auf die Erde. Dieses Sonnenlicht ist voll mit lebendig schaffenden Gedanken, mit göttlichen Imaginationen, und diese Gedanken haben die Kraft, in die Materie einzugreifen und aus ihr die sichtbaren Gestalten der Pflanzen, der Tiere und auch der Menschen hervorzubringen.

Damit wird deutlich, was da für ein gewaltiger Unterschied ist zu unserem menschlichen Denken, das in den Begriffen die Bilder der Welt hat, das in den Sätzen der Aussage seine eigene Logik hat. Doch in den menschlichen Gedanken ist etwas verborgen, das den Menschen nicht zu Bewußtsein kommt, das auch im äußeren Sonnenlicht verborgen ist, was aus den göttlichen Gedanken hervorgeht. Die Anthroposophie nennt uns jene göttliche Hierarchie, die diese Weltgedanken hervorbringt: das sind die Kyriotetes, die Geister der Weisheit, die in der Sonne wohnen. Wir müssen als Menschen versuchen, heute solche Gedanken und Vorstellungen zu entwickeln, solche Empfindungen, Gefühle und Stimmungen zu erwecken in unseren Seelen, daß wir uns sagen können: Das menschliche Denken ist nur ein Abbild; in diesen menschlichen Gedanken ist etwas verborgen, das uns beim normalen intellektuellen Verstandesdenken gar nicht bewußt wird, weil dieses genauso äußerlich ist wie das, was wir äußerlich sehen, wenn die Sonne leuchtet. Wenn die Sonnenlichtstrahlen herunterkommen, bemerken wir gar nicht, daß in diesem Sonnenlicht die Göttergedanken leben, die auf die Erde wirken und auf der Erde das ganze Leben hervorbringen.

Wenn man in dieses Sonnen-Licht und Sonnen-Wärme-Reich der göttlichen Gedanken hineinschaut, dann sieht man in die Heimat Michaels hinein. Der Erzengel Michael ist dasjenige geistige Wesen, das in diesen göttlichen Gedanken so lebt wie in seiner eigentlichen Heimat; so lebt, daß er die göttlichen Gedanken wie ein Erzbote hin- und herträgt, von einem göttlichen Wesen zum anderen, von einer göttlichen Hierarchie zur anderen. Darum nennt ihn die Anthroposophie den Verwalter der kosmischen Intelligenz, denn diese göttlichen Gedanken sind die kosmische Intelligenz. Dieses Reich der göttlichen Gedanken – das eigentliche Sonnenreich –, in dem die zweite Hierarchie wohnt: die Kyriotetes, die Dynameis und die Exusiai, ist die Heimat Michaels.

In diesem Reich, in dem Michael zu Hause ist, der Sonnenerzengel, der Verwalter der göttlichen Intelligenz, ist immer ein Impuls gewesen, an dieser göttlichen Intelligenz, an diesen göttlichen Gedanken den Menschen teilnehmen zu lassen. So kam es, daß diese göttlichen Gedanken bei der alten Menschheit, die noch hellsichtig war, die noch die clairvoyance hatte, erschienen sind mit den göttlichen Wesen zusammen. Die Menschen wußten früher, daß es der Erzengel Michael ist, der in diesem Götterreich der göttlichen Gedanken lebt, daß er es ist, der den Menschen die göttlichen Gedanken inspiriert. Aber diese Gedanken bei der alten Menschheit sahen anders aus als die Art, wie wir heute denken! Die Menschen dachten damals noch so: Da ist ein Wesen, das läßt uns die Intelligenz zuströmen, aber so, daß in den Gedanken noch die göttlichen Gedanken darin sind. Noch die ältesten griechischen Philosophen haben das so erlebt.

Es geschieht das Eigenartige, daß die Wesen, die die göttlichen Gedanken hervorbringen und Michael, der sie verwaltet, diese göttlichen Gedanken an den Menschen abgeben. Im Laufe von Jahrhunderten und Jahrtausenden geschieht es, daß jedes Menschenkind, das auf der Erde geboren wird, mit Hilfe der Menschensprache das vermittelt bekommt, was die kosmischen, die göttlichen Gedanken zu Menschengedanken macht, und daß dadurch das menschliche Ich, indem es denken lernt mit Hilfe der Sprache, diese Gedanken in seine Gewalt bekommt, so daß der Mensch seine Gedanken selber hervorbringen und bestimmen kann, was er denken will. Wie ich Ihnen vorhin beschrieben habe, wie das kleine Kind allmählich denken lernt, wie allmählich so ein Gedanke und Begriff wie »Mutter, Mama« allmählich auftritt im menschlichen Bewußtsein, so darf ich Sie zum Beispiel daran erinnern, wie das ist, wenn der jugendliche Mensch so 15, 16, 17, 18 Jahre alt wird und dann erlebt: ja, ich kann ja denken, was ich will! Und wenn dann irgend so ein Erwachsener kommt und mir irgendetwas vordenkt, dann denke ich sofort den Gegengedanken dazu! Dieser jugendliche Mensch erlebt seine Gedankenfreiheit, also die Freiheit, Gedanken zu konzipieren, so wie er will! Ich habe oft in meinem Leben an Diskussionen teilgenommen, wo dann der Herr Professor da vorne stand und dann war da so eine Gruppe von Jugendlichen, Zwanzigjährige: Sie haben den Professor an die Wand diskutiert! Das konnten sie ausführlich. Denn dadurch, daß die menschlichen Gedanken nur ein Bild der Wirklichkeit sind, stehen sie dem menschlichen Verstand frei zur Verfügung, und der Mensch kann mit ihnen umgehen.

Nun sitzt an dieser Stelle, wo die göttlichen Gedanken durch Michael vollständig in den Menschen übergegangen sind und dieser nun selber frei denken kann, wiederum eine Krisis. Ich will versuchen, auch diese Krisis zu beschreiben. Sie besteht nämlich darin, daß der Mensch jetzt verführt werden kann durch die Logik seiner Gedanken, seine Gedanken für all das in der Welt anzuwenden, was irgendwie ein Mechanismus ist. Das ist eigentlich die moderne Wissenschaft. Die moderne Wissenschaft denkt so, daß die ganze Natur da draußen ein materieller Mechanismus ist. Sie denkt so, daß das ganze Seelenleben des Menschen ein seelischer Mechanismus ist, daß das Denken selber ein logischer Mechanismus ist. Und sie kann dieses mechanische Denken anwenden auf die Welt und merkt nicht, daß, wenn sie das tut, sie in der Welt nur das denken kann, was tot ist, was ein Mechanismus ist. Auch wenn sie versucht, das Lebendige zu denken, eine lebendige Pflanze, ein lebendiges Tier, wenn sie versucht, das Seelische zu denken, wenn sie versucht, die sozialen Verhältnisse zu denken: sie macht das Seelische tot, das Lebendige tot, das Soziale tot. Sie durchdringt den ganzen Kosmos, das ganze menschliche Dasein mit Gedanken, die nicht nur die Welt abbilden – und hinter diesen Bildern ist das Wesenhafte unbewußt und verborgen –, sondern die die Welt zum Mechanismus machen. Damit kann man großartig jede Sorte Maschinen machen! Von der einfachsten Maschine bis zum kompliziertesten Computer kann man das mit diesem Denken zustandebringen.

Bei dem, wie der Erzengel Michael zu Hause ist in dem göttlichen Denken und wie er den Menschen zuerst das göttliche Denken geschenkt hat, so daß die Menschen das Geistige denken konnten, ist es aber nicht geblieben in der Welt. Dadurch, daß der Mensch mehr und mehr das Denken selber in die Hand bekommen hat, daß er immer freier geworden ist in seinem Denken, ist dieses menschliche Denken hereingekommen in den Bereich eines ganz anderen geistigen Wesens, das in der Welt des Toten, in der Welt des Mechanischen zu Hause ist. Wir haben dieses Wesen in der zweiten Betrachtung beschrieben. Wir sahen, wie logisch es ist von diesem Wesen, wenn es sagt: »Bist du Gottes Sohn, dann mach aus diesen Steinen Brot!« Ganz logisch, nicht wahr! Dieses Wesen wird von der anthroposophischen Geisteswissenschaft Ahriman genannt. Sie zeigt, daß in dem Maße, wie das göttliche Denken – durch Michael den Menschen vermittelt – mehr und mehr zum Menschen selber kommt, und indem der Mensch jetzt denkt, die Welt nur abbildet, in seinen Gedanken nur logisch wird und dadurch das Denken nur an das Mechanisch-Tote herankommt – und wenn er es auf das Lebendige anwendet, er auch das Lebendige zum Mechanismus degradiert –, daß dadurch der Mensch mit seinem Denken herankommt an die Welt, in der der Drache zu Hause ist. Denn die Imagination des Drachen ist das Bild für dasjenige Wesen, das gewaltig denken kann, das aber nur solche Gedanken denken kann, die mit dem Toten zusammenhängen. Indem der Mensch die Gedankenwelt in sich selber aufnimmt und anfängt, selber abstrakt zu denken, kommt er in die Nähe dieses gefährlichen Wesens, das auch in den Menschen unbewußt hereinwirkt.

Jetzt steht der Mensch mit seinem Denken zwischen zwei Wesen, wovon das eine Wesen den Menschen inspiriert und ihm sagt: mit dem mechanischen Denken kannst du die Welt erobern, verstehen, regieren, beschreiben usw. Das andere Wesen aber, das hat nun das Opfer gebracht, seine geistige Sonnenheimat zu verlassen, um geistig heranzukommen an das Herz des Menschen und ihm zu sagen: Hüte dich davor, mit deinen Gedanken dich vollständig an das Drachenwesen hinzugeben! Versuche, in deinen Gedanken das, was darin verborgen ist, was darin versteckt ist, nämlich das Göttlich-Wesenhafte, in deinen Gedanken zu finden und es daraus aufzuwekken! Jetzt sagt der Mensch: wie soll ich denn das machen? Ich habe doch dieses klare, logische, mechanische Denken gelernt, und das kann ich. Ich sehe doch, daß ich das anwenden kann, daß ich das benützen kann und daß die Welt so funktioniert, wie ich mir das so denke.

Man kann spüren, wie die Menschheit jetzt am Ende dieses 20. Jahrhunderts innerlich an den Punkt gekommen ist, wo das menschliche Herz langsam spüren kann, daß, wenn sich der Mensch diesem ahrimanischen, diesem mechanistischen, diesem toten Denken ganz anvertraut, daß er dann sich mit seiner Seele, mit seinem Fühlen und seinem Wollen von diesem Denken trennen muß. Das nennt man heute die »Objektivität der modernen Naturwissenschaft«. Man kann nicht sagen, daß das ahrimanische Denken nicht glänzend funktioniert. Das tut es. Weil es eben auf alles das in der Welt anwendbar ist, das tot ist. Aber dieses ahrimanische Denken hat keine Beziehung zu dem, was der Mensch in seinem Herzen als Mensch fühlt, daß die Welt, die uns umgibt, gar nicht nur ein toter Mechanismus ist, sondern daß in dieser Außenseite des Sonnenlichtes, der Sonnenwärme, schaffende göttliche Gedanken wirken. Dasjenige göttliche Wesen, dasjenige Engelwesen, das dem Menschen diese innere Umkehr, diese innere Umstimmung vermitteln möchte, ist Michael.

Die alte Imagination ist: Michael steht leuchtend, mit dem Drachen unter seinen Füßen, das heißt, der Drache hat nur dort Recht, wo die Welt tot ist, wo die Welt ein Mechanismus ist. Aber indem Michael das Drachenwesen unter seinen Füßen hält, erweckt er im Herzen des Menschen die Sehnsucht, in seine Gedanken auch das aufzunehmen, was das Herz fühlen kann, wonach sich das Herz sehnt, was der Wille zum Guten, zum Moralischen, zum Göttlichen, zum Geistigen in ihm ist. Man darf vielleicht so diese Empfindung, diese Stimmung in der Seele erwecken: Wir sind zwar in den ahrimanischen, abstrakten Gedankenbereich heruntergestiegen und sind dadurch in das Reich der ahrimanischen Weltgedanken gekommen, die nur den Mechanismus, nur das Tote begreifen können. Aber der Erzengel Michael ist diesem Weg, den die Gedanken bis zum Menschen genommen haben, nachgegangen und hat das Opfer gebracht, sich zu trennen von dort, wo er im Reich der Sonne in den Göttergedanken gelebt hat und sie leuchtend verwaltet hat. Er ist heruntergestiegen in unsere Nähe und lebt in der menschlichen Seele – für uns zunächst unbewußt – als die Sehnsucht.

In der ersten Betrachtung habe ich gesprochen von der Sehnsucht des Ich nach dem Christus, in der zweiten habe ich gesprochen von der Sehnsucht des menschlichen Herzens nach der Kraft für die Verwirklichung der Ideale. Jetzt spreche ich von der Sehnsucht des Menschen danach, sich als geistiges Wesen zu erleben und aus seinem Denken heraus die Kraft zu entwickeln, nicht nur das Sinnliche, das Materielle, das Mechanistische, das Tote zu verstehen, sondern auch das Göttliche in der Natur zu verstehen. Rudolf Steiner hat immer wieder, indem er die Anthroposophie begründet hat, auf solche Menschen hingewiesen, die dieser furchtbaren Versuchung der ahrimanischen Macht nicht erlegen sind, sondern die immer die Sehnsucht hatten: man kann doch nicht dieses herrliche Weltall als eine Maschine betrachten, so wie das die Newtonianer und andere gemacht haben, sondern man muß doch sehen: Da sind doch göttliche Kräfte wirksam in der Welt, da sind doch göttliche Gedanken, wie kann man die fassen? Solche Menschen wie Carlyle, Goethe oder Novalis oder wie Emmerson hatten immer die Sehnsucht danach: Wie kann ich mein Denken so erwärmen, so beleben, daß ich das Göttliche, die göttlichen Gedanken, in meine Menschengedanken hereinnehmen kann?

Heute zeigt sich die Sehnsucht der Menschen nach geistigen Erlebnissen, nach geistigen Gedanken, nach geistigen Wirklichkeiten. Man möchte ganz neu denken lernen, so daß man das Geistige in diese Gedanken hereinbekommt und sie dadurch beleben und aufwecken kann. Das ist der Michael-Impuls: Übersinnliches, Göttliches zu denken, sich auch beziehen auf das Christuswesen. Daß das Christentum, das heißt aber die Beziehung des Erdenmenschen zu dem Christus, nicht nur diesen Charakter der Ich-Sehnsucht hat, den wir als erstes versucht haben, anzuschauen, zweitens nicht nur diesen Charakter der Sehnsucht nach der moralischen Kraft hat, sondern daß es drittens auch die Sehnsucht hat, das Christuswesen selber mehr und mehr kennenzulernen, indem man es denken kann.

Dieser Impuls geht von dem Christus Jesus selber aus und wird von Michael übernommen. Im Kultus der Christengemeinschaft spricht das Christuswesen, wenn in der Konsekration des Abendmahls gesprochen wird von dem Leib und von dem Blut Christi:

Seht hin auf das Kreuz auf Golgatha, da seht ihr, wie der Christus Jesus, indem er seinen Leib am Kreuz opfert, sich zum Menschen bekennt und wie in dem Blut, das von dem Christus Jesus am Kreuz fließt, die Glaubenskraft Christi auf den Menschen gerichtet ist. Er gibt sich dem Menschen hin, Er glaubt an den Menschen, Er liebt den Menschen. Und dann heißt es: »Nehmet dieses auf in euer Denken!« Schauen Sie, das ist das moderne, das erneuerte Christentum. Das ist der michaelische Impuls im Christentum, denn diesen Christusimpuls hat Michael übernommen. Er ist so, wie dieser Erzengel, der fortwährend unsere Herzen wie dazu bewegen möchte, Sehnsucht zu bekommen, nicht mehr nur materialistisch zu denken, materialistisch zu interpretieren, sondern in dieses materialistische Denken das Denken des Übersinnlich-Geistigen hineinzunehmen, aber eben nicht nur das Übersinnlich-Geistige der äußeren Welt, die Göttergedanken, sondern auch das Übersinnlich-Göttliche des Christus Jesus selber, Christen zu werden, die das Christuswesen in ihr eigenes Denken hereinnehmen und in diesem Denken leben lassen. Das ist der tiefste Impuls Michaels.

Michael mit dem Drachen unter den Füßen steht gleichsam geistig neben uns Menschen und wartet, bis wir mit seinem Mut in unserem Herzen die Gedankenkrisis unserer Zeit überwinden, indem wir ihm als dem Führer des menschlichen Denkens aus der Welt Ahrimans in die Welt Jesu Christi folgen. Dieser Weg ist der wirklich moderne, weil wir jetzt die uns frei zur Verfügung stehende Gedankenkraft zur Natur so hinwenden, daß wir in ihr das göttliche Schaffen erleben; daß wir im äußeren Sonnenlicht empfinden lernen, wie die Bilder der Schöpfung jedes Jahr neu an die Erde herankommen, um da zu erscheinen. Wir erleben dann auch, wie jeder Mensch, der zur Erde kommt, das Bild seiner eigenen Zukunft in sich verborgen trägt, um es hier zu verwirklichen. Und wenn wir in unseren Gedanken die göttlichen Wesen konkret aufnehmen, werden wir schließlich die Wirklichkeit Christi als den Menschen Erweckenden, Erkraftenden und Erschaffenden immer tiefer erleben.

So steht unser menschliches Ich auf der einen Seite zwischen Ahriman und Michael. Wir können ganz und gar mechanistisch, abstrakt, äußerlich, denken, das heißt: ahrimanisch denken. Oder wir fangen an, das Übersinnliche in unsere Gedanken aufzunehmen und versuchen so an das Christusgeheimnis, an das Ichgeheimnis heranzukommen. Dadurch aber kommt das Menschen-Ich aus dem Zustand, wo es zwischen Ahriman und Michael steht, herüber in den anderen Zustand, wo es zwischen Michael und Christus steht. Da wird Michael tatsächlich der Geist, der uns darauf hinweist, das Christuswesen in unser Denken aufzunehmen, um dadurch gerade das zu finden, was wir suchen.

Ich möchte diese drei Betrachtungen zusammenfassen, indem ich an die drei Formen von Sehnsucht des heutigen Menschen erinnere. Die erste Sehnsucht ist die Sehnsucht des menschlichen Ich, aus seinem kristallisierten Zustand in eine Schale-Bildung übergehen zu können, um die Christusliebe als sonnenhafte Erfüllung in sich aufzunehmen. Die zweite Sehnsucht, die wir alle in uns tragen, ob wir es wissen oder nicht, ist die Sehnsucht, daß wir die Kraft empfangen von dem Christuswesen, unsere moralischen Ideale in unserem irdischen, sündenkranken, schwachen, geplagten Menschen langsam Wirklichkeit werden zu lassen, zum Beispiel vom Egoismus zur Selbstlosigkeit zu kommen. Die dritte, so ganz moderne Sehnsucht ist die, daß wir in unser menschliches Denken hereinnehmen möchten das Denken über das Übersinnliche, sowohl in der Natur draußen wie in der Menschenwelt darinnen, wie in der göttlichen Welt, vor allem aber in der Welt Christi.

Wenn wir langsam aufwachen für das, was eigentlich in uns lebt als Gefühl, als Frage, als Sehnsucht, und es in das lebendig-werdende Denken erheben, um unseren Willen zu entbinden und zu begeistern, werden wir auch in der richtigen Weise Michaelfeste feiern. Der michaelische Impuls richtet sich auf die eigentliche Menschwerdung, die zugleich ein Geist-Werden ist.

Literaturhinweise

1 Vortrag vom 8. Juli 1969 in Stuttgart
- Rudolf Steiner, Bausteine zu einer Erkenntnis des Mysteriums von Golgatha (1917) Gesamtausgabe 175, Rudolf Steiner Verlag Dornach/Schweiz

Die Evangelienstellen sind meistens aus dem Urtext vom Redner frei übersetzt:
- Apostelgeschichte 1. Kap.
- Johannes-Evangelium 1. Kap. Vers 47 und 3. Kap. Vers 30
- Lukas-Evangelium 18. Kap. Vers 20
- Matthäus-Evangelium Kap. 28, Vers 20

2 Vortrag vom 16. Juli 1976 in Stuttgart
- J. W. von Goethe, Farbenlehre und Lyrische Dichtungen, 1798–1805 Weimar
- Novalis, Die Lehrlinge zu Sais, 2. Kap. »Die Natur«
- Markus-Evangelium 1. Kap. Vers 3
- Rudolf Steiner, Geistige Hierarchien und ihre Widerspiegelung in der physischen Welt (1909) GA 110
- Rudolf Steiner, Vier Mysteriendramen, I. Drama: »Die Pforte der Einweihung« (1910) GA 14, Taschenbuch 607 und 608
- Rudolf Steiner, Seelenkalender in Wahrspruchworte, GA 40 Rudolf Steiner Verlag Dornach/Schweiz

3 Vortrag vom 1. Juli 1978 in Bremen
- J. W. von Goethe, Der west-östliche Diwan, Buch des Sängers
- J. W. von Goethe, Faust I. Teil, letzte Szene »Kerker«
- Matthäus-Evangelium 3. Kap. Vers 1 bis 11
- Markus-Evangelium 1. Kap. Vers 10 und 11
- Johannes-Evangelium 3. Kap. Vers 30
- Rudolf Steiner, Aus der Akasha-Forschung, das Fünfte Evangelium GA 148, Tb 678, Rudolf Steiner Verlag Dornach/Schweiz
- Novalis, Heinrich von Ofterdingen 2. Teil, Anfangsgedicht »Astralis«

4 Vortrag vom 2. Juli 1978 in Bremen
- Novalis, Heinrich von Ofterdingen 2. Teil »Astralis«
- Novalis, Geistliche Lieder und Hymnen an die Nacht
- Rudolf Steiner, Das Johannes-Evangelium, Hamburg (1908) GA 103
- Rudolf Steiner, Glaube, Liebe, Hoffnung, Nürnberg (1911) aus GA 130
- Rudolf Steiner, Wahrheit, Schönheit, Güte, Dornach/Schweiz (1923) aus GA 220
- Rudolf Steiner, Vier Mysteriendramen, I. Drama (1910) GA 14, Rudolf Steiner Verlag Dornach/Schweiz
- Johannes-Evangelium 6. Kap. Vers 9 und 11. Kap. Vers 43
- Lukas-Evangelium 3. Kap. Vers 16 und 9. Kap. Vers 9
- Markus-Evangelium 1. Kap. Vers 11
- Matthäus-Evangelium 11. Kap. Vers 11

5 Vortrag vom 26. Juni 1984 in Stuttgart
- Rudolf Steiner, Wahrspruchworte GA 40, Rudolf Steiner Verlag Dornach/Schweiz

6 Vortrag vom 3. Oktober 1970 in Stuttgart
- J. W. von Goethe, Lyrische Dichtungen 1798–1805 Weimar
- Rudolf Steiner, Die Sendung Michaels – Die Offenbarungen der eigentlichen Geheimnisse des Menschenwesens, Dornach (1919) GA 194, Rudolf Steiner Verlag Dornach/Schweiz

7 Vortrag vom 28. September 1973 in München
- Rudolf Steiner, Die Philosophie der Freiheit – Grundzüge einer modernen Weltanschauung (1894) GA 4 Tb 627, Rudolf Steiner Verlag Dornach/Schweiz
- Gotische Hymne auf den Erzengel Michael, aus: D. Johannes Tamayo Salazar, Anamnesis sive commemoratio Sanctorum hispanorum, Tom III Lupoluni 1655 – (übersetzt von Joachim Schultz)

8 Vortrag vom 12. Oktober 1974 in München
- Rudolf Steiner, Kosmologie, Religion und Philosophie (1929) GA 25, Tb 641, Rudolf Steiner Verlag Dornach/Schweiz

9 Vortrag vom 23. Oktober 1976 in Heidelberg
- J. W. von Goethe, Lyrische Dichtungen 1823–1828, Weimar
- Novalis, Geistliche Lieder Nr. 12
- Rudolf Steiner, Wie erlangt man Erkenntnisse der höheren Welten, GA 10, Tb 600

– Rudolf Steiner, Landwirtschaftlicher Kurs (1924) GA 327, Tb 640
– Rudolf Steiner, Die Geheimwissenschaft im Umriß (1910) GA 13, Tb 601
– Rudolf Steiner, Theosophie, Einführung in übersinnliche Welterkenntnis und Menschenbestimmung (1904) GA 9, Tb 615, Rudolf Steiner Verlag Dornach/Schweiz

10 Vortrag vom 5. Oktober 1978 in Stuttgart
– Rudolf Steiner, Die Sendung Michaels, GA 194
– Rudolf Steiner, Die Erkenntnis-Aufgabe der Jugend, GA 217 a, Rudolf Steiner Verlag Dornach/Schweiz

11 Vortrag vom 6. Oktober 1978 in Stuttgart
– Albert Steffen, Gedicht aus »Wach auf, du Todesschläfer« (1941), Verlag für Schöne Wissenschaften Dornach/Schweiz
– Rudolf Steiner, Wahrspruchworte (1906–1925) GA 40, Rudolf Steiner Verlag Dornach/Schweiz

12 Vortrag vom 7. Oktober 1978 in Stuttgart
– Conrad Ferdinand Mayer, Gedichte, Die Veltlinertraube aus »Stunde«
– J. W. von Goethe, Lyrische Dichtungen 1823–1828, Weimar
– Friedrich Hölderlin, Gedichte 1799–1812, Höhe und Ende, »Patmos«
– Novalis, Fünfte Hymne an die Nacht

13 Vortrag vom 14. Oktober 1980 in Stuttgart-Fellbach
– Christian Morgenstern, »Wir fanden einen Pfad«, Bd. I Lyrik 1906–1914, Verlag Urachhaus Stuttgart
– Jacques Lusseyran, Gegen die Verschmutzung des Ich, Verlag Freies Geistesleben Stuttgart
– Rudolf Steiner, Die Sendung Michaels, GA 194
– Rudolf Steiner, Anthroposophie Leitsätze, Das Michaelmysterium, GA 26, Rudolf Steiner Verlag Dornach/Schweiz

14 Vortrag vom 14. Oktober 1982 in Kopenhagen
– Rudolf Steiner, Die geistige Führung des Menschen und der Menschheit (1911) GA 15, Tb 614
– Brief des Paulus an die Galater 2. Kap. Vers 20
– Brief des Paulus an die Kolosser 3. Kap. Vers 3

15 Vortrag vom 15. Oktober 1982 in Kopenhagen
- J. W. von Goethe, Faust I »Vor dem Tor«
- Rudolf Steiner, Christus und die menschliche Seele, über den Sinn des Lebens, Kopenhagen/Norrköping GA 155
- Rudolf Steiner, Was tut der Engel in unserem Astralleib? Wie finde ich den Christus? aus GA 182
- Matthäus-Evangelium 3. Kap. Vers 1 bis 11
- Lukas-Evangelium 18. Kap. Vers 18 bis 20

16 Vortrag vom 16. Oktober 1982 in Kopenhagen
- Rudolf Steiner, Anthroposophische Leitsätze GA 26

  Rudolf Steiner, Die Evolution vom Gesichtspunkte des Wahrhaftigen GA 132